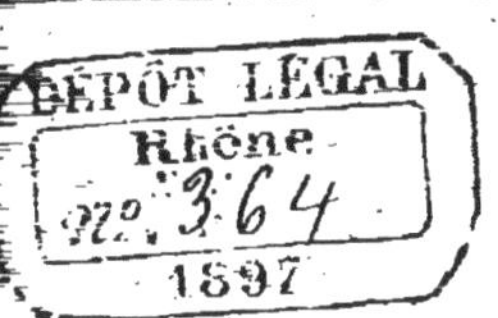

LES PRÊTRES ROMAINS ET LE Premier Empire

PAR

Le Comte Joseph GRABINSKI

Extrait de « l'Université Catholique »

LYON
IMPRIMERIE EMMANUEL VITTE
Rue de la Quarantaine, 18

1897

LES PRÊTRES ROMAINS

ET LE

PREMIER EMPIRE

LES

PRÊTRES ROMAINS

ET LE

Premier Empire

PAR

Le Comte Joseph GRABINSKI

Extrait de « l'Université Catholique »

LYON
IMPRIMERIE EMMANUEL VITTE
Rue de la Quarantaine, 18

1897

LES
PRÊTRES ROMAINS
ET LE
PREMIER EMPIRE

Un des épisodes les plus tristes et en même temps les plus curieux de la lutte entre le premier Empire et le Saint-Siège est assurément la persécution que subit le clergé romain, fidèle au souverain Pontife, et coupable, aux yeux de Napoléon Ier, d'avoir refusé de se faire le complice de ses fantaisies de despote.

M. Taine a fort justement remarqué que l'Etat qui envahit tout et veut tout concentrer, après avoir mis la main sur les institutions humaines, l'étend peu à peu sur les sociétés formées par les âmes, et en particulier sur l'Eglise, et par conséquent sur le clergé qui la dirige et la gouverne. M. Taine ajoute que Napoléon Ier comprenait fort bien cela, et il compare les innombrables moyens mis en œuvre par l'Empereur, pour asservir la hiérarchie ecclésiastique, à l'apparat de forces réunies par lui pour la campagne de Russie, prouvant qu'il ne négligea rien pour atteindre son but (1).

(1) Voy. TAINE, *Les Origines de la France contemporaine; la reconstruction de la France en 1800 : l'Eglise, 1re partie.*

L'occupation de Rome, la tentative de transformer le Pape en chapelain impérial et en instrument du bon plaisir du maître de l'Europe faisaient partie au premier chef du programme de Napoléon. Ne pouvant vaincre la noble résistance du Vicaire de Jésus-Christ, le tyran n'hésita pas à faire escalader le palais du Quirinal, à en arracher le vénérable Pontife et à le jeter en prison loin de la Ville éternelle.

Ce forfait une fois consommé, Napoléon voulut avant tout isoler le Pape et gouverner l'Eglise sans lui. Il prétendait réduire, à son gré, les évêchés des départements du Tibre et du Trasimène (anciens Etats de l'Eglise), en changer les circonscriptions et imposer aux prêtres un serment de fidélité que Pie VII leur avait interdit de prêter. De là des difficultés sans fin, où allèrent se perdre misérablement les ressources infinies du génie de Napoléon Ier, et des persécutions cruelles qui honorèrent à tout jamais le clergé romain et couvrirent de honte celui qui les ordonnait avec une froideur calculée et systématique.

Les historiens du premier Empire ont parlé au long de cet épisode de la lutte entre Napoléon Ier et la Papauté. M. d'Haussonville lui a consacré une partie du troisième volume de son magistral ouvrage sur l'*Eglise romaine et le premier Empire* (1); mais il est loin d'être complet, parce que la politique ombrageuse de Napoléon III lui avait interdit l'entrée des archives impériales et qu'il ne soupçonnait pas que l'on pût trouver ailleurs qu'en France des documents capables de nous éclairer sur la conduite de Napoléon Ier vis-à-vis du clergé romain. Il est inutile de dire que si M. d'Haussonville n'est pas complet dans son récit, les apologistes de l'Empereur, M. Thiers en tête, le sont bien moins encore et se plaisent souvent à altérer cette vérité historique dont M. d'Haussonville avait le plus grand souci.

Un savant prêtre de Plaisance, Mgr Grégoire Tononi, chanoine et archiprêtre-coadjuteur de la basilique de

(1) Voy. au IIIe vol. les chapitres XXXIX et XL, intitulés : *Difficultés religieuses à Rome*, pp. 302-376, de la troisième édition (1870).

Saint-Antonin, a eu la rare fortune de mettre la main, aux archives d'Etat à Parme et dans plusieurs archives de Plaisance (1), sur les documents qui complètent à merveille les renseignements de M. d'Haussonville et jettent une vive lumière sur les conditions faites par Napoléon Ier aux prêtres romains fidèles à leurs devoirs envers le Pape et l'Eglise.

Il m'a semblé que le public français serait bien aise de connaître les résultats des recherches de l'éminent érudit italien qui, même après tant de publications sur le premier Empire, nous font voir sous un jour à bien des égards nouveau la politique de Napoléon Ier vis-à-vis du Saint-Siège. En prenant pour base de cette étude les travaux de Mgr Tononi, que je viens de signaler, je me servirai aussi d'autres ouvrages de ce savant auteur, et en particulier de son article sur le passage de Pie VI à Parme et à Plaisance (1er-18 avril 1799) (2) et de son étude sur *les conditions de*

(1) Voici les sources auxquelles Mgr Tononi a puisé : *Archives d'Etat de Parme*, préfecture française, intérieur, liasse 104, année 1810, *Dossier de pièces relatives aux chanoines des Etats romains relégués à Plaisance ainsi qu'aux curés envoyés à Parme;* liasse B, 1-2, *Prêtres romains*, 1810-1812 ; liasse 27-32 ; Mori, Diario di Parma ms. A. 212. *Archives communales de Parme*, Police, 1811. *Prêtres romains en surveillance à Parme*, et 1812, parmi les papiers de Police en général. *Archives communales de Plaisance*, Police, *Prêtres romains*, 1810-1812 ; *Lettres*, volume 1er avril-28 octobre 1810, vol. 29 oct. 1810-23 juillet 1811, vol. 24 juillet 1811-13 juin 1812, vol. 14 juin 1812-2 juillet 1813. *Archives de l'évêché de Plaisance*, Lettres du gouvernement, 1810-1812. *Bibliothèque Passerini-Landi de Plaisance*, Legs Pallastrelli, ms. 335, *Documents pour l'histoire locale*, VIII.

(2) Voy. dans l'*Indicatore ecclesiastico piacentino* (1892), pp. xxi-xxxvi, *Il prigioniero apostolico Pio VI nei Ducati Parmensi*, par A.-G. Tononi. Mgr Tononi a reproduit ce travail dans l'*Archivio storico per le Provincie Parmensi*, IIIe volume, année 1894. Il a publié en appendice tous les documents relatifs au passage de Pie VI dans le duché de Parme qui se trouvent dans les archives d'Etat de cette ville, liasse intitulée : *Arrivée et séjour du Pape à Parme et son départ des Etats de Son Altesse Royale;* liasses intitulées : *Etat et guerre*, *Français dans les Etats de Parme (1799)*. D'autres parmi les documents, publiés par Mgr Tononi proviennent des *Archives du Collège Albéroni* de Plaisance et de celles de la *Collégiale de Castel-San-Giovanni*, d'ouvrages ou de mémoires de contemporains et de témoins de l'événement dont il parle.

l'Eglise dans le duché de Parme pendant la domination française (1802-1814) (1).

I

Pour bien comprendre l'histoire ou plutôt la triste odyssée des prêtres romains exilés à Parme et à Plaisance par Napoléon Ier, il faut d'abord jeter un coup d'œil sur les conditions politiques et religieuses du pays où ils furent relégués, afin de bien placer les nobles victimes de la tyrannie impériale dans le milieu où elles passèrent les douloureuses années de la persécution.

Avant la Révolution française, le duché de Parme était parfaitement tranquille et le peuple y était heureux, quoiqu'il fût bien plus pauvre qu'aujourd'hui. Mais à cette époque les prédicateurs de la liquidation sociale n'avaient pas encore paru, et l'harmonie régnait entre les différentes classes, soutenue par la charité des nobles et du clergé comme par les mœurs patriarcales qui rendaient fréquents et faciles les rapports entre les classes dirigeantes, les paysans et les ouvriers. Depuis longtemps l'Italie jouissait des bienfaits de la paix et s'était habituée à vivre en dehors des grands courants de la politique européenne. Certes, ces conditions d'existence n'avaient pas été favorables à la grandeur du pays; plus d'un Etat, au contraire, Venise surtout, tombait de plus en plus dans une décadence qui présageait un triste avenir. Mais, pour le moment, personne ne songeait aux conséquences de cette décadence et on ne se doutait même pas que la vie tranquille qu'on menait, au nord comme au sud de la péninsule, serait bientôt troublée par l'invasion étrangère.

La philosophie du XVIIIe siècle avait envahi la péninsule.

(1) Cette étude a été publiée par la *Rivista Universale* de Gênes, années 1868-69; voy. au VIIIe vol., nouvelle série, 3e année, pages 27 et suiv.

Les classes instruites en étaient imbues et les gouvernements n'en appliquaient que trop les principes dans les rapports entre l'Etat et l'Eglise. C'était le temps où Tanucci à Naples, et Léopold Ier en Toscane, imitaient Joseph II, entrant résolument dans les sacristies avec la prétention ouverte de régenter le Pape et les évêques même dans les matières purement spirituelles. Les idées des encyclopédistes avaient aussi provoqué chez les ministres de presque tous les Etats de l'Italie un désir profond de réformes dans le sens qu'on appellerait aujourd'hui libéral, et on peut bien dire que, sans la Révolution française qui poussa les princes et leurs ministres dans une voie tout opposée, la législation se serait partout modifiée par le jeu normal d'une évolution pacifique qui eût épargné bien des secousses et des révolutions à l'Italie.

Le duché de Parme suivait l'exemple du royaume de Naples et de la Toscane. Gouverné, depuis 1765, par Ferdinand Ier, de la branche des Bourbons d'Espagne, il n'avait pas à se plaindre de son souverain, prince débonnaire et soucieux du bien-être de ses sujets. A Parme aussi les idées nouvelles avaient des adeptes chaleureux, mais la réaction qui suivit les premiers excès de la Révolution française y fut moins violente qu'à Naples. Grâce à une politique peu fière, mais que sa faiblesse justifiait, Ferdinand échappa à la spoliation que subirent d'autres princes italiens. Il ne put cependant conserver sa couronne qu'au prix des plus dures humiliations. Les armées du Directoire envahirent ses Etats et ne ménagèrent pas ses sujets. Il fut réduit à régner nominalement dans un pays où les généraux français dictaient la loi à ses ministres, obligeant le duc à tout sanctionner, sous peine d'être immédiatement détrôné.

Tandis que Ferdinand se soumettait à ces humiliations et se voyait réduit à assister, sans pouvoir s'y opposer, aux actes violents et aux vols que le Directoire, ses agents et ses généraux commettaient impunément dans son pays, les habitants du duché de Parme, sauf de rares exceptions, ne voyaient pas sans un vif mécontentement leur indépendance annihilée par la présence des troupes étrangères et par l'attitude des représentants civils et militaires du Directoire qui se conduisaient à Parme et à Plaisance comme en pays conquis.

Mais ce qui froissait et irritait le plus la population catholique du duché, c'était l'impiété qu'affichaient les nouveaux maîtres. Leur conduite à l'égard du vénérable et malheureux Pie VI acheva de leur aliéner les habitants de Parme et de Plaisance. Le Pape, privé de ses Etats et conduit sous bonne escorte à Sienne d'abord, puis à la chartreuse de Florence, fut arraché à cette paisible demeure, devenue pour lui une prison, lorsque les affaires du Directoire commencèrent à mal tourner en Italie. Les hommes qui déshonoraient la France par le régime arbitraire et corrupteur qu'ils lui imposaient, ne voulaient pas lâcher leur auguste victime. Résolus à l'emmener en France, au risque de le faire mourir en route plutôt que de lui rendre la liberté, ils ordonnèrent, au mois de mars 1799, de le faire partir de Florence, en dépit de son grand âge et des infirmités dont il souffrait. Mais les résultats de cette mesure odieuse et barbare, en Italie comme en France, allèrent à l'encontre des desseins des ennemis de l'Eglise. Le passage du Pape à travers la haute Italie et le Dauphiné réveilla partout la foi. Le spectacle de ce vieillard vénérable, blotti au fond d'une voiture, ayant perdu l'usage de ses jambes couvertes de plaies, et, malgré cela, escorté comme un malfaiteur dangereux, trahissait la peur de ses geôliers, qui rendaient, bien qu'à contre-cœur, un hommage solennel à l'indestructible puissance morale de la papauté. Toutes les sympathies se tournèrent vers la victime du Directoire et les malédictions du peuple frappèrent ses bourreaux.

Pie VI était parti le 27 mars 1799 de la chartreuse de Florence, accompagné par le capitaine Mongin et suivi d'une escorte de soldats français qui avaient reçu l'ordre d'écarter brutalement les fidèles qui manifesteraient leur respect pour le vicaire de Jésus-Christ. Malgré les ordres péremptoires venus de Paris, le capitaine Mongin et ses soldats furent impuissants à empêcher le peuple de courir au devant du Pape et d'implorer sa bénédiction. De Florence à Modène le voyage de Pie VI fut accompagné par les plus émouvantes manifestations populaires. Seuls, quelques jacobins osèrent insulter le pontife à Modène, mais leur ignoble conduite ne fit que rehausser davantage l'attitude triste et respectueuse de la foule.

« Pendant que Pie VI se trouvait à Modène, dit Mgr Tononi, les prélats de sa suite interrogèrent le capitaine Mongin pour savoir si le gouvernement français avait pris à Parme des dispositions pour y loger le Saint-Père, et si l'on avait averti le duc Ferdinand de son arrivée. Le capitaine répondit qu'il n'était chargé que de conduire le Pape dans cette ville, et il assura qu'il y demeurerait jusqu'à ce que de nouveaux ordres fussent donnés à son endroit. C'est pourquoi les prélats songèrent à trouver à Parme une demeure capable d'abriter le Pape et sa suite.

« Mgr Spina (1) écrivit aussitôt à l'abbé du monastère des Bénédictins du Mont Cassin de Saint-Jean-l'Evangéliste, le priant de recevoir le Pape et sa petite cour, composée de Mgr Spina lui-même qui faisait les fonctions de majordome et signait les brefs et les rescrits ; de Mgr Innico-Diego Caracciolo, maître de chambre; du P. Jean-Pie Ramera, de Plaisance, chapelain et secrétaire du Pape; du P. Jérôme Fantini, trinitaire réformé, son confesseur; du chanoine Joseph Marotti, secrétaire des lettres latines et rédacteur des brefs aux princes; de M. Philippe Morelli, camérier et chirurgien; de l'abbé Pierre Baldassari, attaché à la personne de Mgr Caracciolo, de plusieurs domestiques, en tout quarante personnes environ. Le P. Ramera de Plaisance, franciscain de la branche des mineurs réformés, demeurant autrefois au couvent d'*Ara-Cœli*, où il exerçait les fonctions de secrétaire de son ordre, avait été chassé de Rome par les républicains comme étant étranger

(1) Majordome de Pie VI, plus tard négociateur du Concordat avec le cardinal Consalvi et le P. Caselli. Pie VII le nomma cardinal et archevêque de Gênes.

à la ville. Pie VI l'avait appelé auprès de lui, parce qu'il connaissait et appréciait depuis longtemps ses vertus.

« Les moines de Parme regardaient certes comme un grand honneur de loger le vicaire de Jésus-Christ; mais les circonstances étaient difficiles, et, avant de donner une réponse affirmative, il fallait se mettre d'accord avec le prince. L'abbé dom Gaspard Bertoni alla donc chez le comte Ventura, ministre du duc, pour lui faire connaître ce que Mgr Spina avait écrit et lui demander ce qu'il devait faire. A cette nouvelle, le ministre se montra plus surpris encore que les moines, parce que les Français ne lui avaient rien dit touchant l'arrivée du Pape. Il répondit qu'il fallait prendre les ordres de Son Altesse et partit aussitôt pour Colorno (1), afin de la consulter. Mais pendant qu'on discutait sur la conduite à tenir, une voiture arriva aux portes du monastère, amenant quelques domestiques qui précédaient ordinairement le Pape pour préparer tout ce qui était nécessaire à un malade. Les Bénédictins, ignorant encore la volonté du prince, refusèrent courtoisement de recevoir ces domestiques. Dans quelles conditions se trouvait alors le Pontife! Un ministre d'Etat, des moines qui n'étaient rien moins que des ennemis, hésitaient à le recevoir immédiatement. Heureusement la réponse favorable de Ferdinand Ier arriva bientôt et les serviteurs du Pape furent introduits dans le monastère, où l'on prépara en très peu de temps l'appartement pour Pie VI, des chambres pour les prélats et des cellules pour toutes les autres personnes de la suite. Dans cette occasion, le comte Ventura, par crainte de déplaire aux Français (2), refusa de prêter les meubles et les vaisselles de la maison ducale, bien que peu de mois auparavant il les eût mis à la disposition de la famille royale de Savoie, logée elle aussi à Saint-

(1) Petite ville de quatre mille habitants au nord de Parme, avec un château qui servait jadis de villégiature aux ducs de Parme.

(2) Mgr Tononi, en parlant ici et ailleurs des Français, ne rend pas la nation française responsable des crimes du Directoire. Le savant écrivain me permettra de lui dire qu'il eût été opportun de remplacer le mot *Français* par celui de *Directoire*, ou de dire simplement : *les révolutionnaires français.*

Jean. Cependant la pieux duc Ferdinand Ier, de Colorno, où il se trouvait, manda aux moines que tout ce qu'ils feraient pour le service du Pape lui serait plus agréable que s'ils le faisaient pour lui-même et qu'il leur en serait extrêmement reconnaissant. Quelques catholiques riches de Parme mirent à la disposition du Saint-Père les objets que la cour avait refusés, bien heureux de pouvoir prêter ce qu'ils avaient de mieux pour rendre service au chef de l'Eglise dans de si tristes circonstances.

« Dès que la nouvelle de la prochaine arrivée du Pape se répandit à Parme, bien que la pluie tombât sans discontinuer pendant toute cette journée du 1er avril, beaucoup de monde alla à sa rencontre hors des murs. La rue qui conduisait de la porte de la ville au monastère de Saint-Jean était si remplie de peuple que la voiture du Pape avait de la peine à avancer. Les Parmesans ne cessaient de demander respectueusement la bénédiction du vénérable Pontife; mais celui-ci était dans un tel état de faiblesse, qu'il n'avait même pas la force de lever la main pour bénir.

« L'abbé et tous les moines reçurent Pie VI à la porte du monastère et l'accompagnèrent à son appartement, car le prisonnier apostolique, dans l'état d'excessive langueur où il se trouvait, avait un extrême besoin de nourriture et de repos. C'est pourquoi il ne put recevoir les hommages de ses hôtes qui désiraient ardemment lui témoigner leur dévouement. A l'arrivée du Pape, on remarqua l'absence du duc de Parme, de l'évêque, du clergé et des autorités civiles. Au contraire, l'humble et fidèle peuple de la ville accourut en foule. Il fit les honneurs de son pays au Pape, ne craignant pas de braver la colère du Directoire. Ces républicains, seuls auteurs de la captivité du Pape, contraignaient même ceux qui étaient dévoués au chef de l'Eglise à devenir ses geôliers. » (1)

Dès qu'il eut installé Pie VI au monastère de Saint-Jean, le capitaine Mongin s'empressa d'aller chez le ministre

(1) Voy. TONONI, *Il prigionero apostolico Pie VI nei ducati parmensi*, dans l'*Indicatore ecclesiastico piacentino* (1892), pp. XXII-XXV.

Ventura pour lui faire la consigne du vénérable prisonnier. Le duc de Parme devait le garder tant qu'on le laisserait dans ses Etats, et le capitaine eut soin d'avertir le comte Ventura que si Pie VI s'échappait, le duc serait responsable d'un tel fait vis-à-vis de la République française (1). Effrayé par cette sommation, le duc de Parme envoya des soldats chargés de monter la garde à la porte du monastère de Saint-Jean et de surveiller constamment les rues qui l'entourent. On ne laissait pénétrer dans l'abbaye que de rares personnes, les plus connues et les plus haut placées de la ville.

Le lendemain, 2 avril, Ferdinand Ier arriva à Parme et fit aussitôt visite au Pape qui l'accueillit à bras ouverts. Ce prince donna au chef de l'Eglise des preuves éloquentes de son respect et de son profond dévouement. Pie VI les reçut avec d'autant plus de bonté qu'il n'ignorait point que le duc de Parme subissait la même tyrannie que lui-même. Peu de temps après, la duchesse de Parme et sa fille et Mgr Adeodato Turchi, évêque de Parme, allèrent à leur tour rendre visite au Saint-Père.

(1) Le comte Ventura joua un triste rôle pendant le séjour de Pie VI à Parme. Non seulement il ne résista pas aux agents du Directoire, mais il leur obéit servilement, ne demandant qu'une chose : qu'on le débarrassât du Pape le plus tôt possible.

Une lettre de l'agent diplomatique du duché de Parme à Milan, M. Berri, au comte Ventura prouve la vérité de ce que j'affirme. On y lit en effet le passage suivant :

« Après cela j'ai indiqué le très grave embarras que cause l'arrivée et le passage du Pape à Parme, lui (*au représentant du Directoire*) mettant sous les yeux tout ce que Votre Excellence a bien voulu m'ordonner au nom de Son Altesse Royale. Il ne m'a pas même laissé achever mon exposé, m'assurant que le Pape, d'après ce qu'il sait, ne s'arrêtera pas dans les Etats de S. A. R. et que, vu qu'il les traverse seulement, il en aura bientôt passé la frontière. Malgré cela, ayant préparé hier au soir une note officielle sur cette affaire, j'ai cru bien faire en la lui laissant, ainsi qu'une autre lettre pour le chevalier d'Azara (ambassadeur d'Espagne à Paris) que j'aurai soin de me faire rendre, comme chose inutile au dit ambassadeur, dès que je recevrai la nouvelle de la sortie du Pape des Etats de Parme. (Berri à Ventura, Milan, 2 avril 1799, *Archives d'Etat* à Parme, *Segreteria Borbonica*, liasse intitulée : *Séjour du Pape à Parme et son départ des Etats de Son Altesse Royale.*)

Cependant, dans les premiers jours, la santé du Pape s'améliorait sensiblement. Le séjour de Parme lui faisait du bien, d'autant qu'il pouvait se distraire en recevant tantôt Mgr Turchi, prélat instruit et distingué, tantôt le duc qui venait fréquemment le voir, tantôt les personnages les plus considérables de la ville et le cardinal Lorenzana, prisonnier lui aussi du Directoire et transféré récemment de Florence à Parme. Ce mieux ne dura pas. Au bout de quelques jours il retomba dans un état de langueur extrême. Le matin, pendant quelques heures, Pie VI avait l'esprit libre et pouvait s'asseoir sur un fauteuil; mais on était bientôt forcé de le remettre au lit. Il était incapable de supporter une longue conversation et il finissait toujours par tomber dans un état de léthargie qui effrayait son entourage et ses hôtes. C'est pourquoi il recevait quelques courtes visites dans la matinée et on le laissait reposer toute l'après-midi.

Ce fut juste au moment où Pie VI se trouvait dans un état de santé aussi déplorable que ses geôliers exigèrent son départ. Les succès des Austro-Russes en Italie préoccupaient le Directoire qui ne voulait à aucun prix renoncer à sa proie et craignait, en laissant plus longtemps le Pape à Parme, que les alliés ne vinssent le délivrer. Aussi, le 13 avril, avant l'aurore, le capitaine Mongin, qui était parti pour Florence après avoir fait la consigne du Pape au gouvernement du duc de Parme, rentra tout à coup dans cette ville. Il alla droit au monastère de Saint-Jean et somma l'entourage du Pape de préparer son départ, ne lui laissant que deux heures pour avertir Pie VI, faire les bagages et mettre le Saint-Père en voiture. Aux protestations des prélats de la maison pontificale, le capitaine Mongin répondit que tels étaient les ordres irrévocables du Directoire. Ce fut en vain que Mgr Spina fit remarquer à l'officier que la santé de Pie VI était depuis quelques jours dans un état lamentable. Le capitaine Mongin annonça sans broncher qu'il aurait recours à la force, et il s'adressa aussitôt au gouvernement du duché de Parme, lui ordonnant de contraindre le malheureux prisonnier à partir sans délai et lui disant clairement que, s'il ne se prêtait pas à remplir cette odieuse besogne, le duché de Parme serait traité comme un pays ennemi.

Effrayé par ces sommations, le comte Ventura ordonna à l'entourage de Pie VI de ne mettre aucun retard au départ du Saint-Père. Il envoya en même temps un rapport au duc, à Colorno, sur les ordres que le capitaine Mongin venait de lui transmettre. De leur côté, les prélats de la maison pontificale furent dans la douloureuse nécessité de faire connaître à l'auguste captif les indignes procédés du Directoire à son égard. Pie VI reçut la triste nouvelle avec la plus vive émotion.

« Lorsqu'il entendit qu'il fallait reprendre le douloureux voyage, — dit Mgr Tononi, — il (Pie VI) se troubla à tel point qu'il fut pris par des convulsions qui faisaient trembler tout son corps, et avec une voix tremblante et languissante, il répondit qu'il se sentait très mal, qu'il ne pouvait ni voulait se mettre en route. Mgr Spina courut aussitôt à Colorno pour prier le duc de s'interposer afin que le départ fût différé de quelques jours à cause de l'état de santé où se trouvait le Pape. Mais l'impuissant souverain ne sut lui répondre qu'en versant d'abondantes larmes et en montrant au prélat le rapport que son ministre lui avait envoyé sur cette douloureuse affaire. Mgr Spina comprit alors que tout espoir était perdu » (1).

Ces choses se passaient à Parme le 13 avril. La population de la ville était en ce jour considérablement augmentée par l'arrivée d'une foule de paysans des environs, attirés dans la petite capitale par le marché hebdomadaire. Dès que le peuple apprit qu'on voulait forcer le Pape à partir, malgré la gravité de son état, un vif mécontentement se manifesta en ville, partout on entendit des plaintes et des protestations contre les procédés inhumains qu'on prétendait employer à l'égard du Vicaire de Jésus-Christ. La foule s'entassait sur la place Saint-Jean et dans les rues avoisinantes, menaçant de s'opposer à toute tentative de faire

(1) TONONI, *op. cit.*, *loc. cit.*, p. XXVII.

partir le Saint-Père. Sur ces entrefaites, le capitaine Mongin, s'acheminant vers l'abbaye bénédictine, fut contraint de marcher au milieu de ces masses populaires dont l'excitation grandissait d'heure en heure. Pendant qu'il se frayait péniblement un passage à travers cette foule houleuse, composée de paysans, d'ouvriers et de petits bourgeois, la vue de son uniforme attira l'attention et provoqua l'explosion d'injures et de récriminations qui le troublèrent profondément. C'est pourquoi, rentré au monastère, il eut une attitude moins impérieuse; mais il n'en demanda pas moins si tout était prêt pour le départ. Les prélats et la suite du Pape lui répondirent que, pour ce qui les concernait, ils avaient tout préparé; mais que Pie VI était cloué sur son lit dans un état de santé de plus en plus grave. Le capitaine Mongin se répandit en excuses, déclarant que ces ordres ne dépendaient pas de lui et que, à la suite de graves événements, le Pape devait être transféré à Turin. Il ne s'opposa pas cependant à ce qu'on envoyât chercher les premiers médecins de Parme pour les consulter sur la santé de Pie VI et leur demander s'il était en état de pouvoir continuer le voyage. Appelés sur le champ, les docteurs Dentoni et Comani arrivèrent au monastère. Ils visitèrent le Pape avec le plus grand soin, en présence du capitaine Mongin et des prélats. Ils déclarèrent formellement qu'on ne pouvait pas songer à faire partir le Pape sans mettre ses jours en péril. Les docteurs rédigèrent un procès-verbal de leur consultation et le signèrent sous la foi du serment.

« M. Mongin, — dit Mgr Tononi — s'offrit d'aller lui-même au quartier général de l'armée française et de présenter le document au généralissime auquel il appartenait de révoquer ou de mitiger les ordres qui regardaient le Pape. Il voulut cependant au moins vingt sequins (environ mille francs) pour les frais du voyage, et une chemise. Mgr Caracciolo lui donna immédiatement l'argent et la chemise; mais le capitaine ne s'éloigna point de la ville. Aux reproches qu'on lui fit pour avoir manqué de parole, il répondit qu'il ne partirait pas si on ne lui rendait pas sa montre, soutenant qu'on la lui avait volée à l'hôtel, et ajoutant qu'à défaut de la montre, il se contenterait d'en recevoir le prix. On le lui donna sans compter, et malgré cela il ne partit pas. La montre fut trouvée plus tard chez une femme de mauvaise vie. On la rendit au capitaine Mongin qui la garda sans rendre l'argent qu'il avait accepté en guise de compensation. Et dire que les prélats de la maison du Pape avaient fait cadeau au capitaine d'un cheval blanc pour lui témoigner leur reconnaissance pour son attitude courtoise pendant le voyage du Pape de Florence à Parme! M. Mongin est cet officier français dont M. Charles Du Rozoir déplorait, en 1825, que l'on ne connût pas le nom, ignorant les malhonnêtetés qu'il avait commises à Parme » (1).

Ces scandales étaient connus du public et augmentaient l'irritation du peuple contre la France et les Français que les masses ignorantes confondaient à tort avec le Directoire et ses dignes agents. La foule, composée d'habitants de la ville et des campagnes, augmentait d'heure en heure aux environs de l'abbaye de Saint-Jean, et son attitude devenait de plus en plus menaçante. Les autorités, et surtout la police, commencèrent à craindre un soulèvement populaire. Le danger n'en était que trop réel, vu que la plupart des hommes qui encombraient les rues étaient armés et que leur exaspération contre les geôliers du Pape allait en grandissant. Pour calmer la colère des Parmesans, on envoya, dans les rues où la foule était le plus considérable, des personnes distinguées qui annoncèrent que le Pape ne partirait pas (2). Cette nouvelle calma les esprits. Peu à peu

(1) TONONI, *op. cit.*, *loc. cit.*, pp. XXVIII et XXIX. L'ouvrage de M. Charles Du Rozoir est intitulé : *Eloge de Pie VI avec l'histoire religieuse de l'Europe sous son pontificat* (Paris, 1825).

(2) L'ordre de faire partir le Pape était formel. La lettre du général Gaultier au ministre Ventura et les instructions données par le dit général au capitaine Mongin le prouvent :

« L'ordre formel du général (*en chef de l'armée d'Italie*) est qu'il (*Pie VI*) parte dans deux heures et que je ne fasse accueillir aucune demande qui serait faite pour le différer (*le départ*) sous quelque prétexte que ce soit; la bonne harmonie qui règne avec votre gouvernement et les égards (?!) que la République française n'a cessé d'avoir pour lui, m'assurent d'avance qu'il s'empressera de favoriser l'exécution de l'ordre du Directoire exécutif que je suis chargé de

le peuple s'éloigna de l'abbaye de Saint-Jean, et de grands malheurs furent ainsi évités. Car, comme le remarque Mgr Tononi, le peuple montra en cette occasion beaucoup plus de courage et d'énergie que les autorités locales pour défendre la cause du Vicaire de Jésus-Christ, l'innocente victime de l'oppression révolutionnaire.

Cependant le comte Ventura, poussé et menacé par les agents du Directoire, insistait auprès des prélats pour qu'ils engageassent le Pape à partir le lendemain (1). Le mal-

vous faire connaître. » (Le général Gaultier au comte Ventura, Florence, 13 avril 1799, *Archives de Parme, loc. cit.*)

Dans les instructions du général Gaultier au capitaine Mongin, on lit entre autres choses :

« Il (*Mongin*) ne se prêtera à aucune demande qui pourrait lui être faite, soit de la part du ministre de Parme, soit de la part du Pape ou des gens de sa suite, pour différer leur départ sous quelque prétexte ou motif que ce puisse être ; il leur répondra que la volonté formelle du gouvernement français est que le Pape parte deux heures après, et si malgré cela on insistait, il annoncera au ministre de Parme que toute opposition formelle ou tacite au départ du Pape serait regardée comme une insulte à la République française (*sic*). Dans le cas où le capitaine Mongin s'apercevra que le gouvernement de Parme met des difficultés et entrave le départ... il enverra aussitôt un commis au commandant de ces troupes (de la garnison de Plaisance) pour qu'il envoie à Parme un détachement de cavalerie pour s'en emparer (*de Pie VI*) et l'escorter. » (Gén. Gaultier à Mongin, 13 avril 1799. *Archives de Parme, loc. cit.*)

Si on osa, malgré de tels ordres, retarder d'un jour le départ de Pie VI, ce fut non seulement par crainte d'une émeute, mais aussi à cause d'une crue du Taro (cette rivière, comme la Trebbia, manquait de pont) qui interrompait les communications entre Parme et Plaisance. (Voy. le rapport de M. Ruspaggiari, directeur des postes à Parme, à ce sujet, *Archives de Parme, loc. cit.*)

(1) Tout autre fut la conduite de Mgr Adeodato Turchi, le digne évêque de Parme. Aux Archives de Parme on conserve un billet de ce prélat qui proteste énergiquement contre le départ forcé de Pie VI :

« Si le Pape ne peut pas partir sans mettre ses jours en péril, dit Mgr Turchi, vu sa situation, je dis qu'on ne peut en conscience le laisser partir et bien moins lui faire violence pour qu'il parte.

« Je dis plus : que ce serait le plus grand tort que la nation française pourrait se faire. Car on ne doit pas croire qu'elle veuille être regardée à la face du monde comme la plus barbare et inhumaine. Vous imaginez dans quel état je me trouve. » (Mgr Turchi au comte Ventura, 13 avril 1799.)

Mgr Tononi a rendu un grand service à la mémoire de Mgr Turchi

heureux Pie VI refusa d'abord ; mais lorsque le ministre du duc de Parme alla le soir du 13 avril chez le Pape, et l'avertit du danger que pouvaient courir le duc et le peuple de ses Etats, s'il persistait dans sa résolution, le Saint-Père l'interrompit et d'un ton calme et digne lui répondit : « C'est assez, Monsieur, cela suffit (1). Dieu nous garde de vouloir être la cause de n'importe quel dommage à ces peuples et au prince qui les gouverne. Il arrivera ce que Dieu voudra. A tout prix nous nous en irons ».

Le lendemain matin, 14 avril, avant l'aurore, après avoir entendu la messe et remercié les Bénédictins de l'hospitalité qu'il en avait reçue, Pie VI monta en voiture, escorté par le capitaine Mongin et par douze soldats parmesans. Le Directoire, poussant l'odieux jusqu'aux dernières limites, obligea le Pape à payer de ses deniers les frais du voyage, et Pie VI dut emprunter les sommes nécessaires pour les chevaux de poste, pour la solde des soldats et les autres dépenses de la route au cardinal Lorenzana et aux Bénédictins.

Malgré les difficultés très réelles au milieu desquelles il se débattait, la conduite du gouvernement ducal de Parme fut vraiment trop servile vis-à-vis des geôliers d'un Pape vieux, cassé et infirme. Quelques catholiques généreux ne manquèrent point de faire de vifs reproches à Ferdinand Ier, qui se défendait en disant qu'il avait été contraint à agir ainsi pour épargner à ses Etats les représailles de l'ennemi. Mais un vénérable religieux, le P. Joseph Pignatelli, lui répondit que les Juifs aussi avaient fait appel à un semblable argument lorsqu'ils discutaient sur la résolution qu'ils devaient prendre à l'égard de Jésus-Christ. Ils disaient : « *Venient Romani et tollent nostrum locum et gentem* » ; mais, comme le remarque saint Augustin, la crainte

en exhumant ce document jusqu'à présent inconnu et en le publiant dans le troisième volume de l'*Archivio storico per le provincie Parmensi* (1894). Il prouve par là que le diocèse de Parme avait un évêque qui savait dire la vérité aux puissants de la terre, alors que la peur et le servilisme avilissaient les plus hauts personnages.

(1) *Basta, Signore, basta così.*

de perdre les choses temporelles les empêcha de songer à celles de l'éternité, et ainsi ils perdirent les unes et les autres (1).

Le Pape arriva dans la même matinée du 14 avril à Borgo-San-Donnino, l'ancienne Fidentia des Romains, à 22 kilomètres de Parme, sur la route de Plaisance. L'évêque de la ville, Mgr Alexandre Garimberti, le cardinal Valenti-Gonzague (2) et le peuple le reçurent avec le plus grand respect. Seul, un juif, Marc Lévi, osa insulter Pie VI ; mais il paya cher sa lâcheté. Frappé par un ouvrier qui se trouvait à côté de lui, il allait être assommé par la foule, lorsque le maire le fit emprisonner pour le soustraire aux plus grands dangers.

Le 15 avril, Pie VI fut transféré à Plaisance. Le capitaine Mongin ne le fit pas entrer en ville, mais le logea au collège Albéroni, vaste bâtiment construit par le célèbre cardinal à environ deux kilomètres de Plaisance, sur la route de Parme. Le collège, alors comme aujourd'hui, était dirigé par les Lazaristes qui reçurent le Saint-Père avec le plus grand empressement en présence de leurs élèves. Malheureusement, les autorités civiles et l'évêque lui-même, Mgr Cerati, n'osèrent aller attendre Pie VI au seuil du collège Albéroni. Ils étaient terrorisés par les agents du Directoire (3).

On enleva le Pape de sa voiture. Le vénérable vieillard était si épuisé qu'on craignait qu'il ne mourût d'un moment à l'autre. Malgré cela, le capitaine Mongin déclarait formellement que dès le lendemain on le ferait partir pour

(1) *Temporalia perdere timuerunt et vitam æternam non cogitaverunt, ac sic utrumque amiserunt* (S. Aug., tract. XLIX in Joh.).

(2) Ce prince de l'Eglise, chassé de Rome, avait été exilé à Borgo-San-Donnino par le Directoire.

(3) Mgr Grégoire Cerati était un prélat très pieux. Quant à M. Denis Crescini, gouverneur de Plaisance, il condamnait hautement les procédés cruels dont on usait à l'égard du malheureux Pie VI. Il s'écriait au sujet du voyage du Pape de Parme à Plaisance : « Oh ! quelle barbarie qui fait horreur ! » (Crescini à Ventura, Plaisance, 14 avril 1799. *Archives d'Etat à Parme, Segreteria Borbonica, Etat et guerre, Français dans le duché de Parme* (1799), liasse n° 14.

Castel-San-Giovanni. Le 16 avril, les geôliers du Pape changèrent de résolution. Au lieu de le diriger sur Castel-San-Giovanni, ils résolurent de lui faire passer le Pô pour le conduire en Piémont par la route de Pavie (1). Pie VI, de plus en plus souffrant, se soumit aux ordres cruels de ses persécuteurs et, le 16 avril, après avoir reçu la visite de Mgr Cerati et donné audience aux Lazaristes et aux élèves du collège Albéroni, il se laissa transporter dans la voiture de voyage, devenue l'instrument de son long martyre.

Pour aller du collège Albéroni au pont de barques sur lequel la route traverse le Pô, il fallait traverser la ville de Plaisance. Le peuple, informé du prochain passage du Pape, se pressait dans les rues pour le voir et implorer sa bénédiction. Cette fidélité des catholiques à leur père spolié et prisonnier avait le pouvoir d'irriter au plus haut degré les agents du Directoire. Pour éviter toute manifestation de respect à l'endroit du Pape, le capitaine Mongin ordonna que sa voiture ne traversât point la ville, mais qu'elle se dirigeât vers le Pô en prenant un chemin qui longe les remparts de Plaisance. Ce chemin était alors en assez mauvais état et les pluies du mois d'avril l'avaient encore empiré. Les cahots et les ornières firent terriblement souffrir le malheureux Pontife; mais la résolution du capitaine Mongin n'empêcha pas la population de rendre hommage au Vicaire de Jésus-Christ. On avait, il est vrai, défendu aux habitants de sortir des portes de la ville qui étaient militairement gardées, comme si le prisonnier qu'on emmenait au delà du Pô eût été le plus dangereux des malfaiteurs. Mais le peuple de Plaisance, bravant courageusement la colère du Directoire, n'en alla pas moins en grande foule sur les remparts aux pieds desquels Pie VI devait passer, saluant avec respect le Vicaire de Jésus-Christ et implorant sa bénédiction.

Comme tout dans cet enlèvement du Pape devait être particulièrement odieux, les petits détails aussi bien que

1) Ce changement d'itinéraire avait pour cause une forte crue de la Trebbia qui rendait dangereux le passage de cette rivière.

les grandes choses, Mgr Tononi remarque que, « au pont du Pô, comme si le Pape et sa suite eussent voyagé pour leur plaisir, on exigea qu'ils payassent le péage » ! (1).

Sur la gauche du Pô, pendant que la voiture du Pape s'avançait à travers le territoire de Lodi, elle rencontra des groupes de soldats français qui se retiraient en désordre et dépourvus de tout. Ces soldats ne furent rien moins que courtois pour le Saint-Père. On contraire le peuple manifestait à Pie VI sa profonde vénération, s'agenouillant sur son passage et protestant contre la situation qui lui était faite. Ces braves paysans pleuraient en voyant le Vicaire de Jésus-Christ traité de la sorte. Cependant tout d'un coup, chemin faisant, le capitaine Mongin apprit que les Français venaient d'être battus par les Autrichiens non loin de Pizzighettone. Aussitôt il ordonna que les voitures du Pape et de sa suite rebroussassent chemin et repassassent le Pô. Dès que les habitants de Plaisance apprirent cette nouvelle, ils se portèrent en masse sur les bords du fleuve, et lorsque les voitures pontificales eurent passé le pont, ils s'opposèrent avec une telle énergie à ce qu'on empêchât Pie VI de traverser leur ville en rentrant au collège Albéroni que les agents du Directoire et leurs sbires furent impuissants à faire prévaloir leurs ordres. Bravant le capitaine Mongin et les autorités militaires de Plaisance, quelques courageux citoyens, secondés par les cris de la foule, prirent par les brides les chevaux de la voiture de Pie VI, contraignant le cocher à entrer en ville.

« Pie VI, — dit l'abbé Baldassari qui faisait partie de la suite du Pape, — Pie VI entra à Plaisance non comme un exilé et un prisonnier, mais comme un triomphateur et même plus, si grands étaient les applaudissements et les acclamations des citoyens qui le saluaient. Et la foule à certains endroits était si épaisse que les voitures ne pouvaient pas avancer. Vivement irrité par ce spectacle, le capitaine Mongin mit le sabre à la main. Il essaya, par des cris furieux, d'intimider cette multitude si dévouée au

(1) Voy. Tononi, *op. cit.*, *loc. cit.*, p. xxxii.

Pape. Ce fut une imprudence dont il eut à se repentir. Aux objurgations violentes du capitaine, le peuple répondit par des cris, des huées et des paroles menaçantes. Le Pape....., considérant qu'une joie aussi vive et impétueuse pouvait avoir des conséquences sinistres, s'étudiait, de sa voix affaiblie et avec des gestes, d'engager la foule à se modérer. Les deux prélats et les autres membres de la cour pontificale firent de même, et, grâce à ces bonnes manières, on obtint que le peuple, en se calmant, permît aux voitures d'avancer » (1).

Les voitures étaient presque arrivées à la porte Saint-Lazare (2), lorsqu'une compagnie de hussards, envoyée par le commandant français de la place, arriva. Elle se divisa en trois détachements. Le premier courut droit au collège Albéroni pour repousser quiconque voudrait y entrer. Les autres barrèrent la porte de la ville pour empêcher le peuple d'en sortir; d'autres entourèrent la voiture du Pape, éloignant, par des moyens violents, ceux qui étaient parvenus à quitter la ville pour saluer Pie VI le long de la route de Bologne.

Dans cette triste circonstance, le peuple de Plaisance donna des preuves éclatantes de son courage, de son respect et de son dévouement au Saint-Père (3). Les *Annales* du

(1) Voy. l'abbé P. BALDASSARI, *Relazione delle avversità e patimenti del glorioso papa Pio VI negli ultimi tre anni del suo pontificato*. Deuxième édition. Modène, 1841-1843, chapitre IV.

(2) La porte Saint-Lazare à Plaisance est à l'est de la ville. C'est là que commence la route de Bologne, où se trouve le collège Albéroni.

(3) Le gouverneur de Plaisance, Crescini, écrit à ce sujet au comte Ventura :

« Je me suis trouvé dans une très grande agitation dans la journée d'hier et la nuit dernière par crainte de troubles populaires. En voyant hier matin le retour des voitures arrivées vers midi et que l'on a fait passer à travers toute la ville, une foule immense de peuple s'est rassemblée. Ce peuple était profondément ému et souffrait vivement à la vue de ce spectacle. Son émotion s'accrut considérablement lorsqu'on répandit le bruit qu'on voulait faire repartir le Pape quelques heures après. La situation s'aggrava à tel point que je conçus des craintes fondées, d'autant qu'on entendait clairement des murmures et qu'on déclarait fermement qu'on ne le laisserait pas partir. Le matin il y avait eu des altercations, et les dragons qui

collège Albéroni lui rendent pleinement justice. On y lit, entre autres choses, les phrases suivantes :

« On donnait au Pape les signes les plus évidents de compassion pour les violences dont il était la victime. On entendait mille bénédictions et applaudissements à son adresse et mille malédictions contre les Français (1). Ces protestations indignées sortaient de toutes les bouches. Le peuple qui encombrait les rues et les personnes qui étaient aux fenêtres des maisons les lançaient à la face des geôliers du Pape, et tous recevaient la bénédiction du Saint-Père à la confuson de ces mêmes Français » (2).

Les Lazaristes donnèrent tous leurs soins au Pontife malade, ramené au collège Albéroni. Ils eurent les plus délicates attentions pour les personnes de la cour de Pie VI qui leur en témoignèrent toute leur reconnaissance. Tout le monde espérait que le Pape serait prochainement délivré par suite des récentes victoires des Autrichiens. Mais le Directoire n'entendait pas renoncer à son odieuse persécution, se flattant de détruire la Papauté en faisant mourir Pie VI en prison. Les illusions des Lazaristes et des prélats de la cour pontificale ne durèrent pas longtemps. Avant le coucher du soleil, le capitaine Pastor, accompagné par Mongin, somma le Pape de partir immédiatement pour le Piémont. Les prélats répondirent que la chose n'était pas possible, à cause de la difficulté qu'il y avait, dans l'état déplorable où se trouvait le Saint-Père, à tra-

avaient ramené le Saint-Père à San Lazzaro (*collège Albéroni*) avaient été menacés avec des pierres par des gens rassemblés sur la place publique. Je crus donc qu'il était de mon devoir d'en prévenir le bon commandant Claparède... Cependant le délai que l'on a mis au départ du Pape a rendu inutiles les mesures que l'on avait prises d'autant plus que j'avais fait répandre exprès en ville la nouvelle que pour le moment le Saint-Père ne partirait plus. C'est pourquoi cette nuit, bien qu'il ait traversé la ville, il n'a été vu que par très peu de personnes. » (Crescini à Ventura, Plaisance, 17 avril 1799, *Archives de Parme, Stato e Governo, Français*, etc., liasse 14.)

(1) Il serait plus exact de dire le Directoire ou les révolutionnaires français.

(2) *Annali e Memorie del Collegio di San Lazzaro* (Albéroni). Manuscrit conservé dans la bibliothèque du dit collège.

verser de nuit la Trebbia qui était en crue et manquait de pont. MM. Pastor et Mongin ripostèrent brutalement qu'ils n'admettaient pas d'objections à leurs ordres. A quoi les prélats répondirent : « La raison est pour nous. Vous, Messieurs les officiers, vous avez la force à votre disposition. Si donc vous avez le courage de vous en servir, ordonnez à vos soldats d'enlever le Pape de son lit. Allez et disposez à votre gré de la vie d'un vieillard vénérable que l'âge, le malheur et les infirmités ont désormais rendu agonisant » ! (1).

Incapables de répondre à ce ferme langage, les capitaines Pastor et Mongin rentrèrent à Plaisance pour s'informer si le passage de la Trebbia était possible. Ils revinrent au collège Albéroni une demi-heure après l'*Angelus* du soir, annonçant qu'on pourrait traverser la rivière et ordonnant que l'on prît toutes les dispositions pour le départ, fixé par eux à une heure du matin. Les prélats retardèrent autant qu'ils le purent leurs préparatifs pour ne pas arriver avant le jour à la Trebbia (2). La traversée de cette rivière eut lieu le 17 avril de grand matin sur un pont flottant composé de deux barques réunies par des madriers et des planches. Elle fut longue et dangereuse; car elle ne dura pas moins de deux heures et il y eut de graves incidents. On en vint à bout cependant. Mais le Pape subit des secousses si violentes qu'il fut arraché de son siège et lancé contre les prélats assis vis-à-vis de lui.

Poursuivant son triste voyage, Pie VI arriva vers midi à Castel-San-Giovanni, ville frontière du duché de Parme. Sa suite avait été réduite à trente personnes et il était escorté par le capitaine Mongin, suivi de vingt-quatre hussards français. M. l'abbé François Cornetti, archiprêtre de Castel-San-Giovanni, les chanoines de la collégiale et une foule immense attendaient le Saint-Père à l'entrée de la petite ville. Ils l'accompagnèrent à la maison du maire, M. Charles

(1) Voy. A.-G. TONONI, *op. cit.*, *loc. cit.*, p. XXXIV. Cf. BALDASSARI, *op. cit.*, IV, p. 72.

(2) La Trebbia est à sept kilomètres du collège Albéroni et à quatre et demi de la porte occidentale de Plaisance.

Ferrari, qui eut l'honneur de lui donner l'hospitalité. Pie VI se mit aussitôt à dire son bréviaire et à réciter les litanies. Vers le soir, le clergé et le peuple se réunirent à l'église afin de prier pour l'auguste Pontife.

Peu de temps après l'arrivée du Pape à Castel-San-Giovanni, on lui annonça la visite de Don Pedro de Labrador et de Mgr Joseph Garcia-Malo, venus avec une mission du roi d'Espagne pour régler certaines affaires avec le chef de l'Eglise. Mais Pie VI, après un voyage aussi douloureux que celui qu'il venait de faire à partir de Plaisance, n'était pas en état de traiter des affaires. Il fut donc contraint de faire congédier les envoyés de Charles IV, d'autant qu'il devait partir dès le lendemain matin pour le Piémont.

Les témoignages d'amour filial et de respect des habitants de Castel-San-Giovanni touchèrent profondément le Pape qui en manifesta toute sa gratitude au clergé et au maire (1). Le 18 avril, dans la matinée, l'auguste prisonnier fut remis en voiture (2) et quitta le duché de Parme pour traverser le Piémont et aller mourir à Valence, dans le Dauphiné (29 août 1799).

En terminant son récit sur le passage de Pie VI dans le duché de Parme, Mgr Tononi s'écrie :

« Des choses que j'ai racontées et que j'ai puisées presque à la lettre aux Mémoires de témoins oculaires, il ressort clairement que le gouvernement français d'alors traita avec une impitoyable violence le Pontife désarmé et mourant. Ce qui nous soulage, au contraire, c'est de voir qu'au milieu de la peur et de l'avilissement presque général de ceux qui étaient plus particulièrement tenus à protéger le faible, il y eut au moins des populations courageuses qui, sans égards pour personne, condam-

(1) Une pierre commémorative, murée dans l'église paroissiale de Castel-San-Giovanni, rappelle à la postérité le souvenir du passage de Pie VI par cette petite ville.

(2) Pie VI ne pouvait plus se tenir debout, ses jambes étaient couvertes de plaies et il était atteint par d'autres maladies, conséquences de son âge et de ses longues souffrances morales.

nèrent par leurs manifestations l'injustice des oppresseurs. » (1)

Si je me suis longtemps attardé à parler du passage de Pie VI prisonnier à travers les territoires de Parme et de Plaisance, c'est que ce triste épisode se rattache étroitement au sujet que je vais traiter, en ce sens qu'il donna une très mauvaise idée aux populations catholiques de cette partie de l'Italie des hommes de la Révolution française et malheureusement aussi des officiers. Lorsque le jour, viendra où Napoléon enverra à Parme et à Plaisance les victimes de son despotisme, ces pays se souviendront des odieux procédés dont le vénérable prédécesseur de Pie VII avait été la victime sous leurs yeux, et les habitants sauront de nouveau braver la colère des autorités françaises pour consoler les prêtres romains et prendre part à leurs souffrances.

Malheureusement la France paya les frais de l'indigne conduite du Directoire et de Napoléon Ier à l'égard des papes Pie VI et Pie VII. Le peuple n'est pas capable de distinguer une nation de son gouvernement et lorsqu'il voit les agents de celui-ci commettre des actes abominables, lorsqu'il constate de ses yeux que les officiers prennent part à ces indignités il rend le pays qui a de tels représentants responsable de leur conduite. Sans doute il y a là une criante injustice, surtout lorsqu'on songe que la France fut la première victime des faits et gestes des Jacobins et du Directoire comme du despotisme napoléonien ; mais les foules ne sont pas assez instruites pour se rendre compte de ces choses. Bien plus, le souvenir des déplorables attentats contre la religion et ses ministres, qui se sont produits en Italie pendant la domination française, sous le Directoire et le premier Empire, a créé, même parmi les gens cultivés, un courant d'idées qui attribue à la France en général la responsabilité de tant de violences. Seuls, quelques esprits d'élite, familiarisés avec l'histoire moderne, savent donner à chacun selon ses mérites et re-

(1) Voy. A.-G. Tononi, *op. cit.*, *loc. cit.*, p. xxxvi.

connaître que la nation française n'a eu qu'un tort, celui de subir des régimes qui la déshonoraient au dehors par leurs méfaits.

Quoi qu'il en soit, la conduite du Directoire vis-à-vis de Pie VI exaspéra à un tel degré le peuple de Parme et de Plaisance qu'il applaudit aux défaites de la France en 1799 et accueillit les Austro-Russes comme des libérateurs. La bataille de la Trebbia (17 et 19 juin 1799) mit fin à la domination française dans le nord de l'Italie. Cette domination fut restaurée l'année suivante, à Parme et à Plaisance, après la bataille de Marengo (14 juin 1800).

II

Je vais montrer maintenant quelle fut, au point de vue religieux, la situation à Parme et à Plaisance après la rentrée des Français dans ces pays. Nous verrons figurer dans ce récit plusieurs personnages qui joueront un rôle important lors de la déportation des prêtres romains. Je me servirai pour cette partie de mon travail de plusieurs ouvrages, mais surtout de la remarquable étude de Mgr Tononi sur *les Conditions de l'Eglise dans le duché de Parme sous la domination française* (1802-1814), publié par la *Rivista Universale* de Gênes, années 1868-69. Mgr Tononi est un prêtre éclairé, exempt de passion. Il écrit l'histoire, s'appuyant sur les documents et avec la conscience d'un érudit. En suivant un tel guide, pour lequel les Archives de Parme et de Plaisance n'ont pas de secrets, on ne risque pas de se tromper.

La rentrée des Français à Parme, après la bataille de Marengo, eut pour conséquence le rétablissement dans ce duché du *statu quo ante*. Le duc Ferdinand Ier ne fut point chassé de ses Etats, mais il redevint le vassal et presque l'esclave du gouvernement français. Le traité de Lunéville, entre la République française et l'Autriche (9 février 1801), enleva le grand-duché de Toscane à Ferdinand III de Lorraine pour en former, avec l'ancienne république de Lucques, le royaume d'Etrurie en faveur de Louis de Bourbon, infant d'Espagne et fils de Ferdinand Ier, duc de Parme. Quelques semaines plus tard, le traité de Lunéville était complété par le traité de Madrid entre la France et l'Espagne (21 mars 1801). Il établissait qu'en guise de compensation pour la concession de la Toscane aux Bourbons d'Espagne, à la mort de Ferdinand Ier le duché de Parme serait annexé à la France. Quant au royaume d'Etrurie, si Louis Ier venait à mourir sans enfants, un des fils du roi d'Espagne aurait le droit de lui succéder. Il est bon de remarquer que toutes ces délibérations où l'on faisait si bon marché du droit des souverains et de la volonté des peuples, furent prises entre la Cour d'Espagne et le Premier Consul sans consulter le duc de Parme. Celui-ci n'accepta point le traité de Madrid, ne voulant pas livrer ses sujets, malgré eux, à la domination étrangère; mais il ne survécut que dix-huit mois à ces événements.

A la mort de Ferdinand Ier, survenue le 9 octobre 1802, le conseiller d'Etat Moreau de Saint-Méry prit possession de Parme et de Plaisance au nom de la France. Ce fonctionnaire était imbu des préjugés révolutionnaires; mais il aimait sincèrement le pays où il avait été envoyé et, au fond, il n'y laissa pas de mauvais souvenirs (1). M. Moreau de Saint-Méry avait le tort, aux yeux de Napoléon, de trop respecter les traditions et les usages du pays qu'il gouvernait. En effet, il avait réformé le code civil et les lois sans imposer purement et simplement la législation française.

Par décret impérial du 3 juin 1805, après un voyage à Parme, Napoléon Ier fit publier son code dans l'ancien duché et à la fin de janvier 1806, il révoqua M. Moreau de Saint-Méry, lui reprochant d'avoir dépassé les bornes assignées à un simple administrateur et d'avoir été trop bienveillant pour le pays conquis.

(1) Botta, dans son *Histoire de l'Italie depuis 1789 jusqu'en 1814*, Ve vol., p. 213, dit que M. Moreau de Saint-Méry était un homme bon et loyal, aimant les lettrés, mais vaniteux.

Parme et Plaisance furent dès lors soumises aux lois françaises. Cet événement eut pour conséquence l'augmentation considérable des impôts et l'introduction de la conscription. Le mécontentement allait en grandissant surtout parmi les rudes montagnards des Apennins. Une révolte éclata tout à coup dans la vallée de Tolla, sise dans la province actuelle de Plaisance. C'était une réaction contre la conscription et le despotisme anticlérical du nouveau régime. Le général Junot reçut les instructions les plus violentes de l'Empereur : « Faites, disait Napoléon, ce que j'ai fait moi-même à Binasco ; brûlez quelques gros villages. Je suis content de l'esprit qui règne dans les duchés. Brûlez le village (Mezzano Scotto) qui s'est soulevé pour s'unir à Bobbio (1). Fusillez le curé et envoyez trois ou quatre cents personnes au bagne. Je ne suis pas convaincu de la bonne foi des paysans, ce sont de grandes canailles. Croyez à la grande expérience que j'ai des Italiens. Brûlez deux ou trois villages de telle sorte qu'il n'en reste plus de traces et envoyez trois ou quatre cents personnes au bagne (2). »

Ces instructions n'étaient pas faites pour attirer à la France l'affection des habitants de Parme et de Plaisance. Junot discréditait en même temps le gouvernement impérial par sa vénalité et ses débauches (3). Napoléon, après s'être servi de ce général pour faire la besogne que je viens d'indiquer, se hâta de le remplacer par le général Pérignon dont la conduite fut plus digne et plus humaine (septembre 1806).

Lorsque l'Empereur résolut de détrôner le roi d'Espagne, il ne tint plus aucun compte du traité de Madrid, signé avec ce prince en 1801. Aussi, par décret impérial du 24 mai 1808, le duché de Parme fut purement et simplement annexé à la France et devint le département du Taro.

En 1810, le commandement militaire passa des mains du

(1) Petite ville du Piémont, sur la Trebbia, non loin de la frontière du duché de Parme, où des troubles avaient lieu en 1806.

(2) *Correspondance de Napoléon Ier*, tome X, pp. 7, 9, 11, 23.

(3) Voy. à ce sujet MALASPINA, *Histoire de Parme*.

général Pérignon à celles du général Dupont qui resta à Parme jusqu'à la chute de l'Empire, en 1814. L'oppression du peuple continua, la conscription, de plus en plus lourde, exaspéra les paysans et les ouvriers. L'indigne spoliation des couvents irrita et scandalisa les honnêtes gens et aggrava les misères des pauvres. Napoléon ne put compter dès lors que sur une infime minorité composée de révolutionnaires, de personnes dont les intérêts se trouvaient engagés avec le nouvel ordre de choses et des quelques familles qui comptaient des membres parmi les officiers et les fonctionnaires impériaux.

Maintenant que j'ai donné un coup d'œil général sur la situation politique du duché de Parme pendant le premier Empire, je parlerai avec plus de détail de la situation religieuse, parce qu'elle se rattache davantage à mon sujet et qu'il est nécessaire de bien la connaître pour se rendre compte de la conduite des évêques envers les prêtres romains exilés dans le département du Taro.

Nous avons vu que, dès 1806, on n'hésitait pas à fusiller un curé sans même se donner la peine de savoir s'il était ou non responsable d'une insurrection de paysans. En même temps, on maintenait l'arrêté arbitraire interdisant aux évêques de faire leurs tournées pastorales.

En 1807, un décret impérial, portant la date de Varsovie, autorisait enfin les évêques du duché de Parme à faire des tournées pastorales dans leurs diocèses, et à visiter les établissements d'instruction publique. Le ministre des cultes informait les prélats des délibérations prises par l'Empereur par une lettre circulaire du 31 janvier.

A cette époque le cardinal Caselli était évêque de Parme où il avait succédé au vénérable Mgr Adeodato Turchi, mort peu de temps après la rentrée des Français dans sa ville épiscopale. En 1807, le diocèse de Plaisance devint vacant à son tour. Le vieux Mgr Cerati, prélat aimé et respecté de tout le monde, mais d'un âge avancé et d'une santé fort affaiblie, s'éteignit à cette époque (1). Napoléon

(1) Mgr Cerati était un évêque pieux et instruit. Son épiscopat fut

s'empressa de profiter de cet évènement pour donner au diocèse de Plaisance un évêque prêt à servir aveuglément ses intérêts. Avec Mgr Cerati il savait qu'il ne pouvait pas tout oser. Bien que souffrant et âgé, l'ancien évêque de Plaisance n'était pas homme à jouer le rôle peu digne que l'Empereur voulait imposer à l'épiscopat. Napoléon Ier eut soin que le successeur de ce prélat fût plus accommodant avec le pouvoir civil. Il appela à l'évêché de Plaisance un prélat français qu'il savait d'avance docile à ses ordres.

« Napoléon — dit Mgr Tononi — même sur les champs de bataille, s'intéressait aux nominations épiscopales, surtout dans les provinces conquises, parce qu'il voulait asservir tout le monde. Un mois à peine s'était écoulé depuis la mort de Mgr Cerati lorsqu'on reçut à Plaisance la nouvelle de la nomination de Mgr Etienne-François-de-Paule Fallot de Beaumont à ce siège épiscopal. Mgr de Beaumont était un prélat encore dans la force de l'âge. Evêque de Vaison (Comtat Venaissin), il avait refusé de prêter serment à la constitution civile du clergé. A cause de

troublé par l'invasion française et le déchaînement des passions révolutionnaires que la propagande des agents du Directoire provoqua. L'impiété était ouvertement encouragée par les nouveaux maîtres du pays qui payaient d'exemple en profanant et dévalisant les églises et les couvents. Ce spectacle affligeait vivement Mgr Cerati et ne le disposait pas en faveur des envahisseurs de son pays. Néanmoins, désirant empêcher de plus grands maux et surtout soustraire le peuple aux violences et aux exactions du Directoire et de ses représentants civils et militaires, Mgr Cerati chercha à calmer la colère des proconsuls républicains par un mandement où il engageait vivement le peuple à respecter les troupes françaises qui occupaient son pays, priant les fidèles de ne pas dire du mal des soldats français, même dans leurs conversations particulières, parce que ces soldats et leurs officiers respectaient vraiment la religion, les personnes et leurs propriétés. Le mandement de Mgr Cerati porte la date du 4 juin 1796. Il est clair que le respectable prélat était allé trop loin dans son éloge des armées du Directoire. On avait cependant le droit d'espérer que le Directoire et ses agents lui en seraient reconnaissants. Il n'en fut rien. Les jacobins français et italiens profitèrent de ce document pour attaquer vivement et couvrir d'injures, dans leurs journaux, l'évêque de Plaisance. On accusa le vénérable prélat d'hypocrisie, d'ignorance et de mauvaise foi. On le traita d'imbécile et de vieille brute. Ceci montre en quelles tristes conditions se trouva l'Eglise en Italie partout où arrivèrent les agents et les armées du Directoire.

ce refus, non seulement il fut chassé de son diocèse qui venait d'être supprimé ; mais il fut contraint de s'enfuir à Lyon et de s'y cacher pour ne pas être arrêté.

« Pendant la Terreur, Mgr de Beaumont se distingua par son zèle sacerdotal, vivant travesti en marchand d'huile pour administrer les sacrements et exercer les fonctions épiscopales en secret, d'accord avec l'archevêque exilé et avec les légitimes autorités diocésaines. Il parcourait les rues avec un panier rempli de vases d'huile, sous lesquels il cachait les objets et les ornements sacrés destinés au culte et à l'administration des sacrements. La police eut vent de la chose, le chercha activement et réussit à pénétrer dans une maison pendant que le prélat y administrait les sacrements. Mgr de Beaumont ne se troubla point. Il monta sur le toit, et d'un bond il se jeta sur celui d'une autre maison, d'où il put sortir sans être inquiété, échappant à une mort certaine et aux recherches des sicaires de la Terreur. En faisant ce saut d'un toit à l'autre, soit par suite de l'émotion, soit à cause d'un choc trop fort, il fut pris par un mouvement nerveux aux épaules, qu'il levait inconsciemment et qui ne le quitta plus jusqu'à la mort.

« La prudence contraignit le prélat à s'exiler. Il prit le chemin de Rome et, de passage à Plaisance, il fut l'objet de beaucoup de courtoisies dont il garda un excellent souvenir et qu'il rappela à ses nouveaux diocésains lorsqu'il prit possession de la chaire de saint Victor, de saint Savin et d'Alexandre V.

« Après la fin de la Terreur et la signature du Concordat, Mgr de Beaumont fut nommé en 1801 évêque de Gand. Mais la gloire de Napoléon le conquit. Aussi, perdant un peu trop le souvenir de son glorieux passé, il sacrifia à César plus qu'il ne le devait, oubliant trop ses devoirs envers le successeur de saint Pierre. A Plaisance, Mgr de Beaumont avait l'habitude de s'excuser de sa docilité vis-à-vis de l'Empereur, qui quelquefois était vraiment du servilisme, en disant : « Vous n'avez pas vu la Terreur comme « je l'ai vue moi. Si vous aviez vécu au milieu des angoisses « de ce temps-là, vous comprendriez le grand bien que

« Napoléon a fait à la France et à l'Eglise par le Concordat « et le rétablissement du culte catholique en France, et « vous lui seriez reconnaissant et vous l'admireriez autant « et plus que moi. »

« Sans doute le prélat déplorait la lutte entre l'Eglise et l'Etat, mais il était toujours — et souvent beaucoup trop — enclin à l'indulgence envers l'Etat, comme du reste nous le verrons tout à l'heure. Il paraît qu'à Gand Mgr de Beaumont ne se conduisit pas de manière à contenter Pie VII, puisque sa nomination au siège de Plaisance sembla peu agréable au Pontife. Et la chose est si vraie que, manquant des bulles d'institution, Mgr de Beaumont fut contraint de retarder son entrée solennelle dans son nouveau diocèse jusqu'au mois d'avril 1808. » (1).

Au moment où Mgr Fallot de Beaumont prenait possession du siège de Plaisance, la guerre était déclarée entre Napoléon Ier et Pie VII. Les choses n'en étaient pas encore arrivées aux tristes extrémités qui déshonorèrent la seconde moitié du premier Empire, mais le despote de génie qui maîtrisait l'Europe était de plus en plus irrité contre le Pontife faible et désarmé qui osait contrecarrer ses desseins et se refusait à gouverner l'Eglise universelle au gré des fantaisies impériales. Aux justes réclamations de Pie VII contre les injustices et les abus de pouvoir de l'Empereur dans ses rapports avec le Saint-Siège et le clergé, Napoléon répondait brutalement. Sa lettre du 22 juillet 1807 au prince Eugène est le plus éloquent témoignsge de ses sentiments à cette époque si critique pour l'Eglise.

« ... Que veut faire Pie VII en me dénonçant à la chrétienté? s'écriait Napoléon. Mettre mes trônes en interdit, m'excommunier? Pense-t-il que les armes tomberont de la main de mes soldats? et mettre le poignard aux mains de mes peuples pour m'égorger? Cette infâme doctrine, des papes furibonds l'ont prêchée. Il ne resterait plus au Saint-

(1) A.-G. Tononi, *Condizioni della Chiesa negli Stati Parmensi. Dominio francese* (1802-1814). Voy. la *Rivista Universale* de Gênes, nouvelle série, IIIe année, VIIIe vol., livraison du 10 novembre 1868, p. 27 et suiv.

Père qu'à me faire couper les cheveux et à m'enfermer dans un monastère ! Me prend-il pour Louis le Débonnaire?... Le Pape actuel est trop puissant ; les prêtres ne sont pas faits pour gouverner. Qu'ils imitent saint Pierre, saint Paul et les saints apôtres, qui valent bien les Jules, les Boniface, les Grégoire, les Léon... C'est le désordre de l'Eglise que veut la cour de Rome, et non le bien de la religion. Elle veut le désordre pour s'arroger un pouvoir arbitraire et bouleverser les idées de temporel et de spirituel. Certes, je commence à rougir et à me sentir humilié de toutes les folies que m'a fait endurer la cour de Rome, et peut-être le temps n'est-il pas éloigné, si l'on veut continuer à troubler les affaires de mes Etats, où je ne reconnaîtrai le Pape que comme évêque de Rome, comme égal et au même rang que les évêques de mes Etats. Je ne craindrai pas de réunir les Eglises gallicane, italienne, allemande, polonaise dans un concile pour faire mes affaires sans le Pape, et mettre mes peuples à l'abri des prétentions des prêtres de Rome... En deux mots, c'est pour la dernière fois que j'entre en discussion avec cette prêtraille romaine (*sic*). On peut la mépriser et la méconnaître et être constamment dans la voie du salut, et, dans le fait, ce qui peut sauver dans un pays peut sauver dans un autre.

« ... Je tiens ma couronne de Dieu et de la volonté de mes peuples ; je n'en suis responsable qu'à Dieu et à mes peuples. Je serai toujours Charlemagne pour la Cour de Rome et jamais Louis le Débonnaire... Je n'ai jamais demandé autre chose qu'un accommodement. Si Rome n'en veut point, qu'elle ne nomme point d'évêques ; mes peuples vivront sans évêques, mes églises sans direction, jusqu'à ce qu'enfin l'intérêt de la religion, dont mes peuples ont besoin, me fera prendre un parti que commandent leur bien-être et la grandeur de ma couronne ! » (1)

Le prince Eugène avait ordre de communiquer ce triste

(1) Napoléon Ier au prince Eugène de Beauharnais, vice-roi d'Italie, Dresde, 22 juillet 1807. *Correspondance de Napoléon Ier*, XVe vol., p. 441.

document à Pie VII : « Vous enverrez cette lettre au Pape, disait Napoléon en terminant, et vous me préviendrez quand M. Alquier (1) l'aura remise » (2).

Ce langage violent et injurieux adressé au chef de l'Eglise présageait de sombres jours au Saint-Siège et aux prêtres qui entendaient demeurer fidèles à leurs devoirs.

M. d'Haussonville, dans son magistral ouvrage sur *l'Eglise romaine et le premier Empire*, nous indique parfaitement les causes de ces prétentions insensées, de ce langage indigne de l'Empereur vis-à-vis du Pape, lorsqu'il dit :

« Ce n'était point par méchanceté personnelle ou par suite de mesquines considérations qu'il (Napoléon) avait recours à des procédés aussi violents. La politique, une politique d'ambition gigantesque, fougueuse et déréglée, lui imposait des actes dont l'injustice lui paraissait parfaitement légitimée par la seule nécessité... Les menaces n'ayant pas suffi, l'Empereur s'en trouvait un peu mortifié et profondément aigri. » (3)

Le noble refus de Pie VII de se plier aux caprices du tout-puissant maître de l'Europe eut pour conséquence l'occupation de Rome par les troupes impériales (2 février 1808). En même temps les persécutions contre le clergé redoublaient de violence en France et en Italie. Les arrestations arbitraires d'ecclésiastiques se multipliaient et le gouvernement exigeait de plus en plus des évêques des choses que leur conscience et leurs devoirs ne leur permettaient point de faire.

L'ancien duché de Parme ne fut point à l'abri de ces attentats. Malheureusement il n'avait plus les évêques fermes et courageux qu'il avait eus au temps du ministre Dutillot (4). A côté de Mgr Fallot de Beaumont, dont la vie

(1) Ministre de France près le Saint-Siège.

(2) *Correspondance de Napoléon Ier, loc. cit.*

(3) D'Haussonville, *L'Eglise romaine et le premier Empire*, IIe vol., ch. xxvii, pp. 326-27 de la troisième édition (1870).

(4) Dutillot (Guillaume), homme d'Etat français au service du duc de Parme, Philippe Ier (1749-1756), appartenait à une pauvre famille. Homme de talents exceptionnels et d'une réelle valeur, il fut envoyé

ressemble parfaitement à celle de son compatriote, le cardinal Maury (1), il y avait à Borgo-San-Donnino Mgr Garimberti, un évêque respectable, mais vieux et dépourvu

à Parme, lorsque les Bourbons prirent possession du duché, par les rois de France et d'Espagne, qui voulaient assurer au nouveau duc de Parme, issu de leur famille, le concours d'un homme politique capable et expérimenté. Il est incontestable que le ministre Dutillot fit de grandes et belles choses à Parme. Il tripla les ressources financières de l'Etat, améliora considérablement ses conditions économiques, releva le niveau des études, appelant plusieurs célèbres professeurs étrangers à enseigner à l'université de Parme, et entre autres Mably et Condillac qu'il donna comme précepteurs au prince héritier, le futur duc Ferdinand Ier. Malheureusement, à côté des services qu'il rendit au duché de Parme, le ministre Dutillot provoqua de graves conflits avec le Saint-Siège et les évêques. Sous prétexte que la cour de Rome affichait des prétentions à la suzeraineté de Parme et de Plaisance, Dutillot envahit le domaine ecclésiastique, supprimant à son gré les couvents et tout ce qui le gênait, défendant aux prêtres d'en appeler à Rome, s'arrogeant le droit de régenter les évêques et de modifier ou abroger les lois ecclésiastiques sans tenir compte des droits du Saint-Siège et des évêques. Imbu des idées du XVIIIe siècle, Dutillot fit à Parme ce que Joseph II fit en Autriche, Léopold Ier en Toscane, Tanucci à Naples. Le richérisme avait en lui un disciple fanatique qui jouait les Richer sur un théâtre italien. Sans doute il y avait des réformes à faire même dans le domaine ecclésiastique; mais il fallait les pratiquer d'accord avec Rome. Or, Dutillot faisait et défaisait à son gré sans même se soucier d'interpeller le Saint-Siège.

A la mort de Philippe Ier, en 1756, Dutillot devint plus puissant que jamais. La duchesse régente lui laissa toute liberté de gouverner ses Etats sans le moindre contrôle. Il en fut de même au commencement du règne de Ferdinand Ier. Quelques années après, le jeune duc commença à s'apercevoir que son tout-puissant ministre était un dangereux auxiliaire. Le conflit avec les évêques et le clergé, qui résistaient noblement et fermement aux envahissements de Dutillot dans le domaine de l'Eglise, devenait de plus en plus aigu. Pour y mettre un terme, Ferdinand Ier congédia, en 1771, son premier ministre. Dutillot, abandonné par la cour et mal vu par le peuple, quitta Parme et se retira en Espagne, aux environs de Madrid.

(1) Comme le cardinal Maury, Mgr Fallot de Beaumont fut admirable de courage, héroïque même pendant la Révolution. Mais, à l'instar du célèbre cardinal, il se laissa éblouir par la gloire napoléonienne, devint l'instrument des fantaisies du despote dans les affaires ecclésiastiques, et, de même que Maury usurpa le siège de Paris, malgré les protestations de Pie VII, Mgr Fallot de Beaumont devint archevêque intrus de Bourges en 1813; mais, comme on le verra plus loin, la fermeté du chapitre de cette église métropolitaine ne lui permit pas d'en prendre possession.

d'énergie, tandis qu'à Parme le cardinal Caselli imitait, avec plus de prudence, le servilisme de l'évêque de Plaisance.

Le cardinal Caselli appartenait à une noble famille du Piémont. Entré dans l'ordre des Servites, il y acquit beaucoup d'influence et finit par être nommé général. Théologien et canoniste distingué, il fut envoyé à Paris en même temps que Mgr Spina, alors archevêque de Corinthe, pour négocier le Concordat avec le Premier Consul. Bonaparte le remarqua et le nomma plus tard évêque de Parme. Pie VII, pour le récompenser des services qu'il avait rendus lors de la négociation du Concordat (1), le nomma cardinal. Grand admirateur du génie de Napoléon, profondément convaincu que la puissance de l'Empereur était solidement assise, le cardinal Caselli estimait que le Pape devait se résigner aux volontés du maître de l'Europe. Sans être aussi servile que Mgr Fallot de Beaumont, le cardinal de Parme alla bien loin, beaucoup trop loin, dans la voie des concessions au despotisme impérial, et il négligea bien des fois ses devoirs et les intérêts de l'Eglise. Le cardinal Caselli louvoya le plus souvent entre les difficultés qui s'accumulaient sur son chemin. Esprit fin et délié, il était passé maître dans l'art de trouver les biais qui lui permettaient de garder la faveur impériale, sans pousser la condescendance jusqu'aux derniers excès, à l'instar des Maury et des Fallot de Beaumont. Cependant, vers la fin de l'Empire, le savant évêque de Parme perdit la faveur de Napoléon. Le triste spectacle du Concile national l'avait découragé. Il avait fini par comprendre que l'Empereur voulait de parti pris asservir l'Eglise, et il se rangea parmi les prélats qui, sans rompre ouvertement avec Napoléon, firent néanmoins une opposition assez ferme à ses prétentions. Cette conduite du cardinal irrita vivement l'Empereur et, si d'autres soucis n'eussent pas distrait son attention, peut-être l'évêque de

(1) Le P. Caselli travailla avec zèle à la conclusion du Concordat de 1801. On lui reprocha cependant d'être allé trop loin dans les promesses qu'il fit au Premier Consul avant l'arrivée du cardinal Consalvi à Paris.

Parme eût-il éprouvé à son tour les effets de la colère du despote. La chute de l'Empire débarrassa le cardinal Caselli de toute crainte, et sa conduite, à la fin de l'Empire, lui permit de rentrer à Parme, et de gouverner longtemps son diocèse, tandis que Mgr de Beaumont était contraint à donner sa démission du siège de Plaisance.

Cependant, au début de l'Empire, le cardinal Caselli était toujours prêt à obéir aux ordres de l'Empereur, de même que Mgr Fallot de Beaumont, et leur exemple entraînait le vieil évêque de Borgo-San-Donnino à se montrer trop condescendant. C'est pourquoi Napoléon put tout oser dans l'ancien duché de Parme sans craindre de rencontrer la résistance courageuse que l'épiscopat avait opposée aux envahissements du ministre Dutillot.

Le 1er octobre 1808, un décret daté du château de Fontainebleau réunissait les Eglises de Parme, Borgo-San-Donnino et Plaisance à l'Eglise gallicane. Le même décret déclarait que désormais le Concordat du 26 messidor an IX (15 juillet 1801) serait considéré comme loi de l'Etat dans ces trois diocèses. Or, il est bon de le remarquer, Napoléon appliquait au duché de Parme la législation concordataire sans le consentement du Pape, et sans tenir compte du fait qu'un contrat synallagmatique ne peut être changé ou étendu à des pays qui n'y sont pas compris, sans que les signataires se mettent au préalable d'accord à ce sujet. Mais l'Empereur était dès lors résolu à soumettre le Saint-Siège et l'Eglise à son bon plaisir de tyran.

Si Napoléon se fût contenté de promulger purement et simplement le Concordat à Parme et à Plaisance, les inconvénients qui se seraient produits n'eussent pas été très considérables. Mais l'Empereur se garda bien de donner un tel exemple de modération dans l'arbitraire. Entré dans la voie du bon plaisir, il la parcourut jusqu'au bout. Avec le Concordat, il promulgua les Articles organiques, lesquels bouleversaient tous les privilèges de droit canon qui avaient toujours formé la base de la législation ecclésiastique dans les diocèses du duché de Parme. Le scandale fut d'autant plus grand que personne n'ignorait que la Pape n'avait jamais accepté ces articles, et n'avait cessé d'en demander l'abrogation ou une modification capable de les rendre conformes à l'esprit et à la lettre du Concordat. Mais rien n'arrêtait Napoléon qui changeait les lois canoniques au gré de ses caprices, comme si l'Eglise n'eût été qu'une branche de la bureaucratie impériale.

« Ce qui aggravait en ce moment la situation, — dit Mgr Tononi — c'était la colère sans cesse croissante de Napoléon contre Pie VII, parce que le Pape tardait à donner les bulles d'institution aux évêques qu'il avait nommés aux sièges vacants et parce que, en les concédant, Pie VII imposait certaines conditions bien déterminées que les devoirs de son ministère et le bien des âmes lui dictaient. Or, il paraît que la concession des bulles à l'évêque de Plaisance était faite dans des termes qui satisfirent peu l'impérieux souverain. C'est pourquoi il n'en devint que plus furieux contre le Pape.

« Ecrivant de Turin, le 18 décembre 1807, au ministre des finances, M. Gaudin, et ajoutant à sa lettre une note pour M. Bigot de Préameneu, touchant les bulles de l'évêque de Plaisance, l'Empereur dit au ministre des cultes d'en faire rapport au conseil d'Etat qui doit repousser absolument les dites bulles comme attentatoires aux droits du souverain, irrévérencieuses et manquant des égards qui sont dus aux princes temporels ; parce qu'elles affirment des prétentions contraires aux libertés de l'Eglise gallicane dont les diocèses de l'ancien duché de Parme font partie, et parce que, en particulier, elles sont contraires aux dispositions du Concordat. Napoléon ordonne d'envoyer ce rapport à son représentant à Rome, et de rédiger un décret qui montre combien le pouvoir pontifical est insensé. Ensuite, oubliant, peut-être à cause de l'excès de sa colère, ce qu'il venait de prescrire, Napoléon donne l'ordre de préparer un décret incorporant l'évêché de Parme à l'Eglise gallicane (1).

(1) *Correspondance de Napoléon Ier*, t. XV, no 13, 420, p. 264. Dans ce document il est question du diocèse de Parme, mais c'est

« Les trois évêques du duché de Parme... étaient bien loin d'avoir l'énergie avec laquelle, du temps de M. Dutillot, les Pisani, les Bajardi, les Pettorelli soutenaient les droits de l'Eglise. Au commencement de l'année 1808, Napoléon voulut en imposer au Pape, et le traiter comme il traitait, hors de Rome, les évêques et le clergé. Le 2 février, le général Miollis occupait Rome. En présence de ces attentats de l'Etat contre l'Eglise, non seulement les évêques gardèrent le silence par prudence et pour éviter de plus grands maux, mais ils continuèrent de soutenir dans les affaires temporelles ce gouvernement qui trouvait toujours de nouveaux ordres à donner au clergé. En cette année aussi, ils recommandèrent au peuple d'obéir à la loi de la conscription militaire. Mgr de Beaumont, transféré de Gand à Plaisance, se signala d'une manière particulière par son zèle en faveur de Napoléon, et, parmi les premiers actes de son épiscopat, on lit un mandement où, non content des prières liturgiques que son prédécesseur avait prescrites, il ordonne d'ajouter à la grand'messe l'antienne *Domine salvum fac imperatorem* (1).

« Dans sa première lettre pastorale au clergé et au peuple (8 août 1808), après quelques lignes sur la vigilance, vertu nécessaire à un évêque, et sur les séminaires, il parle aussitôt de la conscription militaire et la met au nombre des droits de la souveraineté (2).

une erreur échappée dans la hâte de la rédaction. Il s'agit bien, comme le texte le prouve, de l'évêché de Plaisance.

Pour plus de détails sur ces incidents, voyez Artaud, *Vie de Pie VII*, chap. LVI et documents CLXXII et CLXXIII, et d'Haussonville, *L'Eglise romaine et le premier Empire*, t. II, chap. XXVIII.

(1) Il n'était pas d'usage, en Italie, même sous les anciens princes, de chanter cette antienne à la grand'messe. Mgr Tononi s'étonne avec raison que Mgr de Beaumont ait choisi pour l'introduire à Plaisance le moment où Napoléon Ier traitait le Pape d'une manière si indigne et si cruelle.

(2) Il est bon de remarquer ici que la conscription n'existait pas à Parme et Plaisance avant Napoléon Ier. Elle était donc extrêmement impopulaire, soit par elle-même soit parce que le peuple était furieux de livrer ses fils à un souverain étranger qui les faisait tuer aux quatre coins de l'Europe sans aucun avantage pour l'Italie et pour satisfaire une ambition démesurée. Mgr Tononi a parfaitement raison

« Sa circulaire aux curés du diocèse de Plaisance (21 septembre 1808) est encore plus servile envers le despote. Dans ce document, il déclare hautement que les biens inestimables de la paix furent toujours le but poursuivi par ce grand homme (que les guerres ne parvenaient jamais à rassasier).

« Avec cette circulaire, le prélat envoie aux curés un message de Sa Majesté demandant de nouveaux conscrits, et l'évêque veut qu'il soit lu par les pasteurs des âmes aux moments où ils expliquent aux foules la parole de paix, l'Evangile. Mgr Fallot de Beaumont indique à ses curés jusqu'aux raisons qu'ils devront développer devant le peuple, afin que les pères et les mères donnent volontiers leurs enfants pour apaiser l'ambition démesurée de César, c'est-à-dire le devoir de servir la patrie, la honte et l'infamie de ceux qui s'y refusent. Or, cette patrie à laquelle Mgr de Beaumont faisait appel avait précisément été supprimée. Le prince légitime avait été chassé par l'ambition sans bornes de Napoléon. Le nom du pays lui-même avait été aboli et remplacé par un département français (le département du Taro). Au surplus, même la langue nationale avait été exclue des actes publics. Car, dès 1806, Napoléon avait ordonné que les actes civils fussent écrits en français, et seulement par tolérance, vu l'ignorance de la langue française dans le pays, le despote promulguait chaque année un décret prolongeant le *statu quo ante*, en attendant que l'on apprît l'idiome du conquérant.

« Rien cependant n'avait le pouvoir d'arrêter le zèle de Mgr Fallot de Beaumont. Il menaçait du bagne et de la

de reprocher à l'évêque de Plaisance de parler de la conscription dans son premier mandement. C'était rendre odieuse et impopulaire l'autorité épiscopale par sa solidarité avec le pouvoir impérial et sans aucun profit pour celui-ci, vu que les instructions de l'évêque étaient impuissantes à changer l'opinion des fidèles à cet endroit. Mais Mgr Fallot de Beaumont voulait avant tout mériter les faveurs de Napoléon Ier. C'est pourquoi, au lieu de laisser aux préfets et aux maires le soin de persuader au peuple de se soumettre sans réagir à la conscription il négligeait les autres devoirs du pasteur des âmes pour se transformer en catéchiste impérial, au risque de perdre tout crédit parmi le clergé et les fidèles.

peine de mort quiconque n'obéirait pas à la conscription, et citait des exemples tirés des saintes Ecritures et des histoires profanes, où il était question de ceux qui avaient généreusement exposé leur vie sur les champs de bataille, etc. (1). »

Comme je l'ai dit plus haut, le cardinal Caselli et Mgr Garimberti ne poussèrent pas le servilisme jusqu'à se transformer en agents de l'Empereur. Cependant ils donnèrent, le cardinal surtout, de nombreux gages à Napoléon et à son gouvernement. Il est inutile de dire que la conduite des évêques leur ôtait tout prestige vis-à-vis de leurs prêtres et du peuple. Il est clair que si le régime d'administration ecclésiastique inauguré à Plaisance, par Mgr Fallot de Beaumont, en 1808, avait pu durer pendant de longues années, la religion eût payé les frais de la platitude de ce prélat, de sa maladresse et du soin qu'il prenait à appuyer les mesures du gouvernement impérial les plus odieuses aux bonnes et paisibles populations du diocèse de Plaisance.

Le discrédit des évêques, et surtout de celui de Plaisance, était très grand déjà, lorsque leur conduite, après les attentats de Napoléon Ier contre le Pape et la liberté spirituelle du Saint-Siège, y mit le comble. Par le célèbre décret donné à Schœnbrunn le 17 mai 1809, Napoléon supprimait purement et simplement le pouvoir temporel des Papes, décrétait l'annexion à l'Empire français de ce qui restait encore des domaines de l'Eglise et proclamait les principes de 1789 à Rome. Le 10 juin, le général Miollis publia ce décret impérial dans la Ville éternelle. A l'heure même de la prise de possession de ses Etats, pendant que retentissait à ses oreilles le bruit des salves d'artillerie qui saluaient le drapeau français arboré au château Saint-Ange, Pie VII, vivement indigné de cet acte de spoliation, et cédant aux vives instances de son secrétaire d'Etat, le cardinal Pacca, avait ordonné la publication immédiate de la bulle d'excommunication, préparée depuis l'entrée des Français à

(1) Voy. A.-G. Tononi, *Condizioni della Chiesa negli Stati Parmensi. Dominio francese* (1802-1814), dans la *Rivista universale* de Gênes, *loc. cit.*

Rome au mois de février 1808. La bulle fut affichée pendant la nuit entre le 10 et le 11 juin 1809 sur les murailles des principales églises de Rome (1).

A cette nouvelle, la colère impériale ne connut plus de bornes, et le vénérable Pontife vit le général Radet escalader le palais du Quirinal, briser avec fracas les portes de son appartement, pénétrer dans son salon pour le mettre en état d'arrestation et l'amener à Grenoble sous bonne escorte. On sait que de l'ancienne capitale du Dauphiné Pie VII fut bientôt transféré à Savone.

En Italie comme en France, la terreur ne frappa que trop une partie de l'épiscopat et du clergé. Les évêques de l'ancien duché de Parme se montrèrent plus que jamais serviles vis-à-vis du pouvoir impérial. Au lieu de se tenir dans une sage et digne réserve, ils continuèrent à brûler de l'encens devant le tyrannique oppresseur du Pape et de l'Eglise.

C'est au moment où le Pape est jeté en prison que Mgr Fallot de Beaumont publie un mandement pour communiquer à ses diocésains la circulaire de l'Empereur, donnée au camp de Znaïm, en Moravie, le 13 juillet 1809. Napoléon prescrit aux évêques de réunir le peuple dans les églises pour remercier le Très-Haut des victoires de Enzersdorf et de Wagram. Dans cette circulaire, Napoléon déclare que Notre-Seigneur Jésus-Christ, bien qu'issu de la maison de David, ne voulut aucun royaume temporel; qu'au contraire il voulut qu'on obéît à César dans les affaires terrestres. Plus loin, l'Empereur donne une leçon en règle aux évêques, leur faisant remarquer que le Sauveur ne se préoccupait que d'une seule chose : la rédemption du monde et le salut des âmes, et que, quant à lui, comme souverain, il avait tous les droits de César. Il promet de persévérer dans la grande œuvre du rétablissement de la Religion et d'entourer ses ministres de toute cette considération que lui seul peut donner.

(1) Pour les détails touchant l'excommunication de Napoléon Ier, voy. d'Haussonville, *L'Eglise Romaine et le premier Empire*, t. III, chap. xxxiv.

« Par de tels sentiments, — remarque fort justement Mgr Tononi, — Napoléon veut jeter le mépris sur les œuvres de ceux qui le désapprouvent pour avoir spolié et enchaîné le Pape (bien qu'il ne nomme pas celui-ci), œuvres qu'il qualifie comme le produit de l'ignorance, de la faiblesse, de la malignité et de la démence. Le despote termine sa circulaire en déclarant que « ceux qui voudraient « faire dépendre l'intérêt éternel des consciences et des « affaires spirituelles de l'intérêt des affaires temporelles « qui sont périssables, se placent d'eux-mêmes hors de la « charité, de l'esprit et de la religion de Celui qui a dit : « — Mon empire n'est pas de ce monde ».

« Napoléon parlait de la sorte après l'emprisonnement de Pie VII, alors qu'il avait dû recevoir le rapport du 6 juillet du général Miollis, l'informant de l'arrestation du Pape (1). »

Parlant du mandement de Mgr Fallot de Beaumont dont je m'occupe en ce moment, Mgr Tononi, malgré sa modération et le soin scrupuleux qu'il met à ne pas noircir la mémoire de l'ancien évêque de Plaisance, est obligé de s'écrier :

« Que dire d'un évêque qui publie un tel document (2) dans un mandement, sans même prendre la peine de protester faiblement ou, au moins, de faire la moindre réserve ?

« Ce qui étonne le plus dans la conduite de l'évêque de Plaisance, c'est de le voir envoyer la traduction de la circulaire impériale à ses curés, au moment même où les fidèles étaient plongés dans la plus amère tristesse, à cause des conditions où se trouvait un pontife si connu par sa douceur. Il est vrai que le prélat, dans son mandement du 31 juillet 1809, ne commente pas toute la circulaire et se borne à faire de grandes louanges de la partie qui a trait aux glorieuses victoires (de Enzersdorf et de Wagram). Néanmoins, le fait d'insister à tant de reprises sur la haute

(1) Voy. A.-G. Tononi, *Condizioni della Chiesa negli Stati Parmensi. Dominio Francese* (1802-1814), *Rivista Universale, loc. cit.* p. 31.
(2) La circulaire de Znaïm.

vaillance de son héros et sur la visible protection de Dieu qui le favorise, s'il ne constituait pas une approbation des autres idées contenues dans le document, était certainement un expédient qui devait servir à couvrir d'un voile les injustices impériales.

« La conduite du cardinal Caselli et de Mgr Garimberti, bien qu'elle fût trop pleine de condescendance envers Napoléon Ier, fut cependant plus convenable et réservée (1). »

Certes Mgr Tononi a raison de blâmer aussi sévèrement qu'il le fait le servilisme de Mgr Fallot de Beaumont. Quant aux évêques de Parme et de Borgo-San-Donnino, ils ne montrèrent ni plus ni moins de courage que les autres évêques d'Italie et de France, terrorisés par la tyrannie impériale.

Parlant de l'attitude des gouvernements de l'Europe, après l'emprisonnement du Pape, M. d'Haussonville s'exprime ainsi :

« Le silence fut donc général de la part de tous les gouvernements étrangers. Si nous ne nous trompons, il fut de même prudemment gardé par le clergé catholique du monde entier. Seuls, à cette époque, les évêques de la Dalmatie, répondant à une circulaire qui leur avait été adressée de Znaïm par Napoléon, osèrent prendre en main la défense de leur chef opprimé dans des termes si pleins d'une vaillante et fière indépendance, qu'ils semblaient presque rappeler la classique harangue du paysan du Danube (2). Mais, hors cette lointaine protestation, qui n'eut d'ailleurs aucun retentissement, l'Empereur ne rencontra nulle part en Europe de résistance aux mesures qui devaient, dans sa pensée, préparer l'établissement définitif en France des successeurs de saint Pierre » (3).

Si donc on peut invoquer ce silence comme circon-

(1) A.-G. Tononi, *op. cit.*, *Rivista Universale*, *loc. cit.*, p. 32.

(2) Réponse des évêques de la Dalmatie à la circulaire de Napoléon, datée de Znaïm en Moravie, le 13 juillet 1809. — *Documenti relativi alle contestazioni insorte tra la Santa Sede ed il governo francese*, tome V, p. 7.

(3) Voy. d'Haussonville, *L'Eglise romaine et le premier Empire*, tome III, chap. XXXIX, pp. 309-310 de la troisième édition (1870).

stance atténuante en faveur du cardinal Caselli et de Mgr Garimberti, on ne saurait y trouver une excuse pour la conduite peu digne de l'évêque de Plaisance.

« La lutte entre l'Etat et l'Eglise, devenait de plus en plus âpre, — dit Mgr Tononi — et l'année 1810 est peut-être la plus digne de considération, parmi celles de la domination française (dans l'ancien duché de Parme), par les nombreux attentats commis par le gouvernement, contre les droits appartenant à la société religieuse. Le 6 février, M. Bigot de Préameneu, ministre des cultes, écrivit à nos évêques, leur ordonnant de biffer de l'ordo diocésain la fête et l'office de saint Grégoire VII, pape, qu'on célèbre le 25 mai. Le ministre donnait comme motif de son injonction le refus opposé par le clergé de France, en 1730, aux ordres de la Sacrée Congrégation des Rites qui établissaient la fête de ce saint. M. Bigot de Préameneu louait vivement les membres de ce clergé national qui s'arrogeait le droit de juger les actes du Saint-Siège, et ne voulait pas vénérer Hildebrand sur les autels, parce qu'il taxait son zèle d'inconsidération et le dénonçait comme dépassant toutes les bornes vis-à-vis du pouvoir civil et comme une source de dissensions.

« Dans les duchés, on obéit, et, jusqu'à l'année 1814, le 25 mai on ne célébra plus la fête de saint Grégoire VII, et on la remplaça par celle de saint Urbain (1). »

A dessein, ou peut-être sans le savoir, Napoléon imitait servilement Henri VIII d'Angleterre qui, après sa rupture avec Rome, ne voulait plus entendre parler non seulement de saint Grégoire VII, mais aussi de saint Thomas Becket, coupable à ses yeux de haute trahison parce qu'il avait courageusement tenu tête à Henri II. Le roi d'Angleterre, dans sa fureur sacrilège, alla jusqu'à faire briser la châsse du saint archevêque de Cantorbéry et jeter ses reliques dans la Tamise. Napoléon ignorait probablement, ou avait oublié l'histoire de saint Thomas Becket et de ses démêlés avec Henri II, car autrement il l'aurait fait aussi biffer de

(1) Voy. A.-G. Tononi, *op. cit.*, *Rivista Universale, loc. cit.*, p. 33.

l'ordo. Il s'en prenait donc à saint Grégoire VII seulement, mais il plagiait quand même Henri VIII. Il est clair au reste que si l'état des esprits le lui eût permis, il eût imité le souverain britannique dans toute son entreprise schismatique. L'idée d'être le chef de l'Eglise en même temps que chef de l'Etat était loin de lui déplaire. Mais, malgré l'aveuglement où le jetaient ses passions, bien qu'il se crût le droit de détruire tout ce qui lui faisait ombrage, Napoléon connaissait trop son époque pour ne pas comprendre l'impossibilité de renouveler, en France et en Italie, au XIXe siècle, l'œuvre qui avait malheureusement si bien réussi en Angleterre, au XVIe siècle. C'est pourquoi, ne pouvant détruire l'autorité du Pape, il rêva de le transformer en chapelain impérial, de le loger à deux pas des Tuileries et, à l'instar d'Henri VIII, il voulut effacer des rites de l'Eglise, tout ce qui rappelait la primauté de saint Pierre et les luttes des grands papes pour la défense de leur liberté et de leur autorité contre les envahissements de l'Etat.

Cependant les évêques de l'ancien duché de Parme ne se bornèrent pas à cet exemple de faiblesse vis-à-vis de l'ombrageux despote qui persécutait l'Eglise. Ils ne furent, en effet, que trop dociles, après la publication du décret du 30 janvier 1810, qui imposait l'enseignement dans les séminaires des doctrines gallicanes et de la déclaration du clergé de France en 1682. Ces principes étaient absolument contraires à toutes les traditions des Églises d'Italie ; mais les prélats n'osèrent pas opposer un refus à un ordre impérial.

Le divorce de Napoléon et la noble résistance des cardinaux noirs provoquèrent un redoublement de persécution contre l'Eglise et son chef. Les provinces italiennes ne tardèrent pas à subir le contre-coup de la colère impériale qui frappait si durement les cardinaux fidèles à leurs devoirs. Dans les diocèses de l'ancien duché de Parme, les couvents qui avaient échappé à la première spoliation, accomplie au commencement de la domination française, furent impitoyablement supprimés. Napoléon bouleversa en même temps les fabriques, pour donner la prépondérance aux laïques dans les administrations paroissiales. Cette fois encore les évêques n'osèrent pas résister et se soumirent purement et simplement. Cependant, comme Mgr Tononi, toujours impartial, le fait remarquer, Mgr Fallot de Beaumont put rendre en cette circonstance de réels services à son diocèse, mettant à profit l'affection que Napoléon lui témoignait. Comme je l'ai dit dans le précédent paragraphe, il y a, à deux kilomètres environ de Plaisance, sur la route de Bologne, un grand collège fondé et doté par le cardinal Albéroni, dont les cendres reposent dans l'église qui est annexée à l'établissement. Le cardinal avait confié aux Lazaristes (1) la direction de son collège qui était destiné à donner une haute éducation intellectuelle aux séminaristes les mieux doués du diocèse. Par le fait de la loi qui supprimait tous les couvents, le collège Albéroni était appelé à disparaître. Mgr Fallot de Beaumont s'en émut, et il fit des démarches si pressantes auprès de Napoléon qu'il obtint que l'on ne touchât point à la maison fondée par un prince de l'Eglise que ses bienfaits ont rendu si populaire dans son pays natal. En sauvant de la ruine le collège Albéroni, Mgr de Beaumont a rendu un grand service à son diocèse qui, aujourd'hui encore, est fier de posséder cette maison d'éducation ecclésiastique, une des meilleures d'Italie.

Cependant la suppression et la spoliation des ordres religieux produisit dans l'ancien duché de Parme les plus tristes effets. Elle ruina à peu près tout le monde. Le pays fut appauvri et le peuple ne trouva plus les secours que la charité des religieux lui donnait sans compter. La charité laïque ne parvint même pas à atténuer les tristes effets de la spoliation des moines et des religieuses. La vente à vil prix des propriétés des couvents à des spéculateurs avides et sans conscience déprécia énormément la propriété foncière. Les conséquences de cette odieuse mesure pesèrent

(1) Les Lazaristes dirigent encore de nos jours, et avec beaucoup de succès, le collège Albéroni.

lourdement sur Parme et Plaisance. Si elles furent fatales sous le règne de Napoléon Ier, elles se firent cruellement sentir même après la chute de l'Empereur, sous le règne de Marie-Louise (1), pendant les terribles disettes de 1816 et de 1817.

Pendant le Concile national de 1811, Mgr de Beaumont se montra aussi servile que le cardinal Maury vis-à-vis de l'Empereur. Quant au cardinal Caselli, il louvoya, mais il n'osa pas se ranger du côté des évêques qui voulaient livrer l'Eglise au tyran de génie qui tenait le Pape prisonnier. L'âge et les infirmités de Mgr Garimberti lui permirent de ne pas se rendre au Concile.

Cependant Pie VII venait d'être transféré de Savone à Fontainebleau (19 juin 1812). Napoléon, pour donner le change à l'opinion sur la mesure qu'il venait de prendre, fit répandre le bruit d'un projet de débarquement des Anglais sur la côte de la Ligurie, dans le but d'enlever le Pape ; mais, — comme M. d'Haussonville le fait remarquer, — « si les Anglais avaient alors formé un pareil dessein, il est difficile d'imaginer qu'il n'en soit resté vestige ni dans les instructions fort détaillées que les lords de l'amirauté faisaient tenir aux chefs des escadres anglaises dans la Méditerranée, ni dans les rapports non moins étendus qu'ils recevaient à cette époque des commandants des navires qui croisaient continuellement le long de nos côtes. Nos scrupuleuses investigations dans les papiers généreusement mis en Angleterre à notre disposition nous font même douter qu'aucun bâtiment de la marine britannique se soit, à l'époque indiquée par la lettre de l'Empereur (2), montré en vue de Savone » (3).

(1) Marie-Louise d'Autriche, ex-impératrice des Français, devint en 1815 duchesse de Parme. Elle régna jusqu'au 17 décembre 1847 et améliora considérablement les conditions de ses Etats. Marie-Louise mourut à Parme. Les Bourbons reprirent possession du duché après sa mort.

(2) Lettre de Napoléon Ier au prince Borghèse, gouverneur général des départements au delà des Alpes, Dresde, 21 mars 1812. *Correspondance de Napoléon Ier*, tome XXIII, p. 417.

(3) Voy. d'Haussonville, *L'Eglise romaine et le premier Empire*, tome V, chap. LIII, pp. 153-154.

M. le comte d'Haussonville ajoute en note : « Non seulement

En réalité, le but de Napoléon était d'avoir le Pape près de lui pour lui arracher, à force de pressions et de menaces, des concessions exorbitantes, vu qu'il n'avait rien pu obtenir par les négociations qu'il avait fait entamer à Savone par Mgr de Barral, archevêque de Tours, et par d'autres prélats. L'Empereur se réservait d'accomplir ses desseins à son retour de Russie.

Bien que la campagne de 1812 eût abouti à un effroyable désastre, Napoléon Ier ne renonça point à persécuter Pie VII. Peu de temps après son retour en France, le 18 janvier 1813, l'Empereur alla à Fontainebleau et fit une visite au Pape. Quelques jours plus tard, le 25 janvier 1813, il arracha au vénérable pontife, épuisé par les souffrances physiques et morales, le Concordat de Fontainebleau. Non seulement Pie VII y renonçait au pouvoir temporel, mais il mettait les nominations épiscopales à la merci du pouvoir civil, s'obligeant à ne plus s'opposer, sous aucun prétexte, aux choix de l'Empereur. On sait que ce Concordat devait demeurer secret tant que les cardinaux, convoqués par le Pape à Fontainebleau, ne l'auraient pas approuvé. Mais Napoléon, dans la crainte que Pie VII ne se ravisât, n'hésita pas à violer cette clause et à faire publier le traité dans toutes les provinces de son vaste empire. Le 13 février 1813, par son ordre, le texte du Concordat fut inséré au *Bulletin des lois* et un décret du 25 mars le rendit obligatoire, comme loi de l'Etat, pour tous les évêques et chapitres de l'Empire français et du Royaume d'Italie.

Pie VII, de son côté, ne tarda pas à justifier les craintes de son oppresseur. Dès qu'il eut signé ce contrat draconien, il éprouva les plus vifs remords. Comme, par cette

l'amirauté anglaise a bien voulu nous permettre de feuilleter les instructions les plus secrètes et les plus confidentielles envoyées aux marins anglais dans la Méditerranée, mais les héritiers de M. Croker, qui a longtemps occupé avec distinction le poste de secrétaire du conseil de l'amirauté, ont bien voulu se livrer de leur côté à une semblable investigation parmi les documents qui sont leur propriété personnelle. Leurs recherches n'ont pas plus que les nôtres confirmé l'assertion de l'empereur Napoléon. »

déplorable concession, il avait obtenu la permission d'avoir de nouveau auprès de lui ses conseillers naturels, les cardinaux, il rétracta solennellement les promesses qu'on lui avait extorquées, avertit, par lettre, l'Empereur de sa résolution et, dans une allocution au Sacré-Collège, il déclara solennellement les motifs très justes pour lesquels il venait de changer d'avis.

« Cependant, — dit Mgr Tononi, — avant même que le Pape se fût ravisé, le 3 février et les jours suivants, d'abord Mgr Fallot de Beaumont, puis le cardinal Caselli et Mgr Garimberti, annoncèrent avec d'enthousiastes expressions à leurs diocésains la pacification religieuse, l'accord entre l'Eglise et l'Etat (1). Mais un contemporain, le chroniqueur Salvi, de Plaisance, homme doué de beaucoup de bon sens (2) remarquait, au milieu de ces actions de grâces et de ces explosions de joie (en racontant les fêtes qui avaient lieu à Plaisance et les espérances engendrées par le Concordat de Fontainebleau), que tout cela n'aboutirait à rien, et il concluait avec raison que Napoléon serait désormais « un ennemi pire qu'il ne l'avait été auparavant » (3).

Malgré la rétractation de Pie VII et l'annulation du prétendu Concordat du 25 janvier 1813, Napoléon résolut d'agir comme si le Pape eût ratifié le traité. Comme Mgr Tononi le dit, de cette époque date la plus grande peut-être des fautes commises par Mgr Fallot de Beaumont. En effet, au mois d'avril 1813, l'Empereur signe deux décrets. Par le premier, il nomme Mgr de Beaumont à l'archevêché de Bourges, et par le second, il appelle M. l'abbé Morettini, de Turin, à l'évêché de Plaisance. Celui-ci ne fit que prêter le serment de fidélité à l'Empire et venir ensuite à Plaisance pour en repartir aussitôt, parce que le chapitre lui déclara qu'il ne reconnaissait d'autre évêque

(1) Le mandement de Mgr Fallot de Beaumont porte la date du 3 février 1813, celui du cardinal Caselli est du 4 février, et celui de Mgr Garimberti du 5 du même mois.

(2) Il notait à cette époque, jour par jour, les événements qui se produisaient dans son pays.

(3) Voy. A.-G. Tononi, *op. cit.*, *Rivista Universale*, *loc. cit.*

que celui que le Pape avait régulièrement investi des pouvoirs épiscopaux, c'est-à-dire Mgr Fallot de Beaumont. De son côté, Mgr de Beaumont, étant évêque légitime de Plaisance, et n'ayant pour Bourges que la nomination impériale, ne voulut pas se priver du certain pour l'incertain et ne renonça nullement au siège de Plaisance. Il y renonça d'autant moins qu'il reçut à Bourges le même accueil que l'abbé Morettini à Plaisance. Mais ceci n'empêche pas l'histoire d'admettre que Mgr de Beaumont essaya de s'emparer d'un archevêché qui ne lui appartenait pas et que, sans la noble et courageuse résistance du chapitre de Bourges, il eût imité le triste exemple que le cardinal Maury donnait à Paris.

« Mgr Fallot de Beaumont, dit Mgr Tononi, était cependant un évêque de valeur, dirigeant son Eglise en homme énergique et éclairé. Il avait pris d'excellentes mesures. Il punissait avec une inexorable rigueur les mauvais prêtres, allant jusqu'à les faire mettre en prison à Fenestrelle. Néanmoins il allait quelquefois trop loin, dépassant les pouvoirs qui appartiennent aux évêques et les droits que les lois canoniques leur accordent. On raconte, en effet, qu'il nommait aux paroisses soumises au patronage de quelque famille sans demander le consentement aux personnes qui, selon le droit canon, avaient le droit de nommer le curé. Quant aux paroisses qui n'étaient soumises à aucun patronage et où l'évêque pouvait librement nommer les curés, il n'observait pas non plus les règles établies par le droit canon, car il négligeait d'ouvrir le concours avant de faire son choix. Malgré ces infractions aux lois canoniques, Mgr de Beaumont ne rencontrait pas d'opposition, parce qu'on le savait fortement appuyé par Napoléon.

« Mgr Fallot de Beaumont était toujours — et beaucoup trop — prêt à obéir aux ordres de son souverain, c'est pourquoi Napoléon savait s'en servir.

« Au mois d'août 1813, Mgr Fallot de Beaumont partit pour Paris, et accepta, peu de temps après, la mission d'aller à Fontainebleau. Il s'y rendit effectivement deux fois pour négocier avec Pie VII. Mgr de Beaumont publia lui-même dans les journaux le rapport qu'il rédigea sur sa mission, rapport dont le cardinal Pacca (1), écrivain peu favorable à l'évêque de Plaisance, reconnaît l'exactitude. Le 19 décembre 1813 eut lieu la première entrevue entre Mgr de Beaumont et Pie VII. L'évêque déclara au Pape qu'il ne serait peut-être pas impossible de lever les obtacles qui s'opposaient au retour du chef de l'Eglise dans la Ville éternelle. Le Saint-Père lui répondit qu'il avait résolu de ne plus parler d'affaires tant qu'il ne serait pas de retour à Rome; qu'il avait pesé devant Dieu les motifs de sa conduite, et que rien ne pourrait lui faire changer d'avis. Le Pape ajouta qu'il avait défendu aux cardinaux de lui parler de n'importe quelle affaire. Ainsi se termina la première ambassade de Mgr Fallot de Beaumont à Fontainebleau.

« Il fut chargé de la seconde au mois de janvier 1814. Il apportait au Pape un projet de restitution des Etats de l'Eglise sans exiger de Pie VII la moindre cession de territoire. Mais le Saint-Père répondit qu'il ne pouvait se prêter à aucune négociation parce que la restitution de ses Etats étant un acte de justice, ne pouvait devenir l'objet d'aucun traité, et que d'ailleurs tout ce qu'il ferait hors de ses Etats semblerait l'effet de la violence et serait une occasion de scandale pour le monde catholique. Pie VII déclara qu'il ne demandait qu'à retourner à Rome le plus tôt possible; il n'avait besoin de rien et la Providence l'y reconduirait toute seule. Le Saint-Père ajouta : « Il est possible « que mes péchés me rendent indigne de revoir Rome, « mais soyez sûr que mes successeurs recouvreront tous les « Etats qui leur appartiennent (2). » Tel fut le résultat de

(1) Voy. Pacca, *Memorie storiche*, Ve partie, ch. viii, pp. 182-190.

(2) M. d'Haussonville, en parlant de cette scène, résumée par Mgr Tononi, dit que Pie VII, avec une humilité touchante, laissa tomber ces dernières paroles qui restèrent toujours gravées dans la mémoire de son interlocuteur. Le même écrivain ajoute : « Enfin, comme s'il craignait, en congédiant M. de Beaumont sans lui avoir parlé de Napoléon, de paraître garder un ressentiment qui était loin de son cœur, il ajouta, en donnant sa bénédiction au prélat : « Assu- « rez bien l'Empereur que je ne suis pas son ennemi. La religion ne

la dernière mission de l'évêque de Plaisance auprès de Pie VII. Le cardinal Pacca, parlant des dernières propositions de l'Empire agonisant, fait remarquer que Mgr Fallot de Beaumont offrait à Pie VII, au nom du gouvernement français, tous les Etats qu'il lui avait pris, lorsque ces Etats n'étaient plus au pouvoir de Napoléon, mais de Murat, qui avait passé du côté des souverains alliés. » (1)

L'histoire des derniers mois de la domination française à Parme et Plaisance est particulièrement curieuse, parce qu'on peut parfaitement constater que, jusqu'à la fin, Napoléon Ier persécuta l'Eglise et tourmenta le clergé. En 1814, alors que les Autrichiens avaient déjà envahi l'Italie et que, par conséquent, sa puissance au delà des Alpes était de plus en plus précaire, l'Empereur ne renonça pas à ses violences habituelles et à l'arbitraire qu'il pratiquait si largement dans l'administration des affaires ecclésiastiques. Mgr Tononi nous montre jusqu'à quelles minuties descendait cet homme de génie, en des jours où l'invasion de la France par les alliés semblait devoir lui donner de tout autres soucis.

Ainsi Napoléon ordonna que l'on biffât de l'en-tête du mandement de carême (1814) du cardinal Caselli les mots : *religieux de l'ordre des Servites* qu'il mettait après son nom

« me le permettrait pas. J'aime la France, et lorsque je serai à Rome « on verra que je ferai tout ce qui sera convenable. »

(1) Voyez Tononi, *op. cit.*, *Rivista Universale*, *loc.*, *cit.*, p. 40 et suiv. — Cf. d'Haussonville, *L'Eglise romaine et le premier Empire*, tome V, chap. lvii, pp. 307-316, *passim*. — M. Lagorse au ministre des cultes, 22 décembre 1813. — Lettre de Mgr de Beaumont au ministre des cultes, 23 janvier 1814. — *Relation écrite par Mgr de Beaumont, évêque de Plaisance, nommé à l'archevêché de Bourges*, 2 mai 1814.

Quant à ce dernier document, si Mgr Tononi fait remarquer que le cardinal Pacca rend hommage à sa véracité, M. d'Haussonville n'en parle pas autrement.

« Cette relation de M. de Beaumont, dit-il, a été écrite, comme on le voit par la date, sous la Restauration, pour démentir un récit moins véridique qui avait alors paru dans la *Gazette de France*. Les faits rapportés par ce prélat n'ont jamais été l'objet d'une contradiction; ils sont d'ailleurs confirmés par les dépêches qu'il avait adressées dans le moment même à M. Bigot de Préameneu, et qui ont passé sous nos yeux. » (D'Haussonville, *op. cit.* tome V, p. 316 (*en note*).

et son titre cardinalice, comme le font toujours les cardinaux et les évêques qui, avant leur promotion, ont appartenu à un ordre religieux. L'Empereur exigea aussi la suppression, au début de l'*indulto quadragesimale* (où l'évêque donnait les prescriptions pour le jeûne et l'abstinence), des mots : « en vertu des facultés que notre Saint-Père le Pape Pie VII a bien voulu nous accorder. » Napoléon objectait que les deux incises qu'il ordonnait de biffer étaient contraires aux lois de l'Etat, aux droits du caractère épiscopal et aux libertés de l'Eglise gallicane (1).

Et pourtant le cardinal Caselli avait toujours montré beaucoup de condescendance envers Napoléon. Lors des négociations préliminaires du Concordat, avant l'arrivée du cardinal Consalvi à Paris, alors que le Père Caselli était seul avec Mgr Spina, archevêque de Corinthe, il fut toujours favorable aux plus larges concessions, et on l'accusa même, à Rome, d'avoir dépassé toute mesure en ce sens. Nous avons vu que, comme évêque de Parme, le cardinal Caselli ne fut que trop servile vis-à-vis du gouvernement impérial. Il savait cependant, de temps en temps, se montrer habile pour ménager les sentiments de son clergé et des catholiques de son diocèse. Ainsi, lorsqu'il fit une adhésion sans réserve aux doctrines gallicanes, pour obéir aux injonctions impériales (janvier 1811), il sut tenir un langage très circonspect.

Le clergé de Parme fut plus courageux que son évêque. Malgré le servilisme et la courtisanerie qui régnaient partout vis-à-vis du despotisme impérial, le chapitre de la cathédrale de Parme sut se garder de toute adhésion au gallicanisme. Son adresse, bien qu'elle fût comblée d'éloges à Paris, à cause de l'extrême habileté avec laquelle elle était rédigée, mécontenta vivement Napoléon, qui ne la trouva nullement conforme à celle du chapitre de Notre-Dame. Ce document est la preuve éloquente de la sagesse et de l'orthodoxie du prélat qui la dicta, Mgr Vital

(1) Voy. A. Garbarini, *Oraison funèbre du cardinal Caselli, évêque de Parme*, p. 33.

Loschi (1). Au reste, — comme Mgr Tononi le fait remarquer, — pour écrire l'histoire en son entier, et pour dire toute la vérité, au sujet de ces manifestations du clergé en faveur de l'Empereur, « il est nécessaire de remarquer que beaucoup de prêtres y prirent part parce qu'ils furent trompés ou intimidés. Il arriva aussi qu'on leur fit signer en particulier une chose et que l'on affirma ensuite en public qu'ils en avaient signé une autre. C'est ainsi que se défendirent plusieurs chanoines de Plaisance dont le nom figure dans les journaux sous l'adresse gallicane » (2).

Pour en revenir au cardinal Caselli et aux causes des dernières vexations que Napoléon lui fit endurer, on ne s'explique guère la conduite de l'Empereur, si on réfléchit qu'outre le rôle que cet évêque joua lors des négociations du Concordat, il se compromit gravement pour le service du despote, en allant à Savone pour faire pression sur l'esprit de Pie VII, afin de l'amener à céder aux impérieuses volontés de Napoléon. Mais, malgré ses actes de faiblesse et cette dernière faute, vers la fin de l'Empire, le cardinal Caselli, tout en continuant d'être faible et craintif, sut néanmoins résister quelquefois au despotisme impérial. J'ai dit qu'au Concile il ne se rangea pas parmi les prélats courtisans; de même il sut défendre habilement son chapitre, menacé des vengeances impériales. C'est là peut-être qu'il faut chercher la cause des dernières vexations que Napoléon fit subir à l'évêque de Parme.

Mgr Tononi, en examinant, dans son ensemble, la conduite des évêques de l'ancien duché de Parme sous le Consulat et l'Empire, dit :

« Ce n'est pas une simple supposition, c'est une réalité que l'on ne saurait méconnaître que, sous la domination française, nos évêques se trouvèrent dans une situation fort épineuse; qu'ils désiraient le plus grand bien de la religion; qu'ils se préoccupaient surtout de ne pas trahir leurs devoirs. Cela ressort d'un examen pondéré de leur vie. Les

(1) Pour les détails, voyez la *Vie de Mgr Vital Loschi.*

(2) Voy. A.-G. Tononi, *op. cit.*, *Rivista Universale.* Nouvelle série, 3e année, VIIIe vol. Livraison du 10 novembre 1868, p. 44.

faits qu'on y rencontre le prouvent. Mgr Cerati, qui dirigea le diocèse de Plaisance sous la domination étrangère, pendant quatre ans et demi, bien qu'il fût docile vis-à-vis de Napoléon, au point de se charger de prescrire à ses curés la lecture et l'explication, à l'église, des bulletins de la Grande Armée, avait une conscience des plus timorées, de telle sorte que s'il eût pu s'apercevoir qu'il s'écartait le moins du monde, par sa conduite, du droit chemin, bien que cassé par l'âge, il eût subi les plus dures épreuves plutôt que de transiger. Et l'inquiétude de son esprit ne se faisait-elle pas clairement jour alors qu'il poussait ses diocésains à obéir au gouvernement établi pendant les mouvements insurrectionnels de 1805 et de 1806?

« La conduite du vieil évêque Garimberti (de Borgo-San-Donnino) ne diffère point de celle de Mgr Cerati. Il eut en effet le courage de refuser la sépulture ecclésiastique à Vauvilliers, mort dans l'impénitence finale, malgré les injonctions de l'énergique et tout-puissant général Junot. Ce même évêque ne craignait pas de dire à son clergé et aux fidèles d'adresser au ciel d'ardentes plaintes au sujet des querelles qui duraient toujours entre l'Eglise et l'Etat.

« Quant au cardinal Caselli et à Mgr Fallot de Beaumont, les lecteurs estimeront qu'on doit les juger tout autrement. Ils fonderont cette appréciation sur ce que j'en ai dit, avec toute l'impartialité possible et sans la moindre réticence. Mais, au sujet de ces évêques aussi, il me semble juste d'affirmer que, par l'ensemble de leurs actions, ils avaient en vue le bien de l'Eglise; qu'ils cherchaient à agir selon la justice et qu'ils se trouvaient dans la plus douloureuse détresse. Le cardinal Caselli fit, au Concile national, la proposition d'insérer dans le procès-verbal, comme l'expression des sentiments des Pères assemblés, le vœu en faveur d'un changement dans la situation de Pie VII, prisonnier à Savone. Si les prétentions de l'Empire furent plus souvent défendues par lui que les droits de l'Eglise, il n'en marcha pas moins sur un chemin semé d'épines, sentant combien les piqûres qu'il en recevait étaient aiguës; et lorsqu'il vit le danger auquel sa faiblesse l'exposait, il recula.

« Enfin, pour ce qui touche Mgr Fallot de Beaumont, je dirai que, admirateur de Bonaparte, auquel il devait son retour de l'exil, la restitution des biens de sa famille, que la Révolution avait saisis, le siège de Gand et plus tard celui de Plaisance, il ouvrait tout son cœur dans la correspondance qu'il entretenait avec son vicaire général, Mgr Ludovic Loschi, aux époques où les affaires l'obligeaient à vivre loin de son diocèse. Dans ses lettres, Mgr de Beaumont déplore avec le plus vif regret que l'Empire se refuse à se réconcilier avec l'Eglise romaine, vu que cette Eglise porte le titre de mère et maîtresse de toutes les autres Eglises. Sa conduite envers les prêtres romains exilés, chez lesquels il respecte scrupuleusement les droits de la conscience, nous prouve la droiture de ce prélat. On peut porter le même jugement au sujet des instructions que Mgr de Beaumont donna à son vicaire général après la libération de Pie VII, alors qu'il lui disait que l'irrégularité des temps que l'on venait de traverser justifiait beaucoup de résolutions prises contre les prescriptions du droit canon ; mais qu'après le changement politique qui était survenu, on devait se conformer exactement aux lois de l'Eglise. On peut aussi signaler les démarches faites par Mgr de Beaumont auprès de Pie VII à Fontainebleau, dans lesquelles, s'il montra du zèle pour l'Empire, il donna aussi des preuves de son amour pour l'Eglise, à laquelle il devait la mitre (1).

« Enfin, je ne nie pas que ces personnages aient été quelquefois coupables, et je n'entends pas les acquitter complètement par les considérations que je viens de faire. Ils commirent beaucoup de fautes ; mais ce furent plutôt des erreurs de l'esprit que les conséquences d'une mau-

(1) Mgr de Beaumont ne put pas rentrer à Plaisance après la chute de l'Empire, en 1814. Il essaya de retourner dans son diocèse; mais, averti que les Autrichiens ne toléreraient point sa présence dans sa ville épiscopale, il rebroussa chemin. Plus tard, il donna sa démission et s'établit à Paris, où il vécut dans la retraite. Mgr Fallot de Beaumont mourut à Paris, en 1835, à l'âge de plus de quatre-vingt-cinq ans.

vaise volonté. Ce ne fut point la méchanceté qui les poussa à agir; mais quelquefois, par crainte de blesser le gouvernement, ils ne se laissèrent pas guider par ce tact pratique, cette prudence, ce courage qui les eussent empêchés de se mettre en contradiction avec leur chef, le Pontife romain. » (1)

Il y a beaucoup de vrai dans ces appréciations de Mgr Tononi touchant la conduite des évêques de l'ancien duché de Parme sous le premier Empire. Je trouve cependant que le savant historien de Plaisance plaide un peu trop les circonstances atténuantes. J'admets ses conclusions pour les évêques Cerati et Garimberti. Outre qu'ils ne se sont jamais laissé aller à des actes de servilisme excessif comme leur collègue de Parme et le successeur de Mgr Cerati sur le siège de Plaisance, ils étaient vieux et infirmes, et partant incapables d'une action énergique. Mais quant au cardinal Caselli et surtout à Mgr Fallot de Beaumont, les conclusions de Mgr Tononi me semblent beaucoup trop indulgentes. Je comprends sans peine qu'il y a des époques où il est particulièrement difficile de faire son devoir; mais c'est précisément alors que les grands hommes et les grands évêques se font connaître. Mgr Dupanloup, qui sut si noblement résister aux empiétements de l'Etat sur le domaine ecclésiastique et qui, bravant la colère de Napoléon III, dénonça les actes de son gouvernement hostiles à l'Eglise, n'eût pas plié le front devant le geôlier de Pie VII. Sans doute tout le monde ne ressemble pas au grand évêque d'Orléans; mais, même en se montrant moins ferme qu'il ne le fût, on peut faire son devoir, à la condition pourtant de ne pas transiger au moins sur les choses essentielles. Or, peut-on sérieusement admettre que les évêques de Parme et de Plaisance sous le premier Empire n'aient point sacrifié ces choses essentielles au désir qu'ils avaient de plaire au tyran de génie qui persécutait l'Eglise? Franchement on ne peut pas répondre par

(1) Voy. A.-G. Tononi, *op. cit.*, *Rivista Universale*, *loc. cit.*, pp. 54-56.

l'affirmative à cette grave question ; et c'est pourquoi, tout en acceptant largement les circonstances atténuantes, tout en reconnaissant que, dans leur for intérieur, le cardinal Caselli et Mgr Fallot de Beaumont regrettaient vivement la politique criminelle de Napoléon Ier vis-à-vis du Pape et de l'Eglise, on doit, à mon sens, conclure qu'ils manquèrent gravement à leurs devoirs en ne conformant point leur conduite extérieure aux sentiments secrets de leurs âmes.

Maintenant que mes lecteurs connaissent exactement les conditions religieuses et politiques du département du Taro (ancien duché de Parme) sous le premier Empire, ils seront en mesure de bien comprendre la situation des prêtres romains exilés dans ce pays par Napoléon Ier.

III

La publication de la bulle d'excommunication du 10 juin 1809 mit le comble à l'irritation de Napoléon Ier contre Pie VII. Elle provoqua de sa part non seulement les ordres cruels qui placèrent le Vicaire de Jésus-Christ dans la plus triste des conditions, le transformant en captif sans cesse tourmenté par le despote tout-puissant et par ses agents ; mais aussi une persécution violente et inexorable contre les malheureux évêques et prêtres des Etats romains, dont tout le crime consistait dans leur fidélité au Pape.

Non content d'avoir arraché le vénérable Pontife de son siège pour l'enfermer dans le palais épiscopal de Savone, transformé en prison, Napoléon prétendait que tout le monde approuvât sa conduite. Si orgueilleux qu'il fût, l'Empereur ne comprenait que trop la gravité de l'acte que le Pape avait été contraint de faire en présence des violences et des usurpations dont il était la victime. Napoléon essaya d'abord de donner le change à son entourage sur ses sentiments à l'endroit de l'excommunication. Il affectait un langage dédaigneux, traitant, même dans ses lettres, le Pape de « prêtre ignorant et fanatique » ; mais au fond il redoutait, beaucoup plus que certains historiens ne l'ont dit, les conséquences de la bulle d'excommunication et de l'emprisonnement du Pape à Savone. Comptant sur son autorité absolue, et à cette époque incontestée, en France surtout, Napoléon fit tous les efforts possibles pour empêcher que la nouvelle de l'excommunication lancée par Pie VII ne se répandît en France. Il avait fait de même, lors de l'enlèvement du Pape, ne voulant pas que le peuple fidèle à sa foi et surtout le clergé français fussent informés des cruelles tortures qu'il infligeait au chef de l'Eglise.

Mais en cette double circonstance, toutes les précautions que prit le despote pour cacher la vérité à ses sujets et tout le zèle que déployèrent ses agents pour obéir à ses ordres, furent vains. On ne parvient pas à arrêter les nouvelles les plus graves, à empêcher que l'on sache en France ce qui s'est passé dans une ville comme Rome au su et au vu de tout le monde. Et, de même, il est étrange de voir un homme de génie devenir victime de l'illusion au point de croire qu'on pouvait laisser ignorer aux Français que Pie VII était prisonnier, alors qu'il avait traversé sous bonne escorte le Dauphiné, toute la vallée du Rhône, depuis Valence jusqu'au delà d'Avignon, la Provence et la Ligurie, et alors surtout que, malgré les instructions sévères qu'elles avaient reçues, les autorités françaises avaient été impuissantes à empêcher les populations de courir au-devant de la voiture du Saint-Père, d'implorer sa bénédiction et quelquefois, comme à Avignon, en Provence, à Nice, dans les villes de la Riviera de Gênes, de faire de véritables ovations à l'innocente et vénérable victime de la tyrannie napoléonienne.

Tous les artifices mis en œuvre par l'Empereur n'eurent d'autre résultat que de faire circuler les plus étranges nouvelles à Paris et en France. M. d'Haussonville l'explique fort bien dans son excellent ouvrage sur l'*Eglise Romaine et le Premier Empire*, lorsqu'il dit :

« Il en avait été de la bulle d'excommunication, un moment affichée dans Rome par ordre de Pie VII, comme de sa venue à Grenoble. Tout le monde en avait vaguement entendu parler en France. Excepté les partisans obscurs et d'ailleurs mal renseignés du régime impérial, personne n'en mettait l'existence en doute; mais quelle en était au juste la teneur, dans quelles circonstances et de quelle manière avait-elle été publiée? Nul ne le savait. Chose singulière, c'était précisément dans les régions du pouvoir que circulaient à ce sujet les rumeurs les plus erronées, et, circonstance non moins étrange, c'étaient les propres dépêches des agents de l'Empereur à Rome, qui avaient accrédité certains récits où figuraient des scènes dramatiques purement imaginaires et de l'effet le plus fâcheux pour le gouvernement. Commentant la lettre de Radet au ministre de la guerre,.... ou citant les relations officielles du général Miollis à l'Empereur, les uns prétendaient qu'après avoir fulminé l'excommunication du haut du balcon du Quirinal, le Saint-Père avait parcouru les rues de Rome, le crucifix à la main, pour ameuter le peuple contre les Français. D'autres racontaient qu'il avait fallu lui livrer un assaut en règle dans son palais, et que Pie VII ne s'était rendu que forcé dans ses derniers retranchements. La vérité est que, pour justifier auprès du maître la grave résolution qu'il avait été hypothétiquement autorisé à prendre, et qui avait été surtout motivée de sa part par la publication de la bulle d'excommunication, le gouverneur général de Rome, moins scrupuleux dans sa correspondance qu'il n'était sage dans sa conduite, avait lui-même singulièrement amplifié et presque travesti la nature des événements qui s'étaient passés à Rome (1).

(1) « ...Le Pape s'est opposé à l'arrestation du cardinal Pacca *par des barricades* et une défense qui l'ont entraîné lui-même avec le cardinal. » Le général Miollis à l'Empereur, 6 juillet 1809. — « Lorsque le général Radet fut parvenu *à son dernier retranchement....* » — « Il se fit en même temps un rassemblement tumultueux où l'on criait : *Mort aux excommuniés !...* » Le général Miollis à l'Empereur, 7 juillet 1809.

Si l'on compare ces détails fantaisistes au rapport du général Radet et à la narration sobre et claire de M. le comte d'Haussonville, touchant la publication de la bulle d'excommunication et l'invasion du

« Il en était résulté que, ne sachant trop d'abord à quoi s'en tenir sur l'effet que pourrait produire en France un acte que Miollis lui dépeignait comme ayant si fort agité les esprits à Rome, l'Empereur commença par se résoudre à faire les plus grands efforts pour l'ensevelir, autant qu'il dépendrait de lui, dans un oubli profond, affectant de n'y attacher pour son compte aucune espèce d'importance. En réalité, rien de plus faux. Ce grief, quoique habilement dissimulé, a toujours été profondément ressenti par l'Em-

Quirinal par le général Radet, on a le droit de s'étonner en voyant Miollis travestir ainsi les faits.

La bulle d'excommunication fut publiée après la prise de possession de Rome par l'Empereur. Loin de vouloir transformer cet acte douloureux, mais nécessaire, en un défi violent à l'adresse de Napoléon et de la France, Pie VII se borna à faire afficher la bulle dans Rome, parce que c'est là la condition requise pour qu'une bulle d'excommunication soit officiellement communiquée au monde catholique et ait force de loi. Pie VII avait d'ailleurs longtemps hésité avant de signer la bulle. Il trouvait bien fortes les expressions qu'on y employait contre le gouvernement français, et il en témoigna quelque inquiétude au vieux cardinal di Pietro, qui avait été chargé par lui de rédiger ce document. Et pourtant, si l'on tient compte de la conduite de Napoléon envers le Pape depuis le concordat jusqu'à l'occupation définitive de Rome, on est bien obligé d'avouer que cette bulle, trop longue et passablement diffuse peut-être, est loin d'être violente.

Quant à l'invasion du Quirinal, Pie VII ne lui opposa que la résistance nécessaire pour faire constater la violence qu'il subissait. Il fit barricader les portes, afin d'obliger Radet et ses sbires à escalader le mur d'enceinte, les fenêtres et les toits du palais apostolique. Dans son appartement, le Pape fit fermer à clef les portes de tous les salons. Je ne connais rien de plus honteux et de plus grotesque que l'invasion du Quirinal par une petite troupe de soldats et d'agents de police, divisés en trois détachements, comme s'il se fût agi de prendre d'assaut une forteresse. Et pourtant Pie VII était faible et désarmé, et ne voulait que faire voir à tout le monde qu'il ne livrait pas volontairement le Saint-Siège à ses ennemis. Mais, lorsque la violence fut bel et bien constatée, lorsque, après avoir escaladé son palais, Radet et les siens eurent brisé à coups de hache les portes de plusieurs salons, le Pape, loin de se « barricader » dans « son dernier retranchement », laissa la porte de sa chambre entr'ouverte. Au général Radet qui, honteux de l'odieuse besogne qu'il venait d'accomplir, avait presque perdu la parole à la vue de l'auguste pontife, Pie VII parla en ces termes : « Si vous avez cru devoir exécuter de tels ordres de l'Empereur à cause de votre serment de fidélité et d'obéissance, pensez de quelle manière nous devons, nous, soutenir les droits du Saint-Siège,

pereur. Il lui a, d'après les circonstances, inspiré successivement des conduites très diverses, et arraché, suivant l'humeur du jour, des paroles empreintes tour à tour de la colère la plus insultante ou du plus hautain mépris. Jamais, au fond, la blessure n'a été complètement cicatrisée. Ce fut, sans qu'il en voulût jamais rien laisser paraître, le sentiment de l'injure reçue qui convertit en un duel à mort la lutte maintenant engagée par le souverain français contre le chef de la catholicité..... (1) »

auquel nous sommes lié par tant de serments. Nous ne pouvons ni céder ni abandonner ce qui n'est pas à nous. Le temporel appartient à l'Eglise, et nous n'en sommes que l'administrateur. L'Empereur pourra nous mettre en pièces, mais il n'obtiendra pas cela de nous. Après ce que nous avons fait pour lui, devions-nous nous attendre à un pareil traitement ? »

Et lorsque Radet lui déclara qu'il exécutait un ordre de l'Empereur, en le sommant de renoncer au pouvoir temporel, sous peine d'être emmené hors de Rome en cas de refus, Pie VII lui dit, avec un air de tendresse et de compassion : « En vérité, mon fils, cette commission ne vous attirera pas les bénédictions divines. » — Puis, levant les yeux au ciel : « Voilà donc, s'écria-t-il, la reconnaissance qui m'a été gardée de tout ce que j'ai fait pour votre Empereur ! Voilà donc la récompense de ma grande condescendance envers lui et envers l'Eglise de France ! Mais peut-être, à cet égard, ai-je été coupable devant Dieu : c'est lui qui veut me punir, et je me soumets avec humilité. »

Certes, cette scène est grandiose dans sa tristesse, et ce n'est pas Radet, le geôlier du vicaire de Jésus-Christ, qui en sort grandi, mais le Pape, admirable dans sa fermeté et son humilité. Il y a loin cependant de la vérité aux contes fantaisistes de Miollis et aux légendes qu'ils engendrèrent, et que la France, sevrée de nouvelles touchant l'enlèvement du Pape, par le despotisme ombrageux de Napoléon, adopta.

(1) Voy. d'Haussonville, *l'Eglise Romaine et le Premier Empire*, tome III, chap. XXXIV, pp. 161-164, de la troisième édition (1870).

Pour donner une idée de l'étrange désinvolture avec laquelle Napoléon Ier cherchait à tromper l'opinion sur les événements de Rome et sur ses démêlés avec Pie VII, M. d'Haussonville cite un mémoire de M. Daunou, écrit par ordre de l'Empereur, dans le but de rendre compte au concile national de 1811 de ce qui s'était passé à Rome lors de l'arrestation de Pie VII. Voici textuellement ce qu'on lit dans ce document à propos de l'enlèvement du Saint-Père au Quirinal :

« Le Pape avait tout fait pour que sa présence à Rome devînt inutile, et quelques-uns de ses partisans pouvaient, malgré lui, la rendre dangereuse. *Il en sortit le 6 juillet, à l'insu de l'Empereur,*

A côté de cette violente colère qui n'était que la conséquence de l'orgueil blessé, d'autres préoccupations agitaient l'esprit de l'Empereur. Il se disait que si dans certaines parties de la France, où la Révolution avait largement répandu l'indifférence religieuse, on pouvait ne pas trop s'affliger du sort cruel auquel le Pape était soumis par le bon plaisir impérial, il n'en serait pas de même partout. La conduite des populations du Sud-Est de la France, si pleine de respect et d'amour filial pour Pie VII prisonnier, n'était point de nature à calmer les inquiétudes de Napoléon. Il était trop perspicace pour ne pas comprendre que l'excommunication lancée par le Souverain Pontife pouvait produire le plus fâcheux effet non seulement dans le Midi, mais aussi dans d'autres régions de la France, demeurées foncièrement catholiques malgré la Révolution, telles que la Vendée, la Bretagne, la Normandie, et surtout dans des pays fraîchement annexés à la France, comme les départements italiens et belges. Pour venir à bout de toute résistance de la part du clergé et des catholiques, il ne suffisait pas d'obliger les journaux à ne pas dire un seul mot de l'emprisonnement de Pie VII à Savone et de l'excommunication, puisque toutes les méticuleuses précautions prises par le gouvernement impérial n'empêchaient pas les bruits les plus fâcheux et les plus exagérés de circuler. Il fallait surtout éteindre à Rome tout foyer de résistance, isoler le Pape et l'obliger à capituler. Napoléon comptait surtout sur son ministre des cultes, M. le comte Bigot de Préameneu, pour mener activement la campagne qu'il al-

et vint à Savone, où Sa Majesté le fit recevoir, traiter, établir avec tous les égards dus au malheur ! »

M. d'Haussonville qui a entre les mains le mémoire de M. Daunou, affirme que le passage que je viens de citer est écrit avec force ratures, ce qui prouve un effort considérable de la part du commis de Napoléon pour transformer l'histoire en roman. La dissolution soudaine du concile national rendit ce travail inutile, mais ce curieux manuscrit n'a pas été détruit. Il se trouve à la Bibliothèque nationale où il porte témoignage de la duplicité du César moderne.

Pour plus de détails, voy. d'Haussonville, *Op. cit.*, tome III, chap. xxxii, pp. 140-142.

lait entreprendre contre le Pape et contre le clergé romain fidèle à ses devoirs.

« Elevé au séminaire de Rennes, — dit M. d'Haussonville, — qu'il avait ensuite quitté pour étudier exclusivement le droit, avocat au barreau de Bretagne en 1778, et reçu en la même qualité l'année suivante au parlement de Paris, M. Bigot de Préameneu avait été lié dès sa jeunesse avec M. Portalis, non seulement par les affinités de leur commune profession, mais par le goût élevé des mêmes études et par une certaine analogie d'opinions. Membre de l'Assemblée législative, M. Bigot y avait fait preuve de modération autant que de courage, à propos des affaires du clergé et des mesures sévères prises contre les prêtres insermentés. Retenu à Paris pendant la Terreur, il n'avait dû la liberté et la vie qu'au 9 thermidor. Les dangers qu'il venait de courir l'ayant, à cette époque, profondément dégoûté de la vie publique, l'ancien avocat était tout naturellement retourné à ses études favorites du droit. Sa réputation comme jurisconsulte n'avait pas tardé à le faire admettre, en 1799, à l'Institut, dans la section des sciences morales et politiques.

« Ce fut dans le sein de ce corps illustre que le premier consul vint le prendre, après le 18 brumaire, pour le nommer commissaire du gouvernement près du tribunal de cassation. Quelques mois après, il le désignait, avec Tronchet et Portalis, pour rédiger le projet préliminaire du code civil destiné à être érigé en loi générale. L'exposé des motifs du titre des absents, celui de la paternité et de la filiation, celui des donations entre vifs et des testaments, qui étaienr l'œuvre personnelle de M. Bigot, furent alors particulièrement remarqués, et lui valurent l'entrée au conseil d'Etat (21 décembre 1801). Peu de temps après (20 août 1802), il devenait président de la section de législation, en remplacement de M. Boulay de la Meurthe. On le voit, tous les précédents de sa carrière, sa liaison restée intime avec M. Portalis, désignaient particulièrement M. Bigot de Préameneu au choix de l'Empereur quand, au mois d'août 1807, il eut le malheur de perdre son habile ministre des cultes, juste au moment où les différends avec la cour de Rome, jusque-là plutôt politiques, prenaient tout à coup une tournure presque exclusivement religieuse et de la plus extrême gravité. Les nuances même, soit d'opinion, soit de caractère, qui sur sur ces questions délicates avaient toujours séparé légèrement les deux amis, étaient de nature à déterminer en cette occasion les préférences du chef de l'Etat. M. Bigot de Préameneu, de mœurs graves, et gallican de principe comme M. Portalis, avait plus que lui gardé contre les doctrines et les pratiques traditionnelles du Saint-Siège quelque chose des profondes méfiances et de la sourde hostilité qui, sous l'ancien régime, constituaient le véritable esprit de corps des parlements français et particulièrement des barreaux de Paris et de la Bretagne. Dans sa présente tendance à s'armer de toutes pièces contre les agressions spirituelles du Pape et les théories ultramontaines, dans sa disposition actuelle à punir, suivant toute la rigueur des lois civiles, les moindres vélléités de résistance du clergé, Napoléon était assuré de trouver chez son nouveau ministre des cultes, outre la déférence qui n'a jamais fait défaut à aucun des fonctionnaires de l'Empire, cette ardeur empressée qui résulte de la ferme persuasion qu'on s'acquitte d'une tâche pénible peut-être, mais juste et nécessaire.

« Hâtons-nous d'ajouter que la douceur de M. Bigot de Préameneu et l'aménité de ses formes ne laissaient rien à désirer. Personne n'avait moins que lui de goût pour les mesures de persécution ou seulement de contrainte. S'il détestait les maximes de ses adversaires ultramontains, il était sans animosité contre leurs personnes. Autant qu'il dépendait de lui, il les protégea toujours, sans en rien dire, contre les violentes colères du chef de l'Etat. Obligé par sa position d'exécuter ponctuellement les sévérités parfois impitoyables de Napoléon, il s'appliqua le plus souvent à les tempérer, au moins en secret; plus d'une fois il y réussit, et les pièces nombreuses qui nous ont passé sous les yeux, témoignent de la façon la plus honorable pour sa mémoire, à quel point, lorsque éclatèrent les orages de 1810 et de 1811, les cardinaux italiens et les évêques français, objets du courroux de l'Empereur, durent s'estimer heureux de rencontrer pour intermédiaire auprès d'un maître si redoutable, un ministre à coup sûr très soumis à ses volontés, mais qui, sans lui désobéir et sans trop se compromettre, fort de la confiance qu'il était sûr d'inspirer, savait au besoin prendre sur lui d'adoucir quelque peu les mesures auxquelles il n'était pas toujours en son pouvoir de s'opposer (1). »

Comme mes lecteurs s'en seront rendu compte fort aisément, M. d'Haussonville plaide en faveur de M. le comte Bigot de Préameneu les circonstances atténuantes. On peut, à mon sens, accepter les conclusions de l'illustre historien, à la condition toutefois de ne pas pousser l'indulgence jusqu'à acquitter le ministre des cultes de Napoléon et justifier sa conduite. Somme toute, M. Bigot de Préameneu fut associé à une vilaine besogne. Il fut l'exécuteur d'ordres violents et injustes, despotiques et quelquefois cruels. Il ne crut pas devoir se refuser à servir la politique de son maître; mais, loin de la rendre plus dure, il s'efforça, autant qu'il le put, de l'atténuer, sinon pour ce qui avait trait aux principes mêmes sur lesquels cette politique hostile à l'Eglise était fondée, du moins dans les conséquences qu'elle avait pour une foule de cardinaux, d'évêques et de malheureux prêtres. Imbu de préjugés contre Rome et contre le clergé qui n'était pas disposé à servir humblement les vues du pouvoir et à en tolérer les empiétements dans le domaine ecclésiastique, M. Bigot de Préameneu fut, autant qu'il le put, bienveillant vis-à-vis de ses adversaires et leur rendit volontiers des services.

Si le ministre des cultes de Napoléon ne fut pas un sectaire, il ne fut pas non plus un héros. Son éducation ultragallicane explique et excuse dans une certaine mesure sa conduite, mais elle ne la justifie point, car l'homme d'Etat

(1) Voy. d'Haussonville, *l'Eglise Romaine et le Premier Empire*, tome III, chap. xxxiv, pp. 172-176.

doit avant tout respecter la justice et lui sacrifier son ambition et ses intérêts, et M. Bigot de Préameneu, au contraire, ne transigea que trop souvent avec sa conscience pour conserver la faveur de son maître.

Interrogé par Napoléon au sujet de la bulle d'excommunication, M. Bigot de Préameneu s'étudia à démontrer à l'Empereur que ce grave document était sans valeur et qu'il ne méritait pas qu'on se donnât la peine de le discuter et de le déférer au conseil d'Etat. Sans doute les idées gallicanes entraient pour quelque chose dans les raisonnements et conclusions du ministre; mais on ne saurait nier non plus qu'il ne s'en servît dans un but louable, afin de calmer l'irritation du despote et de l'arrêter dans la voie de la violence contre l'Eglise, où il s'enfonçait de plus en plus.

Le rapport de M. Bigot de Préameneu sur la bulle d'excommunication porte la date du 3 juillet 1809. Il arriva à Vienne aussitôt après la bataille de Wagram (5 et 6 juillet 1809) et trouva Napoléon dans la joie du triomphe. Cet état d'esprit dut disposer l'Empereur à faire bon accueil aux propositions de son ministre. En effet, il ne tarda point à lui répondre que « la bulle d'excommunication était une pièce si ridicule qu'elle ne méritait pas qu'on y fît attention » (1).

Les sentiments de Napoléon changèrent quand il apprit l'arrestation du Pape et ce qui s'était passé lors de son passage à Grenoble. Il craignit que les personnes de la suite du Saint-Père ne divulgassent en France la nouvelle de l'excommunication, ce qui prouve que, malgré son dédain apparent, il était profondément inquiet au sujet de cette grave mesure de Pie VII. Il imposa le silence le plus rigoureux aux serviteurs du Pape, les menaçant, en cas d'infraction à ses ordres, de terribles châtiments. « Aux instances d'un habitant d'Avignon qui s'était glissé près de lui pour s'informer bien bas de ce qu'il en était de l'excom-

(1) Lettre de l'Empereur à M. le comte Bigot de Préameneu. — *Correspondance de Napoléon Ier*, tome XIX, p. 246.

munication lancée par le Pape contre l'Empereur, le valet de chambre de Pie VII avait répondu, plus bas encore, qu'il ne pouvait rien dire et qu'il y allait de sa vie. (1) »

En même temps, la colère impériale frappait durement le cardinal Pacca, qui avait accompagné Pie VII dans son voyage, et que Napoléon accusait d'avoir poussé le Saint-Père à publier la bulle d'excommunication. Tenu au secret à Grenoble, l'ex-secrétaire d'Etat fut enfermé dans la forteresse de Fenestrelle.

Pendant qu'il prenait des mesures contre le clergé français et surtout contre les missionnaires, Napoléon inaugurait la persécution contre le clergé romain. Voulant avoir sous sa puissance immédiate les personnages considérables dont le seul tort était d'avoir pris part à la rédaction de la bulle du 10 juin 1810, et particulièrement le principal auteur de ce document, le cardinal Di Pietro : « Réitérez, — écrivait l'Empereur au comte Bigot de Préameneu —, réitérez l'ordre au général Miollis de faire partir sur-le-champ tous les cardinaux qui sont encore à Rome, entre autres le cardinal Di Pietro. Cet ordre sera exécuté dans les vingt-quatre heures après la réception de notre lettre, sous peine de désobéissance. (2) »

(1) *Relation manuscrite italienne de la transportation du Saint-Père à Savone*, par son premier valet de chambre, *British Museum*, n° 8389. — Cf. D'HAUSSONVILLE, *l'Eglise Romaine et le Premier Empire*, tome III, chap. XXXIV, p. 183.

(2) Lettre de Napoléon Ier à M. le comte Bigot de Préameneu, Trianon, 18 septembre 1809.

Il est bon de remarquer que cette lettre et plusieurs autres — et non moins graves — n'a pas été insérée dans la *Correspondance de Napoléon Ier*, publiée sous le second Empire. Le motif en est très simple. Au début, Napoléon III, croyant glorifier son grand oncle, fit publier intégralement la *Correspondance de Napoléon Ier*. Quand un certain nombre de volumes eurent paru, l'Empereur s'aperçut que ces pièces faisaient quelquefois le plus grand tort au fondateur de la dynastie bonapartiste En effet, lorsque le public honnête et impartial fut en mesure de lire les lettres de Napoléon Ier où les affaires de Rome étaient traitées avec tant de brutalité, où le Pape et les cardinaux étaient l'objet des plus grossières injures, où enfin se montraient au grand jour le despotisme impérial et le mépris systématique de toute liberté de conscience, un mouvement de réaction très prononcé se manifesta contre le premier Empire. Loin de favo-

Non content d'infliger un traitement aussi brutal aux cardinaux, et surtont au cardinal Di Pietro, le despote eut soin de frapper aussi les théologiens qui avaient collaboré en sous-ordre à la rédaction de la bulle dont il parlait avec un si superbe dédain, mais qui excitait néanmoins de plus en plus son implacable rancune. Dans une autre lettre à son ministre des cultes, Napoléon ajoute : « Donnez ordre au général Miollis d'envoyer à Paris Mgr Gregori et généralement tous ceux qui montreront des pouvoirs pour les affaires spirituelles, qui ne doivent plus être gérées à Rome (*sic*). (1) »

En même temps, l'Empereur veut éclairer à sa manière l'opinion par la publication d'ouvrages contre les Papes et le Saint-Siège. Il donne par là un exemple que M. de Bismarck imitera soixante ans plus tard, en dictant, avant et pendant la guerre franco-prussienne, des articles aux journalistes anglais dans le but de discréditer la France et de préparer l'opinion européenne à accepter les conditions draconiennes qu'il entendait imposer à son ennemie.

Pendant qu'il discutait les clauses du traité de paix avec l'Autriche, Napoléon trouvait le temps d'écrire à M. Bigot de Préameneu afin de lui recommander de faire préparer « deux ouvrages soignés qui passeraient sous ses yeux,

riser la légende napoléonienne, ces pièces la couvraient d'un jour sinistre. Même parmi les gens peu enclins à la bienveillance envers l'Eglise, il y en eut beaucoup qui se révoltèrent à la lecture de documents qui prouvaient la duplicité de l'Empereur vis-à-vis de Pie VII et ne permettaient plus de douter que tous les torts, dans le conflit célèbre entre le Pape et le premier Empire, ne fussent du côté de Napoléon. L'indignation des honnêtes gens, et à plus forte raison, des catholiques, fut si vive, que Napoléon III s'en émut. Il ordonna que dès lors on triât les lettres impériales avant de les publier. Peine bien inutile ! Ce qui avait paru de la célèbre correspondance suffisait à édifier le public sur le caractère du César moderne. Désormais tout effort était vain pour changer l'opinion des personnes sérieuses. Mais Napoléon III en jugea autrement, et voilà pourquoi un certain nombre de lettres de Napoléon Ier n'ont pas été insérées dans sa correspondance.

(1) Lettre de l'Empereur à M. le comte Bigot de Préameneu, 13 janvier 1810. — *Correspondance de Napoléon Ier*, tome XX, p. 128.

l'un ayant pour titre : *le Concordat de Léon X*, l'autre : *Histoire des guerres que les Papes ont faites à la puissance qui avait la prépondérance en Italie et spécialement à la France* ». L'idée primordiale de ce dernier ouvrage devait être « que les Papes ont fait constamment la guerre à toute puissance qui acquérait de la prépondérance en Italie; qu'alors ils employaient les armes spirituelles pour soutenir le temporel, de là des désordres incalculables dans l'Eglise; que les Papes n'ont jamais été engagés dans des guerres que dans des vues mondaines et pour donner des souverainetés à leurs neveux ». Cet ouvrage devait être fait « par un homme qui resterait constamment dans les principes de la religion, en se tenant rigoureusement sur la limite qui distingue le temporel du spirituel (1) ».

Peu de temps après Napoléon, poursuivant son dessein de transférer la Papauté de Rome à Paris et d'en faire l'humble servante de son despotisme, ordonnait au général Miollis de faire partir de Rome tous les ministres étrangers, en leur faisant connaître « que s'ils sont chargés des affaires ecclésiastiques de leur cour, ils doivent se rendre à Paris, où sont transportés les offices de la Daterie et de la Pénitencerie » (2).

Pour accomplir ses projets, Napoléon ne reculait pas devant les travaux les plus minutieux. Il spoliait le palais apostolique du Vatican et prenait soin « d'organiser des convois successifs de cent voitures qui, sous bonne et sûre escorte, devaient amener jusqu'à Suse les archives du Vatican, puis retourner à Rome en chercher d'autres, tandis qu'un agent de M. Daunou (3) serait chargé de les acheminer vers Paris, où le ministre de l'intérieur avait

(1) Lettre de l'Empereur à M. le comte Bigot de Préameneu, Schœnbrunn, 3 octobre 1809. — *Correspondance de Napoléon Ier*, tome XIX, p. 546.

(2) Lettre de l'Empereur à M. le comte Bigot de Préameneu, 4 février 1810. — *Correspondance de Napoléon Ier*, tome XXI, p. 128.

(3) M. Daunou était le directeur des archives impériales. C'est ce personnage qui prépara le rapport fantaisiste sur l'enlèvement de Pie VII dont j'ai parlé plus haut.

reçu l'ordre de disposer pour les recevoir l'ancien hôtel de Soubise (1).

A cette époque, l'affaire du divorce et l'abstention des *cardinaux noirs* le jour du mariage de Napoléon Ier et de Marie-Louise provoquèrent plus que jamais la colère du despote contre le clergé romain demeuré fidèle à ses devoirs. Pendant que l'Empereur organisait savamment l'administration des nouveaux départements français du Tibre et du Trasimène (2), les difficultés religieuses devenaient de plus en plus graves à Rome. Napoléon se heurtait contre les obstacles qu'il s'était créés à lui-même par la violente séquestration du Saint-Père. M. d'Haussonville explique parfaitement la situation de l'autorité impériale à Rome lorsqu'il dit :

« C'était en effet au sein des provinces soumises de longue date au sceptre séculier de l'Evêque de Rome que se trouvaient mêlés ensemble, par la nature même des choses et de la façon la plus inextricable, les deux pouvoirs spirituel et temporel..... Nous avons eu plus d'une occasion de signaler les embarras que son double caractère de souverain et de pontife avait apportés au malheureux Pie VII pendant sa longue querelle avec Napoléon. Depuis qu'il

(1) Lettre de l'Empereur à M. le comte Bigot de Préameneu, 2 février 1810. — *Correspondance de Napoléon Ier*, tome XXI, p. 172.

Dans cette même lettre, Napoléon ordonnait que quinze employés de la Pénitencerie fussent envoyés à Paris en même temps que les papiers des archives du Vatican, afin de les classer et de mettre leurs connaissances au service du gouvernement impérial.

(2) La préfecture du Tibre (chef-lieu Rome) fut confiée à un fonctionnaire d'une haute capacité. Bien que représentant d'un gouvernement étranger et persécuteur de l'Eglise, M. le comte de Tournon a laissé un souvenir ineffaçable à Rome, où on se rappelle encore ses travaux pour réorganiser l'assistance publique et ses projets pour endiguer le Tibre et préserver la ville des inondations. Cependant, malgré les efforts du gouvernement français et de M. de Tournon pour améliorer les conditions de la Ville éternelle, celle-ci tomba dans une pleine décadence. Privée du Pape et de l'administration centrale des affaires de l'Eglise, réduite à la modeste situation d'un chef-lieu de département, Rome devait nécessairement souffrir beaucoup, même au point de vue matériel.

avait pris possession des Etats du Pape, depuis qu'il le détenait prisonnier dans une petite bourgade (1) de son Empire, depuis qu'il aspirait ouvertement à s'emparer de la direction religieuse de ses sujets catholiques, et par voie détournée, si cela devenait un jour possible, de la suprématie sur les catholiques du monde entier, c'était le tour de l'Empereur d'hériter des difficultés inhérentes à ce monstrueux mélange de choses si contradictoires. Ces difficultés, il les avait trop volontairement prises à son compte pour qu'on puisse le plaindre du tort qu'elles lui ont causé. Peut-être faudrait-il au contraire reconnaître une sorte de justice rétributive, telle qu'en présente souvent l'histoire, dans ce fait que les premiers embarras vraiment sérieux suscités à l'Empereur par le gouvernement des affaires religieuses qu'il avait si imprudemment assumé lui vinrent d'abord des anciens Etats du Saint-Père.

« Ne craignons pas en effet de le répéter, la résistance opposée à ses volontés fut, de la part de ceux qui s'y risquèrent à Rome, une affaire de conscience ecclésiastique, et pas autre chose. De politique, il n'y avait pas trace chez eux. Politiquement on était plutôt satisfait dans toutes les classes de la société romaine. S'ils souffraient dans leur patriotisme de la présence des soldats étrangers, les patriciens romains étaient bien loin d'être insensibles à l'honneur d'entrer au sénat français, ou d'occuper dans la maison impériale de fort beaux emplois de cour. Les plus actifs d'entre eux et les hommes distingués du tiers état ressentaient une sorte de satisfaction légitime à se voir pour la première fois appelés à suivre la carrière des fonctions publiques, jusqu'alors exclusivement réservées aux membres de l'Eglise romaine. De la part de l'immense majorité de la population civile, aucune comparaison fâcheuse avec le passé n'était à redouter, et de fait il ne s'éleva guère de plaintes de ce côté, sinon peut-être chez quelques sauvages habitants des

(1) Ici M. d'Haussonville se trompe. Sans être une ville de 40.000 habitants comme aujourd'hui, Savone n'était pas, en 1810, une bourgade. C'était une petite ville, siège d'un évêché et chef-lieu du département de Montenotte, pendant le premier Empire.

montagnes qui entourent la campagne romaine et parmi les vagabonds de la Cité éternelle, qui avaient, les uns et les autres, grand'peine à prendre leur parti du lourd fardeau de la conscription militaire. Mais les griefs des classes inférieures, plutôt ressentis qu'exprimés, dénués de tout ensemble, et qui d'ailleurs ne revêtirent jamais l'aspect d'une résistance ouverte, n'étaient pas de nature à faire obstacle à la consolidation du nouveau régime qui était en train de s'établir à Rome.

« Ainsi que nous l'avons indiqué, l'opposition surgit d'un autre côté, opposition latente, sourde, à peu près insaisissable, et par cela même destinée à devenir pour l'Empereur infiniment plus incommode. Sortie tout entière des rangs du clergé, cette opposition ne fut pas d'ailleurs, ainsi qu'on serait à première vue tenté de le croire et comme Napoléon ne manqua pas sans doute de se le persuader à lui-même, le résultat d'une entente préalablement établie et d'un plan savamment concerté. Rien de semblable n'avait en réalité eu lieu. Il ne s'agissait à aucun degré d'une vaste conspiration dont les membres du Sacré Collège auraient été les premiers organisateurs, qui, passant tout ourdie de leurs mains dans celles des évêques, puis des curés de paroisses, aurait, de ramifications en ramifications, enserré dans ses réseaux multiples les plus humbles dignitaires de la hiérarchie sacrée et jusqu'aux plus obscurs adhérents du malheureux prisonnier de Savone. Il s'en faut de beaucoup que les choses se soient ainsi passées. De machinations, de trames, de complots, il n'y en avait pas la moindre trace. Qui donc aurait osé y songer parmi les prêtres de Rome? Ils avaient infiniment trop peur des autorités françaises, qui étaient là tout près, vigilantes et sévères, et de Napoléon qu'ils entrevoyaient derrière elles, plus terrible encore dans son redoutable éloignement. C'était plus que des machinations ordinaires, plus que des trames vaines, plus que des complots misérables, qui se dressaient ainsi dans l'ombre et dans le silence, mais avec une invincible énergie de résistance, contre les autorités françaises et contre Napoléon ; c'était la force même des choses et les conséquences inévitables d'une situation donnée (1). »

En réalité, il y avait à Rome deux obstacles à surmonter : celui qui provenait du changement de gouvernement, et celui qui se rapportait à la question purement religieuse. Sans doute, même la question strictement politique du changement de régime et de l'annexion d'un pays indépendant à l'Empire français se compliquait à Rome d'une question religieuse, puisque le Pape, qui était le souverain des Etats de l'Eglise, affirmait que le pouvoir temporel avait été danné aux Pontifes romains non pas dans le but de satisfaire leur ambition, mais pour garantir leur indépendance spirituelle ; mais, même en considérant l'annexion de Rome à ce point de vue, on ne s'expliquerait pas les graves difficultés religieuses que Napoléon rencontra dans la Ville éternelle, si on se refusait à admettre que la conduite de Napoléon s'attaquait directement au pouvoir spirituel.

Si la question eût été purement temporelle, les conséquences du conflit eussent été infiniment moins graves. Sans doute Pie VII n'aurait pas manqué de protester, il aurait peut-être aussi lancé la bulle d'excommunication ; mais, après avoir pris ses mesures pour sauvegarder les droits traditionnels du Saint-Siège et démontrer aux catholiques de tous les pays que ce qui se passait à Rome n'avait pas son approbation et qu'il subissait une violence, le Pape se serait efforcé de gouverner l'Eglise sans sacrifier le spirituel au temporel. Il est clair que cette attitude n'eût pas été sans dangers pour les rapports entre l'Eglise et le premier Empire, surtout étant donné le caractère intolérant de Napoléon ; mais cet homme de génie, qui savait louvoyer à ses heures, était aussi capable de se rendre compte qu'on ne change pas radicalement le régime politique d'un pays, sans froisser de vieux droits et des intérêts respectables et qu'il était de bonne politique, tout en réprimant toute tentative de révolte, de ne pas faire un crime aux

(1) Voy. D'HAUSSONVILLE, *l'Eglise Romaine et le Premier Empire*, tome III, chap. XXXIX, pp. 323-327.

vaincus de leurs regrets ou de leurs plaintes. Le mécontentement du clergé romain n'était pas un danger pour la sécurité du territoire impérial. Une politique équitable dans les affaires spirituelles eût même pu considérablement diminuer les griefs du Pape, des cardinaux et des ecclésiastiques de la Ville éternelle, sans entraîner de leur part une dérogation à leurs devoirs vis-à-vis de l'Eglise.

La raison pour laquelle l'Empereur ne s'arrêta point à ce plan, visant uniquement le pouvoir temporel, c'est que son entreprise allait au delà, bien au delà de la suppression de la souveraineté civile des Papes : elle était dirigée contre le pouvoir spirituel du vicaire de Jésus-Christ.

En réalité, tout en admettant qu'un pays a besoin de religion, d'églises et de prêtres, Napoléon voulait que la religion et ses ministres ne fussent qu'un rouage de la bureaucratie impériale et un corps de fonctionnaires soumis à ses ordres et privés de toute libre initiative. Il accusait le Pape de confondre le spirituel et le temporel, se fondant sur l'administration plus ecclésiastique que civile des anciens Etats de l'Eglise; mais il les confondait lui-même bien davantage. Car si le gouvernement des Etats pontificaux pouvait être sujet à quelques critiques, on ne pouvait pas dire de bonne foi que le Pape subordonnât l'intérêt spirituel aux besoins passagers de son royaume terrestre, tandis que Napoléon prétendait que l'Eglise se soumît entièrement à sa domination et devînt l'instrument de son insatiable ambition.

La prétention insensée de transférer le siège du vicaire de Jésus-Christ à Paris, d'installer à deux pas des Tuileries l'administration centrale de l'Eglise catholique, de bouleverser le droit canon, de nommer les évêques au gré de ses caprices, d'empêcher le Pape de faire n'importe quel acte qui déplût au pouvoir civil, tout cela prouve que ce n'était pas seulement au pouvoir temporel que Napoléon en voulait; mais que c'était la liberté du Saint-Siège qu'il entendait confisquer, et que, sous une autre forme qu'Henri VIII, il voulait être le chef réel de l'Eglise, non seulement en France et en Italie, mais dans le monde entier. Le Pape ne devait être, dans sa pensée, que le gérant responsable de la politique religieuse de l'Empereur.

Si le Pape eût accepté les projets de Napoléon, il aurait tout simplement livré l'Eglise au pouvoir civil. Bien plus, il aurait autorisé les catholiques de tous les pays non soumis au despotisme impérial à se séparer de la communion du Saint-Siège, puisque celui-ci aurait perdu le caractère de la catholicité pour prendre celui d'une institution purement nationale et humaine. Et Napoléon comprenait si bien que Pie VII ne pouvait lui livrer spontanément le gouvernement des âmes, qu'il comptait sur la violence, sur un long emprisonnement pour le lui arracher, se flattant, en cas de mort du Pontife, de régenter le Conclave et de faire élire un Pape prêt à obéir à ses injonctions.

Dans ces conditions, rien d'étonnant que Pie VII se soit refusé à tout compromis avec son spoliateur, et que le clergé romain, sans ourdir de complots, sans s'organiser en ligue de résistance contre l'Empereur, se soit opposé de toutes ses forces à une politique non moins néfaste pour l'Eglise que celle que Grégoire VII et ses successeurs combattirent avec une si admirable énergie et une si sainte persévérance. M. d'Haussonville a parfaitement raison lorsqu'il dit que, pour le clergé romain, l'opposition ferme et pondérée aux projets de Napoléon, la résistance à des ordres injustes était une affaire de conscience et non de politique. Il s'agissait pour eux de rester quand même dans le devoir, sans se soucier ni de la colère du despote qui persécutait l'Eglise, ni des tristes conséquences que leur conduite aurait pour leur bien-être et leur liberté personnelle. Ne pouvant obtenir du Pape des concessions incompatibles avec les devoirs du Pontife, Napoléon prétendait que le clergé romain acceptât implicitement ce que Pie VII repoussait; qu'il se fît son complice dans la campagne qu'il avait entreprise contre la liberté spirituelle du Saint-Siège; qu'il désobéît au Pape pour plaire à César. Le clergé romain préféra souffrir en demeurant fidèle au successeur de saint Pierre plutôt que de jouir des faveurs impériales en le trahissant, et il écrivit, par cette noble conduite, une des plus belles pages parmi celles qui honorent l'histoire de l'Eglise.

Il n'est pas difficile de prouver que ce ne fut point la question du pouvoir temporel, mais le projet bien arrêté dans l'esprit de l'Empereur de s'emparer du gouvernement spirituel de l'Eglise qui fut la véritable cause de la persécution cruelle que subit le clergé romain.

Après l'arrestation de Pie VII et l'envoi du cardinal Pacca à Fenestrelle, Napoléon fit venir en France tous les cardinaux qui se trouvaient à Rome au moment de l'entrée dans la ville du général Miollis. En même temps, comme je l'ai dit, il faisait transporter à Paris les archives du Vatican et il ordonnait que les affaires de l'Église universelle fussent désormais traitées à Paris. L'Empereur cherchait à gagner les sympathies des membres du Sacré Collège en leur allouant de riches pensions. Les cardinaux n'ayant point repoussé, par prudence, l'argent impérial, Napoléon crut qu'ils étaient désormais décidés à se soumettre à ses ordres. Il le crut d'autant plus que quelques-uns parmi les princes italiens de l'Eglise, se mêlaient un peu trop aux fêtes de la cour impériale. Le cardinal Consalvi qui, seul, avait refusé de toucher sur les fonds du trésor impérial un traitement égal à celui de ses collègues (1), déplorait, non sans raison, que les cardinaux romains menassent, au milieu de la brillante société parisienne, une vie qui ne laissait pas que de contraster assez étrangement avec celle qui était alors imposée au malheureux prisonnier de Savone.

« Peut-être, — dit à ce sujet M. d'Haussonville —, peut-être la complaisance toute méridionale qui les avait portés à s'accommoder si vite et si aisément aux conditions extérieures de leur nouvelle existence avait-elle contribué à tromper Napoléon sur la véritable nature de leurs secrètes dispositions. Le fait est qu'il ne se donna guère la peine de faire entre eux aucune différence. Les ayant tous vus réunis autour de son trône, également craintifs et unanime-

(1) Ce traitement était égal à celui des cardinaux français.

ment respectueux, l'idée ne lui était même pas venue qu'il y en eût dans le nombre d'assez osés pour s'opposer jamais, par motifs de conscience, à ses volontés clairement manifestées. Le refus signifié par écrit de tenter sous ses auspices aucune démarche collective auprès de leur chef captif l'avait jeté dans une première et violente surprise; son indignation, ses emportements et ses rigueurs n'avaient plus connu de bornes alors que, par des scrupules du même genre, la moitié des cardinaux italiens présents à Paris (treize contre quatorze) avaient refusé d'assister à la cérémonie religieuse de son mariage avec l'impératrice Marie-Louise. Pareille déception, moins publique il est vrai, beaucoup moins retentissante, mais non moins significative, l'attendait à Rome, et cette fois encore motivée par son mépris, affiché, parlons plus exactement, par son incurable ignorance des délicats mobiles de la conscience religieuse.

« L'Empereur, également désireux de mettre sous son influence la notable portion du clergé italien qu'il avait dû nécessairement laisser en grande partie dans les anciens Etats pontificaux, et non moins soucieux de se rendre maître de l'esprit des prélats romains que de celui des cardinaux, avait pris ses dispositions en conséquence. Le général Miollis était muni à Rome des mêmes instructions que M. le comte Bigot de Préameneu à Paris, et comme lui il avait à sa disposition un assez large crédit destiné à subvenir aux besoins des anciens fonctionnaires ecclésiastiques du gouvernement pontifical qui auraient recours à sa munificence. Mais si la tâche était la même de l'un et de l'autre côté des Alpes, le résultat en fut tout différent. C'était grâce à son adresse, à ses infinis ménagements, par suite surtout de la sincère bienveillance qu'il ressentait pour eux, que le ministre des cultes était parvenu à faire accepter aux cardinaux romains un traitement qu'il avait eu l'art de leur présenter, et que la plupart considéraient de bonne foi peut-être, comme le juste remboursement de leurs dépenses de voyage, et comme une naturelle indemnité pour les frais de leur entretien dans une ville étrangère.

« A Rome, la situation ne se présentant pas sous cet aspect, les choses se passèrent tout autrement. Soit, en effet, que le général Miollis, malgré son esprit conciliant et sa modération accoutumée, ait agi en cette occasion plus en militaire qu'en diplomate, soit qu'il fût moins malaisé de contrarier l'Empereur à ceux qui étaient placés loin de lui qu'à ceux qui résidaient à sa propre cour et sous le coup de sa redoutable main, soit enfin que l'indépendance de caractère (ce qui s'est vu ailleurs que dans les rangs du clergé) n'ait rien à voir avec l'élévation du grade, toujours est-il qu'à Rome les employés secondaires de l'ancien gouvernement pontifical ne voulurent point suivre l'exemple qui leur avait été donné de Paris par les cardinaux, c'est-à-dire par les chefs les plus éminents de la hiérarchie ecclésiastique. Au 17 mars 1810, huit mois après qu'il avait ordonné l'enlèvement de Pie VII au Quirinal, le général Miollis était obligé de convenir qu'il avait complètement échoué dans sa mission. Pas un des anciens serviteurs du Saint-Père n'avait voulu accepter une obole de sa main. C'est en vain qu'il avait fait ouvrir des crédits mensuels pour le traitement des membres de la maison du Pape et des premiers dignitaires de la cour de Rome : « Ils ont évité de les toucher, — écrit-il assez piteusement à M. Bigot de Préameneu —; on leur a dit de se faire inscrire pour leur paye, ils sont restés également passifs, et paraissent recevoir de l'argent par des voies particulières. (1) »

« Refuser obstinément ses bienfaits, et, ce qui était plus grave encore, accepter les secours qui leur arrivaient par un canal mystérieux et probablement hostile, c'étaient là autant de crimes irrémissibles aux yeux de l'Empereur. Mais les moyens ne lui faisaient pas défaut pour tirer vengeance d'une opposition d'autant plus insupportable qu'elle était toute morale et purement passive. Il ne permettrait à personne, et à des ecclésiastiques devenus ses sujets, moins qu'à qui que ce soit, de se dérober ainsi à l'empire qu'il entendait exercer non pas seulement sur les

(1) Lettre du général Miollis au ministre des cultes, 17 mars 1810.

faits extérieurs, mais sur l'âme même et les sentiments les plus intimes de tous ceux qui étaient rangés sous ses lois (1). »

Ce sobre récit de M. d'Haussonville prouve deux choses : et d'abord que Napoléon ne se contentait point d'une soumission extérieure au gouvernement de fait qu'il avait établi à Rome, mais qu'il exigeait une adhésion absolue et sans arrière-pensée, et, en second lieu, qu'il entendait tyranniser la conscience de ses sujets. Or, comme pour atteindre ce second but il fallait envahir le domaine de la puissance spirituelle, l'Empereur, en essayant de réaliser son plan par les moyens les plus violents, devait prouver même aux aux aveugles qu'il n'en voulait pas seulement au pouvoir temporel, mais surtout à l'autorité spirituelle du chef de l'Eglise. Malgré son prestige et la force matérielle dont il disposait, Napoléon, comme le remarque fort bien M. d'Haussonville, « ne devait plus désormais atteindre l'ennemi qu'en se blessant des coups frappés par ses propres mains » (2).

Napoléon n'avait pas, d'ailleurs, attendu la résistance passive du clergé romain à ses offres, signalée par la lettre du général Miollis, du 17 mars 1810, pour envahir le domaine ecclésiastique. Dès l'annexion de Rome à l'Empire français, il avait commencé sa campagne contre le pouvoir spirituel du Pape, disposant à son gré des droits qui appartenaient au chef de l'Eglise. « A quelque prix que ce soit, je ne veux pas, — écrivait-il, le 13 août 1809, à M. Bigot de Préameneu —, qu'on paye rien à Rome pour l'expédition des bulles, dispenses, etc. (3) »

Le 18 janvier 1810, il supprimait, comme je l'ai dit, la fête de saint Grégoire VII. « Le ministre des cultes a-t-il fait une une circulaire aux évêques, — écrivait-il —, pour

(1) Voy. D'HAUSSONVILLE, *l'Eglise Romaine et le Premier Empire*, tome III, chap. XXXIX, pp. 333-337, de la 3e édition (1870).

(2) Voy. D'HAUSSONVILLE, *op. cit*, *loc. cit.*, p. 337.

(3) Lettre de l'Empereur à M. le comte Bigot de Préameneu, Schœnbrunn, 13 août 1809. *Correspondance de Napoléon Ier*, tome XIX, p. 338.

leur ordonner de supprimer la prière de Grégoire VII et de substituer une autre fête à celle de ce saint que l'Eglise gallicane ne peut reconnaître ? (1) » Le 25 février 1810, un décret impérial établissait, comme loi générale de l'Empire, l'édit de Louis XIV et la déclaration du clergé français de 1682 (2). Cet acte produisit à Rome la plus fâcheuse impression, justifiée par le fait que le Saint-Siège avait toujours protesté contre la déclaration de 1682. En même temps, oubliant ce qu'il avait dit à Pie VII dans les conférences qui précédèrent la signature du Concordat (3), Napoléon conçut un plan qui annihilait l'autorité du chef de l'Eglise. Irrité du refus de Pie VII d'accorder les bulles aux évêques qu'il voulait nommer, il voulut nommer quand même les évèques sans se préoccuper du Pape. Bien plus, il prétendit mettre la main sur les affaires spirituelles des départements du Tibre et du Trasimène (anciens Etats de l'Eglise), supprimant à son gré les évèchés, destituant à sa convenance les évêques, bouleversant à sa guise de fond en comble les circonscriptions épiscopales des anciens Etats pontificaux, essayant de faire à Rome, sans le Pape et contre le Pape ce qu'en France il avait si bien compris, lors du Concordat, de ne pouvoir faire que d'accord avec le Saint-Père. L'Empereur, cependant, ne se lança dans cette funeste aventure qu'après son mariage avec Marie-Louise.

L'exaspération contre les cardinaux noirs et contre les prêtres romains qui refusaient ses offres précipita sans doute les événements, mais ne les provoqua point. Napoléon caressait de plus en plus le rêve de la domination universelle. Il n'admettait point qu'au-dessus et en dehors de

(1) Note dictée par l'Empereur au conseil des ministres, le 18 janvier 1810. — Cette note n'est pas insérée dans la *Correspondance de Napoléon Ier*.

(2) Voy. le *Moniteur de l'Empire*, n° du 1er mars 1810.

(3) « Si le Pape n'avait pas existé, il eût fallu le créer pour cette occasion, comme les consuls romains faisaient un dictateur dans les circonstances difficiles. »

Ces paroles ont été insérées depuis dans les *Mémoires de Napoléon*, édition de 1830. — *Notes et mélanges*, tome III, p. 196.

lui il y eût une autorité dont la force morale dépassât la sienne, et qui, régnant sur les consciences, les dirigeât par des voies où il ne voulait pas les voir s'engager. La passion de faire grand dominait de plus en plus cet homme de génie. « Son corps et son esprit, — dit M. d'Haussonville, — avaient gardé toute leur activité. D'affaiblissement dans les dons qui avaient fait de lui le premier homme de son temps il n'y avait aucune trace; mais il ne faisait plus de ces dons merveilleux le même usage que par le passé. Soit négligence, soit ennui, soit infatuation toujours croissante de lui-même, soit par tous ces motifs réunis, il mettait dans ses façons d'agir une sorte de laisser aller et de fantaisie capricieuse. On vit se produire de 1810 à 1812, dans sa conduite politique, une espèce de transformation assez pareille à celle que ses généraux remarquèrent plus tard dans ses combinaisons militaires durant les campagnes d'Allemagne et de Russie. Ses manœuvres à cette époque, certes toujours habiles, étaient devenues démesurément gigantesques, et par cela même beaucoup moins étudiées et moins parfaites qu'autrefois dans les détails. La conception de ses plans de campagne était encore très heureuse, mais l'exécution laissait beaucoup à désirer, par suite de l'exagération du but qu'il se proposait d'atteindre et de l'immensité des opérations qu'il s'était donné à conduire. On sentait qu'à manier à la fois tant et de si grandes masses, l'ancien vainqueur de Marengo, d'Austerlitz et de Wagram avait fini par se gâter un peu la main. Chose bizarre et vraiment digne de remarque, ce fut la conclusion de son mariage et sa confiance, d'ailleurs mal fondée, dans l'allié qu'il croyait s'être procuré de l'autre côté du Rhin, qui portèrent l'Empereur à donner à ses opérations contre la Russie une extension si extraordinaire; et ce fut cette même confiance dans la seule cour de l'Europe ayant encore pied en Italie, et de tout temps protectrice du Saint-Siège, qui décida le gendre du très catholique souverain de l'Autriche à ne plus garder aucun ménagement envers le clergé des Etats pontificaux. Etrange complication des affaires humaines! le lien de famille récemment noué entre l'ancien Empereur d'Allemagne et le nouvel Empereur d'Occident, allait justement servir de signal à la ruine totale et au complet bouleversement de l'état de choses que notre clergé français ne cesse point de se complaire à nommer encore la grande œuvre de Charlemagne (1). »

Si, avant son mariage avec Marie-Louise, Napoléon n'avait pas démasqué ses projets odieux contre le clergé romain, c'est que la prudence lui conseillait alors de ne pas froisser les sentiments catholiques de l'Autriche. Son mariage une fois accompli, il acquit la certitude que l'Autriche le laisserait faire à sa guise à Rome et, en général, dans les affaires religieuses. Dès lors, il n'attendit même pas la fin de sa lune de miel avec la nouvelle Impératrice pour engager une lutte à mort contre le clergé romain fidèle à ses devoirs envers Dieu et envers le chef de l'Eglise. Les pièces que je vais citer montreront que Napoléon se transformait tout simplement en Pape laïque. Le 15 avril 1810, il envoyait les instructions suivantes à M. Bigot de Préameneu :

« Sa Majesté désire que le ministre des cultes rédige sur les affaires du clergé des dispositions générales et complètes où il n'y aura pas seulement des principes arrêtés, mais où l'on comprendra même toutes les mesures de détail qu'il convient d'adopter. Ce ne sera pas à proprement parler un décret, puisqu'il n'aura pas force d'exécution, qu'il ne sera pas remis en minute à la secrétairerie d'Etat, qu'il ne sera pas expédié et qu'il restera entre les mains du ministre. Dans ces dispositions générales, on détaillera par titres toutes les mesures qu'on pourrait être dans le cas de prendre ; *on établira les choses comme elles devraient être et d'une manière absolue*, COMME S'IL N'Y AVAIT POINT DE PAPE *(sic) et sans avoir égard aux circonstances du moment, ni à des considérations quelconques*..... Lorsqu'on jugera qu'il convient d'exécuter quelques parties de ces dis-

(1) Voy. D'HAUSSONVILLE, *l'Eglise Romaine et le Premier Empire*, tome III, chap. XL, pp. 347-349, de la 3e édition (1870).

positions, elles seront converties en décret, et l'on arrivera successivement au développement du système complet. Ainsi on ne sera plus fatigué par des rapports successifs; mais chaque fois qu'il y aura une mesure à prendre, le ministre rappellera ce qui est fait et ce qui reste à faire. Ces dispositions générales doivent se diviser par territoires et par ordre de matières..... (1) ».

Dans cette même pièce sont indiquées les mesures à prendre, notamment dans les anciens Etats romains. Puis, entamant la question des évêchés, Napoléon ajoute :

« Le ministre des cultes est invité à traiter cette question : quels sont les moyens à prendre pour effectuer la réduction des évêchés, en restant le plus possible dans l'esprit de l'Eglise *(sic)*, soit en ne supprimant pas les diocèses, mais en les réunissant, soit en faisant précéder la réduction d'une déclaration portant qu'il ne doit y avoir que tel nombre d'évêchés, qu'il est de principe qu'en matière de circonscription, si la puissance ecclésiastique est nécessaire, l'intervention de la puissance civile n'est pas moins indispensable. On doit trouver dans les règles de l'Eglise que telle population, telle étendue de territoire est nécessaire pour l'établissement d'un évêché. Il est très probable qu'on trouvera quelque chose à cet égard dans la doctrine des conciles.

« Il convient d'écrire à la consulte de Rome de prendre les dispositions suivantes : quinze jours après la publication de l'arrêté de la consulte, tous les prêtres séculiers, tous les religieux et toutes les religieuses étrangers à Rome se retireront dans leur pays natal. Aussitôt qu'ils seront partis, la consulte fera prêter le serment, en commençant par les évêques (2). »

Cette pièce prouve que Napoléon Ier avait pris irrévocablement son parti. Il voulait, selon sa propre expression, « établir les choses comme s'il n'y avait point de Pape », et

(1) Note pour le ministre des cultes, Compiègne, 15 avril 1810. — *Correspondance de Napoléon Ier*, tome XX, p. 288.

(2) Note pour le ministre des cultes, Compiègne, 15 avril 1810. *Correspondance de Napoléon Ier*, tome XX, p. 289.

avec un homme comme lui, on pouvait compter qu'il ne renoncerait pas à son programme, si indigne et insensé qu'il fût, et qu'il se briserait contre l'obstacle plutôt que de reculer et de rentrer dans la voie de la modération, de la sagesse et de la justice.

L'homme qui écrivait à son ministre des cultes, le 18 décembre 1809 : « Donnez ordre au général Miollis de faire emballer toutes les archives du Saint-Siège, et de les envoyer en France sous bonne escorte, (1) » et le 13 février 1810 : « Je vous envoie les pièces qui viennent de Rome, qu'on a trouvées dans le secrétaire même du Pape. Faites-moi l'analyse de toutes ces pièces, (2) » devait logiquement aspirer à gouverner l'Eglise au lieu et place de son légitime pasteur. Quand on emporte tout d'une maison, même les archives ; quand on brise les tiroirs du secrétaire du propriétaire légitime de cet immeuble pour s'emparer des papiers les plus intimes et s'en servir pour mieux combattre celui qu'on a spolié, on ne montre que trop l'intention de supprimer, autant qu'on le peut sans le mettre à mort, le personnage qu'on traite de la sorte. Si la persécution s'aggrave au lieu de s'atténuer, à mesure que le temps passe, c'est que le conflit est engagé sur un terrain où les transactions sont impossibles. Napoléon Ier le savait parfaitement, et c'est là ce qui le poussait à prendre des mesures de plus en plus tyranniques contre le Pape et le clergé. Les hommes vraiment sages, et aussi prudents que fermes et éclairés dans la défense des intérêts de la religion, ne se trompèrent pas à la vue de ce que l'Empereur faisait à Rome dès les premiers jours de l'annexion des Etats de l'Eglise à l'Empire français. Le vénérable M. Emery fut un de ceux qui virent avec le plus de perspicacité dans le jeu du despote, et en prévirent les conséquences (3). Mais, malgré

(1) Lettre de l'Empereur à M. le comte Bigot de Préameneu, Trianon, 18 décembre 1809. — Cette lettre n'est pas insérée dans la *Correspondance de Napoléon I*[er].

(2) Le même au même, 13 février 1810. — Cette lettre n'est pas insérée dans la *Correspondance de Napoléon I*[er].

(3) Ecrivant, le 12 mai 1810, à M. Nageot, prêtre de Saint-Sul-

ses efforts, il ne parvint pas à faire comprendre à ce grand homme fourvoyé qu'il courait à sa perte, et qu'il déshonorait son règne.

Je prouverai, dans le prochain paragraphe, pièces en mains, que l'Empereur s'efforça de plus en plus d'usurper les pouvoirs spirituels du Pape, et de briser tous les obstacles qu'il rencontrait sur son chemin. Je ferai, en attendant, remarquer à mes lecteurs que la dernière phrase de la note du 15 avril 1810 au ministre des cultes annonce le commencement d'un terrible orage pour les malheureux évêques et prêtres romains. En ordonnant qu'on leur imposât un serment qu'ils ne pouvaient prêter en conscience, Napoléon les vouait à la déportation et aux souffrances les plus cruelles; car sa vengeance était aussi implacable que son orgueil et son égoïsme étaient exorbitants.

IV

Au printemps de l'année 1810, Napoléon Ier poursuit, avec cet esprit de suite qui était chez lui comme une seconde nature, l'exécution de son plan de persécution. Il

pice, supérieur du séminaire catholique de Baltimore, M. l'abbé Emery, après lui avoir parlé de la suppression prochaine de la sainte compagnie dont il était le supérieur général, ajoute :

« ... Vous savez qu'il (le Pape) a été dépouillé absolument de tous ses Etats et qu'ils sont réunis au royaume d'Italie (*M. Emery se trompe, car ils furent annexés à l'Empire français*), qu'il est prisonnier à Savone, que tous les généraux d'ordre sont dispersés en différentes villes de France, que tous les cardinaux sont à Paris, que les archives du Vatican, de la Daterie, de la Pénitencerie ont été transportées en France. Vous voyez où cela mène et ce qu'on a à redouter. L'Empereur avait nommé une commission d'évêques et de cardinaux pour examiner certaines questions qu'il proposait. Il a voulu que j'y fusse adjoint. Tout ce que je peux vous dire, c'est que je suis sorti de là sans avoir aucun reproche à me faire, que je crois que Dieu m'a donné l'esprit de conseil en cette affaire. Mais je suis sûr qu'il m'a donné celui de force par sa sainte miséricorde. » (*Papiers pour écrire une vie de M. l'abbé Emery*, conservés au séminaire de Saint-Sulpice).

voulait à tout prix soumettre le clergé et gouverner l'Eglise contre le Pape, et il allait vite en besogne, écrivant presque chaque jour, au cours de son voyage dans les Pays-Bas avec la nouvelle Impératrice, des lettres impérieuses à son ministre des cultes. Plus que jamais, il envahissait le domaine ecclésiastique.

« Donnez ordre, — écrit-il de Bois-le-Duc —, donnez ordre que, conformément à nos lois, il ne soit plus consacré aucun prêtre dans les deux départements de Rome et du Trasimène sans ma permission (*sic*). Prescrivez aux préfets, sous-préfets et maires de tenir la main à l'exécution de cet ordre. Donnez ordre que tous les prêtres séculiers, religieux ou religieuses étrangers à la ville de Rome retournent dans la commune où ils sont nés. Donnez ordre à la consulte (1) de faire prêter serment à tous les évêques, d'envoyer en France ceux qui s'y refuseraient, et de faire mettre le séquestre sur leurs biens... Il faut que ces mesures précèdent de quinze jours le décret qui supprime toutes les corporations religieuses, qui vous sera expédié par le secrétaire d'Etat. Mandez à la consulte que des sièges existants plusieurs sont vacants par les démissions données à Paris par les cardinaux titulaires (2), que probablement un grand

(1) La *Consulte*, dont il est question ici et dans d'autres lettres de l'Empereur, était une commission composée de fonctionnaires impériaux chargée d'assister le général Miollis dans l'œuvre difficile et compliquée de l'assimilation de Rome et des Etats de l'Eglise aux autres départements de l'Empire français. Elle devait, en particulier, faire disparaître tout ce qui pouvait rappeler l'ancien régime pontifical.

(2) Les cardinaux noirs. On sait que leurs démissions n'avaient aucune valeur, parce qu'elles leur avaient été arrachées par la violence.

Au sujet des cardinaux noirs, M. d'Haussonville s'exprime ainsi : « Napoléon ne se relâcha pas d'une seule des mesures de rigueur qu'il avait arrêtées dans les premiers accès de son ressentiment. Les malheureux condamnés, puisqu'il les considérait comme tels, furent obligés de se dépouiller le jour même des insignes cardinalices et de revêtir le costume des simples ecclésiastiques, ce qui donna lieu à la dénomination de *cardinaux rouges* et de *cardinaux noirs*, par laquelle on désigna désormais les deux partis du Sacré Collège. Ils furent en outre privés de leurs biens, tant ecclésiastiques que patrimoniaux,

nombre va vaquer par le refus que feront les titulaires de prêter serment, que je n'attache pas d'importance à ce qu'ils prêtent tous serment, ne voulant conserver dans les deux départements que trois évêques ou quatre au plus... (1). »

Napoléon affirmait donc la prétention : 1° d'avoir la haute main sur les ordinations ecclésiastiques; 2° de supprimer par vingtaines les évêchés des Etats de l'Eglise, et de n'en laisser subsister que trois ou quatre au plus. Une autre chose est à remarquer dans cette lettre impériale. C'est le passage où Napoléon prévoit chez les évêques le refus

qui furent mis sous le séquestre. On ne saisit pas seulement leurs revenus, on les versa au trésor, en même temps qu'on faisait mettre le scellé sur les meubles; de façon que, pour vivre, la plupart se virent réduits à puiser dans la bourse de leurs amis, ou bien à recourir aux subsides charitables de quelques personnes pieuses dont l'assistance ne leur fit jamais défaut, mais ne manqua point, comme nous le verrons plus tard, d'exciter derechef contre eux la colère de l'Empereur. Quant à ce qui regardait leurs personnes, le traitement ne fut pas moins sévère. L'Empereur les exila deux par deux à Reims, à Rethel, à Mézières, à Saint-Quentin, à Sedan, à Charleville; trois d'entre eux furent internés à Semur. Partout ils furent placés sous la surveillance de la police. Pour ajouter au désagrément de cette dispersion, on avait pris soin de mettre ensemble ceux des cardinaux qui se convenaient le moins; chacun d'eux dut rester dans la résidence qui lui avait été assignée jusqu'au moment de la signature du Concordat de Fontainebleau. » (Voy. d'Haussonville, *L'Eglise Romaine et le Premier Empire*, tome III, chapitre XXXVIII, pp. 295-96).

Cette conduite brutale était adoptée par Napoléon malgré la lettre, en vérité très humble, dans laquelle les cardinaux disgraciés avaient expliqué leur abstention le jour du mariage de Napoléon et de Marie-Louise d'une manière qui aurait dû apaiser la colère impériale.

Nous lisons en effet, dans cette pièce si vivement réclamée par M. Bigot de Préameneu, les phrases suivantes :

« Ils (*les cardinaux*) déclarent en outre qu'ils n'ont jamais eu dans l'esprit l'intention ni de se faire juges, ni de répandre des doutes sur la validité de la dissolution du premier mariage, ni sur la légitimité du second, ni de produire des incertitudes touchant la succession au trône des fils qui en naîtront. Ils supplient enfin Votre Majesté d'accepter leurs humbles et sincères déclarations, unies aux sentiments de ce profond respect et de cette obéissance et soumission dont ils se font un devoir et qu'ils ont l'honneur de lui témoigner. » *Lettre signée par les treize cardinaux italiens*, 6 avril 1810.

(1) Lettre de l'empereur Napoléon à M. le comte Bigot de Préameneu, ministre des cultes, Bois-le-Duc, 7 mai 1810. — *Correspondance de Napoléon Ier*, tome XX, p. 330.

de prêter le serment qu'il veut leur imposer, et le présage où il fait voir clairement qu'il sera content de la résistance des prélats, parce qu'elle lui permettra de réaliser immédiatement ses projets anticanoniques à Rome et dans l'Ombrie.

Personne ne pourra donc soutenir que la persécution du clergé romain ait été accidentelle, et qu'on doive l'attribuer à la colère de Napoléon vis-à-vis des évêques et des prêtres des anciens Etats de l'Eglise qui lui refusaient l'obéisssance. La lettre du 7 mai 1810 prouve que la persécution était parfaitement préméditée et que, depuis longtemps, Napoléon savait à quoi s'en tenir touchant le serment qu'il demandait au clergé des Etats pontificaux.

Napoléon n'ignorait pas l'instruction envoyée par Pie VII aux évêques de ses Etats deux ans auparavant. Après avoir vivement protesté contre l'usurpation napoléonienne, le Pape déclarait : 1° qu'il n'était point permis aux sujets du souverain Pontife, tant ecclésiastiques que laïques, de prêter jamais à ce gouvernement intrus serment de fidélité, d'obéissance et d'attachement exprimé dans des termes illimités et qui comprendraient en eux-mêmes la déclaration d'une fidélité et d'une approbation positives, parce qu'un pareil serment serait un acte d'infidélité et de félonie envers le souverain légitime..., serment d'un scandale grave qui favoriserait un fait qui ne pouvait tourner qu'au détriment de la foi et à la perte des âmes, serment dans tous les sens répréhensible, injuste et sacrilège ; 2° qu'il n'était pas non plus permis d'accepter et bien moins encore d'exercer des emplois qui auraient une tendance plus ou moins directe à appuyer, à aider, à consolider le nouveau gouvernement dans l'exercice de son pouvoir usurpé ;... 3° qu'il n'était pas permis aux évêques et aux autres pasteurs ecclésiastiques de se prêter au chant du *Te Deum* à l'occasion de l'établissement du gouvernement illégitime... Sa Sainteté espérait que, l'expérience elle-même ayant démontré à quel point il était dangereux pour la tranquillité publique d'exiger des serments qui mettaient ceux auxquels ils étaient imposés dans la funeste alternative soit de trahir leur conscience, soit de s'exposer à des périls graves et imminents, une pareille extrémité serait épargnée à ses sujets ; mais le contraire pouvait aussi arriver. Le nouveau gouvernement voudrait peut-être colorer une telle violence du prétexte de sa sécurité. Dans ce cas, sans contrevenir aux principes incontestables établis dans la présente instruction, on pourrait lui donner satisfaction par une formule qui, se restreignant à une promesse de fidélité et d'obéissance passive, c'est-à-dire de soumission et de non opposition, en même temps qu'elle garantirait le repos public (qu'il n'est jamais permis aux particuliers de troubler par des complots et par des factions à cause des désordres et des scandales plus grands qui en résultent d'ordinaire), ne ferait tort ni à la justice ni à la religion... Quelque grande que puisse être la rigueur qu'on voudra exercer sur eux, les sujets de Sa Sainteté se rappelleront qu'ils sont chrétiens et par conséquent disciples de ce divin Maître qui, en promettant de grandes récompenses éternelles dans la vie à venir, n'a annoncé et n'a prédit pour cette vie mortelle que des tribulations et des persécutions, et qui pour cela leur a enseigné à craindre non point ceux qui tuent le corps et ne peuvent aller plus avant, mais celui qui peut livrer l'âme et le corps à la perdition éternelle (1) ».

Napoléon ignorait si peu ces instructions données par Pie VII aux évêques d'Italie, qu'il en avait été informé par le général Miollis, et que cette pièce était pour lui un grief de plus contre le Saint-Père. Le général Miollis avait fait arrêter le cardinal Gabrielli, secrétaire d'Etat de Pie VII, lui attribuant la responsabilité de la circulaire aux évêques d'Italie. Le cardinal avait été d'abord envoyé à Sinigaglia, sur les bords de l'Adriatique, parce qu'il était évêque de cette ville ; mais il avait été bientôt arraché à son diocèse et amené à Milan sur l'ordre du prince Eugène. Bien que distrait par les événements d'Espagne qui commençaient à

(1) *Instruction envoyée par ordre de Pie VII aux évêques des provinces italiennes annexées*, 22 mai 1808.

mal tourner, Napoléon approuva pleinement la conduite de Miollis et du prince Eugène :

« J'ai vu avec plaisir, — écrit-il à ce dernier —, que vous avez fait venir à Milan le cardinal Gabrielli, évêque de Sinigaglia. Il faut le laisser là. Quand vous pourrez le voir, vous lui demanderez s'il veut ou non prêter le serment prescrit par le Concordat. S'il ne veut pas, vous l'enverrez dans un couvent ; vous séquestrerez son temporel... On ne lui laissera qu'une pension alimentaire de 1000 écus (5000 francs). Tout cela doit se faire sans bruit. Il ne faut imprimer aucun décret... Ayez soin qu'il ne soit question de cela dans aucune gazette, et qu'on n'en fasse aucun bruit (1). »

En 1810, les temps étaient changés. Se croyant maître absolu de l'Europe après l'installation de son frère Joseph au palais royal de Madrid, la victoire de Wagram et le mariage avec Marie-Louise, Napoléon, tout en ne tolérant pas les indiscrétions des journaux touchant les affaires de Rome, et en continuant à agir sans parler, sans écrire s'il était possible, surtout sans rien laisser imprimer, était néanmoins résolu à lutter à outrance contre le clergé romain qu'il savait soumis sans doute au droit du plus fort, mais toujours fidèle à ses devoirs et résigné à tout souffrir plutôt que de les trahir. Lorsque donc le tout-puissant souverain prétendait imposer aux évêques et aux prêtres de Rome et des Etats de l'Eglise le serment de fidélité à l'Empire, il savait d'avance qu'il se heurterait à une résistance inflexible, et par conséquent il préméditait les mesures de persécution qui devaient être les conséquences de ses ordres.

Deux jours après l'envoi de sa lettre de Bois-le-Duc, bien qu'il fût distrait par les fêtes qu'on lui offrait dans les Pays-Bas, Napoléon envoyait à M. Bigot de Préameneu des instructions encore plus rigoureuses :

« Vous recevrez, — écrit-il de Berg-Op-Zoom, — vous

(1) Lettre de l'empereur Napoléon au vice-roi d'Italie, Bayonne, 17 juillet 1808. — *Correspondance de Napoléon Ier*, tome XVI, p. 402.

recevrez un décret par lequel j'ordonne qu'au 15 juin, tous les ordres religieux soient détruits dans les départements de Rome et du Trasimène... Je suppose que tous les prêtres auront, à l'heure qu'il est, prêté serment ou auront été dirigés sur la route de France, que les biens des chanoines, chapitres, évêques, qui n'auraient pas prêté serment, auront été saisis par l'enregistrement. Quant aux évêques, il faut qu'on saisisse non seulement leurs biens ecclésiastiques, mais aussi leurs biens patrimoniaux. Rédigez un décret conçu à peu près dans les termes suivants ; « Considérant que dans l'Empire il y a des évêchés qui « ont un million d'habitants, tandis que dans les dépar- « tements de Rome et du Trasimène, qui n'ont que huit « cent mille habitants, il y a trente évêchés, etc. *Titre Ier*. « *Des évêchés*. Tel et tel évéché est supprimé et réuni ; tel « et tel chapitre est supprimé. Il n'en sera conservé qu'un « seul par cathédrale, composé de tant de membres, de « même pour les séminaires, etc... *Titre II. Des paroisses*. « Il ne restera que tant de paroisses à Rome ; telles et « telles sont conservées ». Il me semble que vingt pa- « roisses sont suffisantes. (1) »

Une semaine après, l'Empereur écrit de nouveau à son ministre des cultes. Cette fois il ordonne que l'on commence la persécution :

« Je sais, dit-il, que plusieurs évêques se sont déjà mal comportés à Rome. Ecrivez qu'on les envoie en France sous bonne et sûre escorte. On doit y diriger également tous ceux qui ne prêteraient pas serment. Il serait à désirer que sur trente il y en eût au moins trois ou quatre qui prêtassent serment (2) ».

Le motif pour lequel Napoléon Ier tenait tant à ce que trois ou quatre évêques des Etats romains fissent bon

(1) Lettre de l'empereur Napoléon à M. le comte Bigot de Préameneu, ministre des cultes; Berg-op-Zoom, 9 mai 1810. — *Correspondance de Napoléon Ier*, tome XX, p. 337.

(2) Lettre de l'empereur Napoléon à M. le comte Bigot de Préameneu, ministre des cultes, 16 mai 1810. — Cette lettre n'a pas été insérée dans la *Correspondance de Napoléon Ier*.

marché de leurs devoirs est très clair. L'Empereur voulait des complices pour donner des évêques aux nouveaux diocèses qu'il entendait créer en dépit du Pape et au lieu et place des sièges qu'il entendait supprimer. Il voyait là un moyen facile d'atteindre son but.

Il est inutile d'insister sur ce qu'il y a d'énorme dans la prétention de l'Empereur de régler à son gré le nombre et les limites des diocèses et des paroisses. Quant à ses procédés, un petit billet qu'il écrivit à cette époque à son ministre des cultes les éclaire d'un jour singulier :

« Monsieur le Comte, qu'est-ce que l'évêché de Fiesole dont l'évêque est un homme dangereux ? Ne serait-il pas possible de supprimer cet évêché ? » (1)

Une telle pièce se passe de commentaires.

Poursuivant sa campagne contre le clergé romain, Napoléon adresse le 13 juin 1810 une note à M. Bigot de Préameneu. Selon son habitude, il a médité tous les détails de son plan et, après de mûres réflexions, « il approuve que la consulte, avant de faire prêter serment aux curés, attende l'arrivée des troupes, la suppression des couvents et celle des évêchés dont les évêques n'auront pas prêté le serment, et qu'elle fasse préalablement l'opération à l'égard des chapitres des villes et des campagnes ». Napoléon est convaincu que si on adoptait un autre plan, on arriverait quand même au but, mais sans produire les mêmes effets.

« Il faut donc, poursuit-il, adopter l'inverse de la proposition, commencer non par organiser (les nouveaux diocèses et les nouvelles paroisses) et par réduire, mais par demander le serment aux curés de Rome, et montrer à l'égard de ceux qui ne le prêteraient pas que la suppression est une conséquence de la rébellion. Il y a quatre-vingts paroisses à Rome ; vingt paroisses doivent suffire (2).

(1) Lettre de l'empereur Napoléon à M. le comte Bigot de Préameneu, Saint-Cloud, 18 juin 1810. — Cette lettre n'a pas été insérée dans la *Correspondance de Napoléon Ier*.

(2) Si vingt paroisses n'étaient point suffisantes, on ne saurait contester que quatre-vingts, pour une ville de 150 mille habitants,

On connait mal les prêtres d'Italie et de Rome, ou l'on ne doit pas douter que l'on ne trouve au moins vingt prêtres, soit curés, soit ecclésiastiques, qui prêtent le serment. Il convient de bien établir par les conversations, par les explications de toute nature, et même par des articles dans les journaux de Rome que les mesures que l'on prendra seront uniquement le résultat de la rébellion, et que son effet certain sera l'envoi des prêtres en France, la suppression des bénéfices et la vente des biens au moyen des rescriptions, qui seront employées au payement de la dette publique... Un mois est de peu d'importance pour de si graves opérations, mais il faut s'arranger de manière qu'au mois de septembre tout ce qui concerne le clergé soit terminé dans les Etats romains, que les mauvais prêtres soient envoyés en France, et le sort des autres amélioré. On n'aurait pas tenté ces changements il y a neuf mois; il faut profiter du moment où l'on a la paix partout, et où rien ne peut embarasser, pour finir toutes ces affaires. (1) »

Cette note n'indiquait que trop les intentions de Napoléon et sa prétention de confisquer le pouvoir spirituel du Pape après s'être emparé du pouvoir temporel. Cependant comme l'Empereur avait reçu la nouvelle de la soumission de plusieurs évêques des Etats pontificaux et que ces prélats étaient malheureusement plus nombreux qu'on n'aurait dû s'y attendre et que lui-même ne l'avait espéré,

étaient trop nombreuses. A Rome, comme, en général, en Italie au XVIIIe siècle, les paroisses étaient très petites et vraiment trop nombreuses. On comptait des villes de 8 mille habitants n'ayant pas moins de dix à douze paroisses, ce qui faisait que souvent les curés n'avaient presque rien à faire et avaient des prébendes misérables. Une réforme s'imposait sans doute, et les évêques l'ont introduite en beaucoup de diocèses au cours du XIXe siècle. C'est à eux, et non au pouvoir civil, qu'il appartenait de réduire le nombre des paroisses et d'en changer la circonscription. Le pouvoir civil pouvait invoquer le droit d'être consulté à ce sujet, afin que le changement ne soulevât point de conflit entre le gouvernement, les municipalités et l'autorité ecclésiastique. Aller au delà, comme le prétendait Napoléon Ier, c'était bouleverser toute la législation canonique et usurper un des droits dont l'Eglise est le plus justement jalouse.

(1) *Note pour le ministre des cultes*, Saint-Cloud, 13 juin 1810. — *Correspondance de Napoléon Ier*, tome XX, p. 408.

il craignit que ses instructions ne fussent pas assez claires et il adressa une nouvelle note à M. Bigot de Préameneu, où, mettant de côté toute réserve, il dévoile brutalement ses projets :

« On pourrait conserver, dit-il, les évêchés de Pérouse, de Spolette, de Tivoli, d'Anagni, dont les évêques ont prêté le serment, et celui de Rome, dont le Pape est l'évêque. On réunirait tous les autres évêchés à ceux-ci. On déclarerait que tous les évêques qui ont prêté le serment conserveront leurs évêchés jusqu'à leur décès... Mais il paraîtrait préférable de suivre quant à présent une autre marche... On dirait qu'on ne peut conserver treute-deux évêchés pour une population de huit cent mille âmes, tandis qu'en France il n'y a souvent qu'un évêque pour un million... Ainsi on passerait de trente-deux évêchés à treize, pour arriver avec le temps aux cinq évêchés qu'on se propose de constituer définitivement. Cette mesure aurait l'avantage de laisser l'espérance aux villes dont les évêques ont prêté serment, et de donner raison à ceux qui se sont portés à cet acte d'obéissance... Quant aux chapitres, les membres qui auraient prêté le serment seraient réunis aux chapitres conservés, et les chapitres dont tous les membres auraient refusé le serment seraient supprimés. On n'aurait pas l'air de se déterminer, soit par caprice, soit même par un système d'organisation, mais de prendre un parti nécessité par la rébellion de quelques évêques. Les prêtres savent fort bien que, dans tous les pays qui passent sous une nouvelle domination, on ne recule jamais à prêter serment à l'autorité. La rébellion des dix-neuf évêques serait un nouveau grief de l'Eglise contre le Pape. Ce système conduirait, par l'application des mêmes principes, à confisquer non seulement en Toscane et en Piémont, mais encore en Italie, les biens des évêchés pour lesquels le Pape ne voudrait pas donner d'institution, ce qui montrerait encore dans l'obstination du Pape la cause d'un mal qui serait irréparable pour l'Eglise. Les dispositions à adopter pour Rome, si elles sont immédiatement suivies du séquestre des biens et des palais des évêques qui auront refusé le serment, et si toute cette affaire est traitée d'une manière sérieuse, ne peuvent manquer d'avoir une influence très sensible ». (1)

M. Bigot de Préameneu ne pouvait se méprendre désormais sur les véritables intentions de son maître. Le plan machiavélique de l'Empereur lui était révélé par cette note avec une précision qu'il était impossible de dépasser. Après avoir ouvert les hostilités contre les évêques et le clergé des Etats pontificaux, en prétendant d'eux un serment que leur devoir leur défendait de prêter, Napoléon fait semblant d'être vivement irrité parce que la majorité des prélats résiste, mais au fond il est contrarié d'être obligé à ajourner son programme de réduction radicale des évêchés et de confiscation des biens ecclésiastiques. A ce point de vue, il semble regretter que treize évêques sur trente-deux aient désobéi, par faiblesse, aux ordres du Pape. Car si les évêques assermentés avaient été seulement quatre, il eût pu immédiatement réaliser son plan et réduire à cinq les diocèses des départements du Tibre et du Trasimène, y compris Rome dont le Pape est l'évêque.

Ne pouvant frapper les prélats qui ont prêté serment, Napoléon se résigne à ajourner l'exécution complète de ses projets. Mais, loin d'y renoncer, il en prépare avec soin l'accomplissement par des mesures transitoires. Il profite, en attendant, de la situation provisoire où vont se trouver les treize diocèses des Etats romains, dont les évêques n'ont pas refusé le serment, pour ne pas démasquer ses projets définitifs. Il estime qu'il y a avantage à laisser l'espérance aux villes dont les évêques se sont soumis. Cela rendra moins grave et surtout moins général le mécontentement qu'il prévoit à la suite de la suppression des évêchés. On atteindra le but par degrés. On supprimera d'abord dix-neuf diocèses. Les autres suppressions suivront peu à peu, au fur et à mesure des vacances causées par la mort ou la promotion des titulaires, car le despote entend bien nommer les évêques sans se soucier de l'agrément du Pape.

(1) *Note pour le ministre des cultes*, Saint-Cloud, 13 juin 1810. — *Correspondance de Napoléon Ier*, tome XX, p. 409.

En attendant, il veut que l'on fasse tous les efforts possibles pour donner le change à l'opinion sur le véritable auteur de tant d'injustices, d'usurpations et de spoliations. Il dépense toutes les ressources de son génie pour faire accroire au peuple que si tant d'Eglises vont être privées de leurs pasteurs, si tant de chapitres vont être supprimés ainsi que beaucoup de paroisses, la faute n'en est pas à lui, Napoléon, qui donne ces ordres injustes, mais au Pape. C'est Pie VII qui, en résistant à l'Empereur, est la cause de tous les maux. Les citoyens doivent lui en attribuer la responsabilité morale, de même que les prêtres dont les lois de confiscation qu'il prépare vont rendre le sort lamentable par le dénûment dans lequel ils sont destinés à tomber. Car Napoléon est parfaitement résolu à appliquer sur une large échelle ses monstrueuses théories sur le droit de confiscation, et il comprend ce que cette politique a d'odieux pour les gens honnêtes. Mais il ne recule pas, dans le fol espoir de faire peser sur le Pape l'impopularité des mesures qu'il va prendre. Dès le 16 juin 1810, l'Empereur ordonne à M. Bigot de Préameneu de préparer le décret de confiscation :

« Vous aurez soin, dit-il, de mettre un article qui dise que les biens des couvents, chapitres et abbayes supprimés sont réunis aux domaines, que l'enregistrement en prendra possession sans délai, et en touchera les revenus à partir du 1er juillet 1811 ». (1)

Plus la lutte entre l'Etat et l'Eglise devenait violente et plus Napoléon affichait ses prétentions à la domination spirituelle. Il songeait, comme le fait remarquer M. d'Haussonville, « à s'emparer un jour de la haute direction de toutes les consciences catholiques, et... parmi les attributs innombrables de sa vaste puissance, (il) revendiquait alors avec une insistance particulière le droit de se dire, suivant une vieille expression consacrée par l'Eglise, l'*évêque extérieur* de tous les diocèses de son empire. Cet évêque d'un

(1) Lettre de l'empereur Napoléon à M. le comte Bigot de Préameneu, ministre des cultes, 16 juin 1810. — *Correspondance de Napoléon Ier*, tome XX, p. 416.

nouveau genre était... beaucoup plus préoccupé de grossir les revenus de son trésor que de pourvoir aux besoins des âmes. Son langage public n'était pas à cette époque moins singulier, et ne formait pas un moins étrange contraste avec la mission qu'il prétendait s'attribuer ». (1)

Ce qu'il y a de curieux dans la conduite de Napoléon, c'est de le voir dévoiler publiquement ses desseins pendant qu'il défendait si rigoureusement aux journaux de parler de ses différends avec le Pape. Il se flattait sans doute d'obtenir par là le double but d'en imposer par ses menaces au clergé des provinces qu'il visitait, tout en n'éclairant pas la France touchant le conflit entre la Papauté et l'Empire. Ainsi, pour ne citer qu'un exemple, ses discours au clergé de Belgique et de Hollande étaient destinés, dans sa pensée, à répandre la terreur parmi les prêtres et les fidéles de ces pays, où les catholiques étaient connus par leur attachement au Pape, et la rigoureuse défense faite aux journaux de reproduire ces harangues devait suffire pour empêcher que la vieille France fût mise au courant et de l'état des rapports entre l'Empire et le Saint-Siège, et des plans du despote touchant l'avenir de l'Eglise.

Un curieux échantillon de ces discours impériaux au clergé se trouve dans le langage employé par l'Empereur à l'adresse des chanoines et du clergé paroissial du diocèse de Bréda, en Hollande. Etant arrivé en cette ville, au cours de son voyage dans les Pays-Bas avec l'impératrice Marie-Louise, Napoléon y reçut les autorités civiles, militaires et ecclésiastiques. Ces dernières étaient composées d'une nombreuse députation du clergé. L'Empereur lui parla d'un ton impérieux et ne lui ménagea pas les plus grossières insultes, comme on le verra dans le passage que je vais citer. Mais ce qu'il y a de plus grave dans cette pièce, c'est l'affirmation claire de ses prétentions à gouverner l'Eglise au gré de son despotisme et à lui imposer ses étranges doctrines théologiques et canoniques.

(1) Voy. d'Haussonville, *L'Eglise Romaine et le Premier Empire*, tome III, chap. xl, p. 360 (de la troisième édition, 1870).

Après avoir rudoyé les malheureux prêtres de Bréda, les accusant d'inconvenance parce qu'ils ne s'étaient pas présentés devant lui en habit de chœur, Napoléon s'écria :

« Vous vous plaignez des oppressions que vous avez souffertes sous l'ancien gouvernement de ce pays ; mais vous montrez que vous les avez bien méritées. A présent un prince catholique vient régner sur vous, et le premier acte d'autorité que j'ai dû exécuter a été de faire arrêter à Bois-le-Duc deux de vos curés réfractaires, même votre vicaire apostolique. Je les ai fait emprisonner et je les punirai. Une poignée de Brabançons fanatiques voudrait s'opposer à mes doctrines ? Imbéciles que vous êtes ! si je n'avais pas trouvé dans la doctrine de Bossuet (?) et dans les maximes de l'Eglise gallicane des principes qui sont analogues aux miens, si le concordat n'était pas adopté, je me serais fait protestant et trente millions de Français auraient suivi le lendemain mon exemple ; (1) mais vous autres, ignorants que vous êtes, quelle religion enseignez-vous ? Connaissez-vous bien les principes de l'Evangile qui dit « rendez à César ce qui est à César » ?... Et le Pape et vous autres, vous voudriez vous mêler des affaires de mon gouvernement !... Oh ! je porte des papiers dans ma poche (en frappant sur sa poche), et si vous persistez dans vos maximes, vous serez malheureux ici-bas et damnés dans l'autre monde ». (2)

(1) Napoléon se moque ici des prêtres de Bréda. Car s'il avait cru, comme il l'affirme avec tant d'assurance, qu'en se faisant protestant et en se proclamant, à l'instar d'Henri VIII, chef de l'Eglise nationale, il eût entraîné à sa suite trente millions de Français, il n'eût pas manqué de mettre à exécution un tel projet. Il rêva souvent d'imiter le triste tyran anglais, mais son génie essentiellement pratique, surtout au début de son incomparable fortune, l'éloigna d'une telle politique. Napoléon connaissait trop la France du XIXe siècle et les tendances de ses contemporains pour ne pas comprendre que la politique religieuse d'Henri VIII n'avait aucune chance de succès. Ce fut pour cela qu'il y renonça, même alors que ses rapports avec Pie VII furent rompus par l'invasion de Rome, l'excommunication, l'enlèvement et l'emprisonnement du Pape.

(2) Détail sur ce qui s'est passé à l'audience que Napoléon donna à Bréda, le 6 mai 1810, dans la salle du barreau de justice. — Inséré

Quelques jours plus tard, rentrant en France, Napoléon traversa Bruxelles. Il y reçut solennellement l'archevêque de Malines et son clergé, ou, comme on disait alors, le clergé du département de la Dyle (1). Il profita aussitôt de cette occasion pour dire sa pensée touchant les doctrines de l'Eglise et ses rapports avec l'Etat. Il le fit avec le langage hautain et violent dont il avait contracté l'habitude depuis surtout que ses démêlés avec le Pape et le clergé avaient pris une tournure plus aiguë. Napoléon croyait d'ailleurs que ses objurgations et ses menaces devaient suffire à faire trembler les évêques et les prêtres et à les rendre soumis et obéissants à son bon plaisir.

« J'aurai tous les égards, s'écria-t-il, pour le Pape ; je le reconnaîtrai comme chef spirituel de l'Eglise, comme successeur de saint Pierre, comme vicaire de Jésus-Christ, en tout ce qui concerne la foi et la doctrine; mais il ne doit pas s'immiscer dans mon temporel. Ces deux puissances sont indépendantes. Je veux la religion de saint Louis, qui a eu aussi des discussions avec le Pape. Je veux la religion de saint Bernard, de Bossuet, de l'Eglise gallicane, je la protégerai de toutes mes forces, mais je ne veux pas la religion ni les opinions des Grégoire VII, des Boniface, des Jules, qui ont voulu assujettir les royaumes et les rois à leur domination, qui ont excommunié les empereurs pour bouleverser la tranquillité des peuples. Quoi qu'on dise, je crois qu'ils brûlent aux enfers pour toutes les discordes qu'ils ont excitées par leurs prétentions extravagantes. Les Papes ont fait trop de sottises pour les croire infaillibles. Qui est-ce qui a fait le schisme de l'Angleterre, de la moitié de l'Allemagne? N'est-ce pas les prétentions des Papes, les opinions de Rome ? Je ne souffrirai pas ces prétentions, le siècle où nous sommes ne les souffrira plus... Je ne suis pas de cette religion de Grégoire VII qui n'est pas celle de Jésus-Christ. Je serais plutôt protestant... Le Pape est un

dans le *Recueil de pièces officielles* de M. SCHŒLL, et reproduit par le *Journal des Débats* du 26 août 1814.

(1) Sous la domination française, Bruxelles était le chef-lieu du département de la Dyle.

bon homme, un homme doux, mais ignorant (*sic*). Je l'ai connu évêque d'Imola, un homme saint, un anachorète, doux comme un agneau. Ce n'est pas lui qui agit, mais il suit de mauvais conseils. Monsieur l'archevêque, Messieurs les vicaires généraux, surveillez bien vos ecclésiastiques, inculquez bien ces principes à vos élèves dans les séminaires, et vous, Messieurs, écrivez-les profondément dans votre mémoire et faites-en part à vos correspondants. Ils ne pourront se plaindre de la persécution que s'ils s'obstinent. Ils ne seront pas des martyrs, car c'est la cause qui fait les martyrs et non la mort. Si je suis mon bon droit et que le Pape en suive un mauvais, c'est lui qui en est responsable. C'est un homme, il peut manquer... Quiconque connaît l'histoire ecclésiastique saura en quoi consistent nos différends avec le Pape. Le Pape n'est pas le grand lama ; le gouvernement de l'Eglise n'est pas arbitraire ; elle a des règles et des canons que le Pape doit suivre. Si le Pape veut être le grand lama, dans ce cas je ne suis pas de sa religion ». (1)

Napoléon jouait de nouveau le rôle de victime des usurpations papales. Au fond c'était bel et bien la fable du loup et de l'agneau qu'il récitait solennellement devant le clergé du diocèse de Malines. Il se plaisait surtout à intervertir les rôles, comme si le clergé belge pouvait être la dupe de ses accusations contre le Pape, alors surtout qu'elles venaient après des déclarations si peu pacifiques et si peu orthodoxes. Accuser Pie VII de violer le droit canon, au moment même où les décrets et les ordres impériaux envoyés à Paris et à Rome le détruisaient de fond en comble, peut paraître une puérilité. Mais c'était tout autre chose de la part de l'Empereur. Sans doute la passion aveuglait plus que jamais cet homme de génie et lui faisait commettre les fautes les plus graves. Mais, malgré tout, il restait ce qu'il avait toujours été, le calculateur par excellence. Se voyant

(1) Discours de l'empereur Napoléon au clergé du département de la Dyle, 10 mai 1810. — *Correspondance de Napoléon Ier*, tome XX, p. 354.

acculé aux plus graves difficultés à Rome et dans l'ancien Etat ecclésiastique et prévoyant qu'il devrait avoir recours aux mesures les plus sévères et les plus violentes, Napoléon tenait à prévenir le clergé belge, connu par sa fidélité au Saint-Siège, qu'il ne tolérerait pas la moindre opposition, afin que le jour où, malgré le silence imposé à la presse, il apprendrait les tristes nouvelles de Rome, il fût d'avance averti que le moindre acte en faveur du Pape et de ceux qui souffraient pour sa cause serait puni comme un attentat contre la sûreté de l'Etat.

En attendant, au moment même où il donnait à M. Bigot de Préameneu les ordres que j'ai signalés plus haut, Napoléon se préoccupait de les faire appuyer par le développement d'une force armée capable d'intimider le peuple de Rome et de l'Ombrie dont il prévoyait l'indignation. Bien que travesti en théologien et en canoniste, l'Empereur comptait beaucoup plus sur ses baïonnettes et sur la peur qu'inspireraient ses soldats que sur ses thèses, pour imposer à ses sujets son étrange doctrine sur l'autorité du Pape et sur les droits de l'Etat dans ses rapports avec le Saint-Siège et le clergé.

Ecrivant au général Clarke, ministre de la guerre, le 7 mai 1810, Napoléon lui ordonnait de mettre plusieurs brigades à la disposition du général Miollis, auquel le ministre avait ordre de recommander de montrer à l'occasion toute la vigueur désirable.

« Je remarque, disait l'Empereur, pour expliquer les ordres qu'il allait donner, je remarque qu'il y a peu de troupes dans la trentième division militaire. Comme mon intention est de supprimer les couvents, d'obliger les prêtres à prêter serment, et de finir ces ridicules (*sic*) scènes de Rome, j'ai besoin d'y avoir les forces convenables (1). »

Ces mesures militaires ne semblent pas encore suffisantes

(1) Lettre de l'empereur Napoléon au général Clarke, duc de Feltre, ministre de la guerre, Bois-le-Duc, 7 mai 1810. — *Correspondance de Napoléon Ier*, tome XX, p. 333.

à Napoléon, car, quatre jours plus tard, rêvant peut-être d'une insurrection cléricale guidée par des chanoines, des curés et des moines, à l'instar de la guerre d'indépendance que les Espagnols soutenaient héroïquement contre ses meilleurs lieutenants, l'Empereur avertit son ministre des cultes et des mesures militaires qu'il a prises et de celles qu'il entend prendre, le cas échéant, pour en finir avec la résistance du clergé romain :

« J'ai déjà envoyé douze mille hommes en trois colonnes, écrit-il. J'en enverrai cent mille, si cela est nécessaire. Il faut qu'au 1er juillet tout soit, dans les départements romains, sur le même pied qu'à Paris (1). »

Il est triste de voir le plus grand capitaine des temps modernes s'armer jusqu'aux dents pour chasser des évêques de leurs villes épiscopales, des chanoines de leurs cathédrales, des curés de leurs paroisses et des moines de leurs couvents, et surtout pour réprimer avec la plus grande brutalité tout acte de réprobation du peuple catholique contre des actes aussi odieux. Ces mesures militaires couvrent de honte, malgré sa gloire incomparable, le soldat illustre qui les dicta. Elles ne prouvent que trop toute l'injustice des violences qu'un homme tout-puissant faisait subir à des prêtres faibles et désarmés, mais forts et héroïques dans l'accomplissement de leur devoir. Le jour viendra où Napoléon, tombé du faîte des grandeurs dans le triste exil de Sainte-Hélène, comprendra le tort que sa conduite envers le clergé romain lui fera devant la postérité. Il cherchera alors à l'expliquer et même à la justifier, mais ce sera en vain (2). L'histoire ne se refusera à accepter ses

(1) Lettre de l'empereur Napoléon à M. le comte Bigot de Préameneu, ministre des cultes, Middelbourg, 11 mai 1810. — *Correspondance de Napoléon Ier*, tome XX, p. 342.

(2) Napoléon affirma à Sainte-Hélène « qu'il n'avait eu que faire de demander la réforme des évêchés, trop nombreux en Italie parce que le Concordat italien y avait pourvu ». (Deuxième note. — *Mémoires de Napoléon*, tome IV, p. 197, de l'édition de 1830.) — Il ajoute « que la discussion avec le Saint-Siège est restée purement temporelle jusqu'en 1811, et qu'elle ne devint spirituelle qu'à propos de la nomination des vicaires apostoliques dans les diocèses vacants

plaidoiries que parce qu'elle aura le droit de le juger d'après ses propres notes et d'après les lettres et autres pièces officielles qu'il a dictées au cours de la guerre acharnée qu'il a faite au Pape et au Saint-Siège. Ces documents sont, en effet, les seuls auxquels on puisse attribuer une valeur historique. C'est en vain que le second Empire a cherché à mettre dans l'ombre certaines lettres de l'Empereur, au sujet de la persécution qu'il infligea au clergé romain et des mauvais traitements qu'il fit subir au Saint-Père. Ces pièces n'ont pas été détruites. Elles sont conservées à la bibliothèque nationale, et elles suffisent à éclairer tout lecteur honnête sur les abominables procédés de Napoléon Ier, dans un conflit où l'entraînèrent son incommensurable orgueil et sa prétention de gouverner à son gré les âmes.

Dans ses *Mémoires*, Napoléon a affirmé que les victimes de la persécution religieuse à Rome ne furent pas nombreuses : « Le fait est qu'il n'y a jamais eu, dit-il, plus de cinquante-trois prêtres retenus par suite des discussions avec Rome (1). » Il suffit de parcourir les lettres où sont clairement signifiés les ordres tyranniques de l'Empereur, pour se convaincre que ce chiffre de cinquante-trois ne se rapproche nullement de la vérité. Les victimes de la persécution napoléonienne furent infiniment plus nombreuses, et les ordres donnés par l'Empereur sont d'une brutalité inouïe dans leur laconisme. On le verra dans la suite de cette étude.

La plupart des évêques des Etats romains ayant refusé le serment, M. Bigot de Préameneu, ministre des cultes, s'empressa de donner cours aux rigoureuses prescriptions que Napoléon lui avait données d'avance au sujet des prélats insermentés. Il informait, dès le 10 juin 1810, son maître des mesures qu'il avait prises :

de France ». (Troisième note. — *Mémoires de Napoléon*, tome IV, p. 209, de l'édition de 1830.)

Il suffit de lire les pièces que j'ai mises sous les yeux de mes lecteurs pour démentir ces assertions de l'Empereur.

(1) Sixième note. — *Mémoires de Napoléon*, tome IV, p. 242 (de l'édition de 1830).

« Le cardinal Vincenti, évêque de Sabine, vieillard de soixante-treize ans, écrivait le ministre, presque aveugle, accablé d'infirmités, a donné sa démission. Les trois autres cardinaux, Joseph Doria, évêque de Frascati, Dugnani, évêque d'Albano, et Roverella, évêque de Palestrina, se présentent toujours comme les sujets les plus paisibles et les plus soumis, en même temps qu'ils refusent l'acte de leur soumission... (1). Quant au serment des évêques des Etats romains, je viens de recevoir une lettre du général Miollis, qui m'annonce que les évêques de Nepi (Sincone), de Terracine (Mendelli), d'Acquapendente (Pierleoni), d'Amelia (Pinchetti), d'Orvieto (Lambruschini), de Terni (Benigni), de Todi (Gazzoli), ce qui en porte le nombre à dix, en comptant les évêques de Foligno, d'Assise, de Nocera, dont j'ai fait mention dans mon rapport du 6 de ce mois, ont été dirigés sur Turin sous escorte de gendarmes, s'étant refusés à prêter le serment... Votre Majesté m'avait donné des ordres pour qu'ils ne séjournassent pas à Alexandrie ni à Turin, et qu'ils fussent conduits à Bourg et dans de petites villes du département de l'Ain, sans passer par Lyon... J'ai, en même temps, prévenu qu'il pouvait chaque jour en arriver d'autres (2). »

M. Bigot de Préameneu ne se trompait pas en disant qu'il « pouvait chaque jour en arriver d'autres ». Il y eut, comme je l'ai dit, dix-neuf évêques des anciens Etats romains qui refusèrent le serment, et les neuf derniers ne tardèrent pas à suivre dans l'exil ceux dont parle le ministre des cultes dans son rapport du 10 juin 1810. Ils furent tous traités de la manière la plus odieuse. Obéissant aux ordres formels de Napoléon, le général Miollis ne se contenta pas de saisir leurs palais épiscopaux et les revenus de leurs

(1) Ces cardinaux appartenaient tous à l'ordre des évêques et étaient les titulaires des sièges suburbicaires. — Quant à la démission du cardinal Vincenti, on sait ce qu'il faut en penser. Elle ne fut rien moins que spontanée, et on l'arracha au malheureux vieillard épuisé par l'âge et les infirmités.

(2) Lettre de M. le comte Bigot de Préameneu à S. M. l'Empereur, 10 juin 1810.

menses; il confisqua purement et simplement leurs biens patrimoniaux, tout en prétendant qu'ils payassent les frais de leur voyage en France. On assimilait ces pauvres évêques, traversant les Apennins et les Alpes, entourés, comme des malfaiteurs, par une escorte de gendarmes impériaux, à des touristes parcourant l'Italie et la France pour leur plaisir. Les nobles victimes de la tyrannie napoléonienne avaient été tellement spoliées par le fisc, avant leur arrestation, que, dans un rapport à l'Empereur, M. Bigot de Préameneu est bien obligé d'avouer que les évêques exilés manquent de l'argent et des vêtements nécessaires pour continuer leur route (1).

Si les évêques étaient traités de la sorte, les chanoines et les curés devaient s'attendre à subir bientôt les brutalités du nouveau régime introduit à Rome par Napoléon Ier. Leur tour vint après celui des prélats. Informé que le plus grand nombre d'entre eux ont refusé de prêter serment, l'Empereur écrit au ministre des cultes : « Diriger la plupart de ces évêques (ceux qui n'ont pas encore été exilés) et chanoines sur Pignerol... Prévenir le prince Booghèse (2), pour qu'il prenne les mesures de surveillance nécessaires à l'égard de ces individus... » (3).

A partir de cette époque, c'est-à-dire de la fin du mois de juin, les fonctionnaires impériaux allèrent vite en besogne. Chaque jour on expulsait des prêtres de leurs paroisses et on les conduisait au loin pour les punir de leur fidélité au vicaire de Jésus-Christ. Sans la catastrophe qui termina la campagne de Russie et hâta la fin du premier Empire, Napoléon eût complètement désorganisé l'Eglise

(1) Rapport de M. Bigot de Préameneu, ministre des cultes, à S. M. l'empereur, qui ordonne à son ministre de couvrir les dépenses des évêques de l'Etat romain exilés avec le budget du ministère des cultes, juin 1810.

(2) Le prince Borghèse, beau-frère de Napoléon, dont il avait épousé la sœur, la trop célèbre princesse Pauline, était gouverneur général des départements italiens annexés à l'empire français. Il avait sa résidence à Turin.

(3) Note de l'Empereur à M. le comte Bigot de Préameneu, ministre des cultes, 26 juin 1810. — Cette note n'a pas été insérée dans la *Correspondance de Napoléon Ier*.

dans l'Etat romain. Les soucis de la guerre, les désastres qui en furent la conséquence l'obligèrent à ajourner la complète exécution de ses plans, mais ne le détournèrent point de la persécution la plus cruelle et la plus tracassière contre le malheureux clergé romain.

Avant de parler de l'odysée de tant de respectables ecclésiastiques, qu'il me soit permis de remarquer que le commencement de leur exil coïncida avec un redoublement des souffrances infligées au chef de l'Eglise. L'Empereur, attribuant plus que jamais au Pape la résistance du clergé et des évêques des anciens Etats ecclésiastiques à ses ordres et les graves conflits qui éclataient, même en France, entre l'Eglise et l'Etat, était plus que jamais irrité contre Pie VII. La lettre que Napoléon Ier écrivit six mois plus tard à M. Bigot de Préameneu suffira pour éclairer mes lecteurs sur les procédés du tout-puissant souverain à l'égard du chef de l'Eglise.

« Ecrivez, — dit l'Empereur, — écrivez au préfet de Montenotte (Savone) pour lui faire connaître la lettre que le Pape a écrite au grand vicaire de Paris (1), afin d'éclairer ce fonctionnaire sur la mauvaise foi du Pape (*sic*) qui, sous des apparences de conciliation et de charité, excite en secret la discorde et la rébellion. Donnez-lui l'ordre d'empêcher qu'aucun courrier ne soit reçu ni expédié avec des lettres pour le Pape ou sa suite, et pour que la poste ne fasse porter ni ne lui remette aucune lettre. Il faudra pour cela qu'il soit sûr du directeur des postes. Vous lui ferez connaître que je fais venir l'évêque de Savone à Paris, afin d'ôter au Pape un canal de communication. Vous donnerez effectivement l'ordre au prélat de venir à Paris, où je désire le voir. Vous écrirez au sieur Chabrol

(1) Il s'agit du bref ordonnant au cardinal Maury de quitter les fonctions de vicaire capitulaire de Paris qu'il avait usurpées, et que Pie VII communiqua à M. l'abbé d'Astros, vicaire général de Paris (plus tard cardinal-archevêque de Toulouse), pour qu'il le fît connaître au chapitre de Notre-Dame. On sait que, pour avoir reçu et montré cette pièce, M. l'abbé d'Astros fut arrêté et enfermé, sans autre forme de procès, dans le donjon de Vincennes, d'où il ne put sortir qu'à la chute de l'Empire.

(M. de Chabrol, préfet de Savone) d'avoir dans ses conversations un ton plus ferme, de représenter au Pape qu'il fait du tort à la religion (*sic*); qu'il cherche à semer le trouble et la division ; qu'il néglige la douceur et les bonnes manières (*sic*) qui auraient pu réussir auprès de moi (?); qu'il n'obtiendra rien par les moyens qu'il emploie et que l'Eglise finira par perdre le reste de son temporel ; que ceux qui sont assez fols et assez ignorants de leurs devoirs pour l'écouter perdront leur place et que ce sera par sa faute (*sic*). Il faut que cela soit dit avec vigueur. Il doit voir également ceux qui entourent le Pape et les éclairer sur les fâcheuses conséquences que cela aura pour eux.

« Il est inutile que le Pape écrive (*sic*). Moins il fera de besogne et mieux cela vaudra (*sic*). Il est nécessaire : 1° que le préfet envoie un état des individus (*sic*) qui sont auprès du Pape ; qu'il désigne les plus grands travailleurs, afin que je les renvoie pour ôter au Pape le moyen d'écrire et de répandre le poison (*sic*) ; 2° que vous donniez ordre au préfet de ne plus expédier les lettres du Pape pour le royaume d'Italie, le royaume de Naples, la Toscane, le Piémont, la France, et de ne lui remettre aucune lettre et de les envoyer toutes ici (*sic*). Vous en ferez le triage et l'on ne donnera cours qu'aux lettres dont l'émission sera sans inconvénient (*sic*). Faites-vous en conséquence envoyer toutes celles que le Pape écrirait et celles qui lui seraient adressées. En général, moins il en parviendra et mieux cela vaudra (*sic*). Vous ferez connaître au préfet et au prince Borghèse que mon intention est que l'extérieur du Pape se ressente du mécontentement que j'ai de sa conduite, et que l'état de sa maison soit réglé de manière à ne pas dépenser plus de 12 à 1.500 francs par mois. Les voitures qui avaient été mises à sa disposition à Savone pour lui et sa maison seront renvoyées à Turin.

« Recommandez au sieur Chabrol de ne plus rien dire dans ses discours qui tende à faire croire au Pape que je désire un accommodement. Mais son langage doit être qu'après son excommunication et sa conduite à Rome, qu'il continue à Savone, je dois m'attendre à tout de lui (*sic*);

que je m'embarrasse fort peu de ce qu'il peut faire (?); que nous sommes trop éclairés aujourd'hui pour ne pas distinguer la doctrine de Jésus-Christ de celle de Grégoire VII.

« Ecrivez à la grande-duchesse de Toscane (la princesse Elise Bonaparte, épouse de Félix Baciocchi et sœur de Napoléon), pour lui faire savoir ce que j'ai fait pour le chapitre d'Asti (1) et pour lui recommander d'agir fermement et de ne se permettre aucune faiblesse. Que les chanoines du chapitre de Florence sachent qu'à la moindre faute ils perdront leur temporel pour toujours... » (2).

Quelques semaines plus tard, Napoléon Ier écrivait de nouveau à son ministre des cultes :

« Mon intention est, — lui disait-il, — que vous écriviez au préfet que le Pape ne doit se mêler de rien (*sic*) ; et comme il a lui-même proposé de ne se mêler de rien si on le lui signifiait (3), je vous autorise à lui faire faire cette

(1) Le grand crime commis par les pauvres chanoines de la cathédrale d'Asti (Piémont) consistait purement et simplement dans leur refus de reconnaître comme évêque légitime du diocèse un prêtre que Napoléon avait nommé sans l'assentiment du Pape et qui s'était présenté au chapitre pour prendre possession de ce siège. Les chanoines ne voulurent pas être les complices d'une usurpation et déclarèrent à l'évêque intrus qu'ils ne reconnaîtraient comme premier pasteur de leur diocèse que celui qui recevrait l'investiture du Saint-Père. Napoléon, furieux de l'échec de sa tentative schismatique, fit arrêter les chanoines d'Asti et confisqua leurs prébendes.

(2) Lettre de l'empereur Napoléon à M. le comte Bigot de Préameneu, ministre des cultes, 31 décembre 1810. — Il va sans dire que cette lettre n'a pas été insérée dans la *Correspondance de Napoléon I*[er].

(3) Cette affirmation de Napoléon Ier est absolument inexacte. Pie VII n'a jamais dit qu'il *ne se mêlerait de rien si l'Empereur le lui faisait signifier*. Au contraire, il a toujours protesté contre la situation intolérable qui lui était faite et qui, lui ôtant toute liberté, l'empêchait de diriger les affaires de l'Eglise. Comme l'Empereur, après avoir privé le vénérable pontife de l'assistance de ses conseillers naturels, les cardinaux, prétendait profiter de son isolement pour lui arracher, à force de pressions et de menaces, des concessions contraires aux intérêts de l'Eglise et au bien des âmes, Pie VII déclara fermement qu'il ne s'occuperait plus d'affaires tant qu'on ne lui rendrait pas ses conseillers, ne voulant et ne pouvant pas assumer devant Dieu la responsabilité de résoudre tout seul les graves problèmes qu'entraînaient les demandes réitérées de l'Empereur. — Comme on le voit, il y a loin de cette attitude parfaitement correcte, prudente et justifiée de Pie VII à la déclaration que lui attribue Napoléon,

signification. Le préfet doit lui faire connaître que tous les chanoines et théologiens de France et d'Italie sont indignés des lettres qu'il a écrites aux chapitres (1), que par cette conduite il a été cause de l'arrestation de trois chanoines de Florence et de la confiscation de leurs prébendes (2), de la même sévérité exercée envers le chapitre

irrité au dernier point par la noble fermeté du vicaire de Jésus Christ.

(1) Voilà encore une affirmation bien sujette à caution. Sans doute quelques prêtres courtisans, en Italie comme en France, n'étaient pas contents du Pape, qui revendiquait ses droits dans la nomination des évêques ; quelques-uns d'entre eux étaient même poussés à se ranger du côté de Napoléon par le désir qu'ils avaient d'être nommés à quelque évêché vacant. Mais ce clergé aulique n'était pas le clergé entier de France et d'Italie. C'était une petite minorité dans un corps très respectable et très dévoué au chef de l'Eglise. Au reste, si tous les chanoines et théologiens de France et d'Italie eussent partagé les sentiments que leur attribue l'Empereur, celui-ci n'aurait pas été contraint de traiter avec tant de rigueur et d'injustice les chanoines d'Asti et de Florence, l'abbé d'Astros et un bon nombre d'autres ecclésiastiques qui refusèrent de s'associer à ses entreprises schismatiques. Le chapitre de Bourges, qui repoussa plus tard Mgr Fallot de Beaumont, archevêque nommé par Napoléon sans le consentement du Pape, ne se montra guère indigné de la lettre que Pie VII avait envoyée pour défendre aux évêques non institués par le Pape de prendre possession des diocèses qui ne leur appartenaient pas. Je pourrais multiplier les exemples ; mais à quoi bon ? Ce que je viens de dire prouve assez l'inexactitude de l'assertion de l'Empereur qui forme l'objet de cette note.

(2) Le siège métropolitain de Florence étant devenu vacant, Napoléon Ier nomma Mgr d'Osmond, évêque de Nancy, à l'archevêché de cette ville. Mgr d'Osmond, plus sage que le cardinal Maury, refusa d'abord d'aller prendre possession de son nouveau siège. Il voulait recevoir ses bulles, afin d'être en règle avec l'Eglise. Ne pouvant vaincre sa résistance, l'Empereur lui déclara que le Pape consentait à lui délivrer lesdites bulles, qu'il partît sur-le-champ pour Florence et qu'il les trouverait à son arrivée à Lyon. Mgr d'Osmond, craignant de tomber en disgrâce, se laissa persuader par ces promesses, d'autant qu'elles étaient accompagnées par un ordre péremptoire de M. Bigot de Préameneu qui le sommait de se mettre en route. Mgr d'Osmond attendit en vain ses bulles à Lyon. Il reçut l'ordre de poursuivre son voyage. Par suite de la même obéissance aux ordres impériaux, l'évêque de Nancy, attendant toujours ses bulles et ne les recevant jamais, s'arrêta successivement à Turin et à Plaisance. Quand il arriva, le 7 janvier 1811, à Florence, il n'y trouva pas davantage les bulles promises, mais en revanche il put constater que tous les esprits étaient vivement émus du conflit qui, à propos de sa

d'Asti et de l'arrestation du cardinal Di Pietro, du chanoine d'Astros, de l'abbé Fontana, de l'abbé Grégori, qui tous sont éloignés de manière qu'ils ne puissent jamais faire de mal; que ces pratiques ténébreuses sont indignes d'un Pape (*sic*); qu'il sera cause des malheurs de tous ceux avec lesquels il correspondra (*sic*); que, déclaré ennemi de l'Empire, il doit désormais rester tranquille, et puisqu'il se dit lui-même (*sic*) *arrêté*, se conduire comme tel et cesser de correspondre, soit avec ses agents, soit avec ceux qui auraient noué quelques relations avec lui; qu'il est fâcheux pour la chrétienté et pour l'Eglise d'avoir un tel Pape, aussi ignorant de ce que l'on doit aux souverains (*sic*); mais que du reste l'Etat ne sera pas troublé et que le bien s'opérera sans lui (*sic*). Vous écrirez en outre au préfet de Montenotte qu'il ait à prendre toutes les mesures nécessaires pour que le Pape ne puisse communiquer avec personne, pour que les auberges de Savone et les voyageurs soient surveillés, et enfin pour ne rien laisser passer. Vous lui ferez connaître que le ministre de la police lui écrira

nomination et de celle du cardinal Maury, venait d'éclater entre l'Empereur et le Pape. Le chapitre de Florence avait nommé vicaire capitulaire, pendant la vacance du siège archiépiscopal, M. le chanoine Averardo Corboli. Celui-ci, après l'arrivée de Mgr d'Osmond, consulta les chanoines sur ce qu'il devait faire. Leur avis fut qu'on devait prendre l'avis du Saint-Père, et M. le chanoine Corboli chargea le chanoine Muzzi, théologal de la métropole, de rédiger la supplique à Sa Sainteté. Le Pape répondit aussitôt que Mgr d'Osmond n'avait pas le droit de prendre possession du siège de Florence. Mgr d'Osmond eut la faiblesse de ne pas résister aux ordres impérieux de l'Empereur. Alors le chanoine Muzzi fit connaître le bref du Pape. Appelé par la princesse Elisa Bonaparte-Baciocchi pour se justifier, M. Muzzi déclara qu'en « matière semblable il ne connaissait pas d'autre souverain que le Pape ». La sœur de Napoléon fit immédiatement arrêter le chanoine, qui fut enfermé dans la forteresse de Porto-Ferraio (île d'Elbe). A la même époque, et pour les mêmes motifs, les chanoines Mancini et Rancia et l'avocat Pierre Valentini, qui avaient publié le bref de Pie VII relatif à cette affaire, furent aussi arrêtés et conduits dans la forteresse de Fenestrelle.

Voy. à ce sujet la *Narrazione intorno alla diocesi di Firenze*, Turin, 1859; Cf. la *Vie épiscopale de Mgr d'Osmond*, par M. l'abbé GUILLAUME, pp. 565, 568, 570 et suiv. Cf. D'HAUSSONVILLE, *l'Eglise Romaine et le Premier Empire*, tome III, chap. XLII, pp. 440-442, chap. XLIII, pp. 453-455.

pour les personnes qui doivent être arrêtées, renvoyées ou conservées auprès du Pape... » (1).

Lorsqu'on lit ces pièces, on comprend sans peine que c'était bien le pouvoir spirituel du souverain Pontife que Napoléon Ier attaquait et dont il espérait s'emparer à force de violences inouïes et des plus odieuses persécutions, infligées au plus doux et au plus modéré des Papes. Cette lutte suprême entre un tyran de génie et le chef de l'Eglise ne pouvait pas ne pas avoir un contre-coup douloureux dans l'Empire et le royaume d'Italie. Il était impossible de localiser le conflit, vu qu'il s'agissait de savoir si l'Eglise serait réduite en servitude de son consentement ou si elle opposerait une résistance inébranlable à son oppresseur. Pie VII avait donné l'exemple. La majorité des évêques et des prêtres romains le suivirent dans la voie douloureuse où il s'était engagé, et il y eut en France et en Italie de nombreuses victimes du despotisme napoléonien, les unes illustres comme M. d'Astros, les évêques de Troyes, de Tournay et de Boulogne, les cardinaux noirs, d'autres moins connues, mais non moins dignes d'admiration.

Nous avons vu comment Napoléon Ier traitait le Pape qu'il avait spolié et incarcéré ; la suite de ce travail montrera quel fut le sort des prêtres romains exilés par l'Empereur. De même que Jésus-Christ dit à ses disciples qu'ils ne seraient pas mieux traités qu'il ne l'avait été lui-même, Pie VII aurait pu dire au clergé de ses anciens Etats : — Si on me jette en prison et si on me prive de toute ressource morale et matérielle, moi qui suis votre premier pasteur et le vicaire de Jésus-Christ, on reculera bien moins quand il s'agira de vous opprimer, vous qui êtes mes fils et dont la situation, comparée à la mienne, est humble et modeste.

(1) Lettre de l'empereur Napoléon à M. le comte Bigot de Préameneu, ministre des cultes, 20 janvier 1811. — Cette lettre n'a pas été insérée dans la *Correspondance de Napoléon Ier*.

V

Il est impossible de suivre les prêtres romains exilés dans tous les pays où ils furent internés. Quelques-uns furent envoyés en France, d'autres relégués dans une enceinte fortifiée ou même enfermés dans quelque donjon au fond des vallées piémontaises des Alpes. Un certain nombre de ces vénérables ecclésiastiques furent embarqués pour la Corse, mais la plupart d'entre eux ne quittèrent pas tout d'abord l'Italie. Le Piémont et l'ancien duché de Parme faisaient alors partie de l'Empire français ; c'est donc en Piémont, et en particulier à Alexandrie, que l'on exila nombre de ces prêtres, tandis que d'autres furent conduits par les gendarmes à Parme et à Plaisance.

Pour faire l'histoire complète et définitive de la persécution subie par le clergé romain, il faudrait suivre les victimes de la tyrannie napoléonienne dans tous les pays où elles furent internées, et là il y aurait à faire des recherches dans les archives où les pièces relatives à ce triste épisode de l'histoire du premier Empire ne doivent pas manquer. A Alexandrie, par exemple, il y a plusieurs liasses de papiers concernant les prêtres romains qui n'ont jamais été consultés (1). Il n'en a pas été de même à Parme, où Mgr Tononi a compulsé les dossiers qui se rapportent au clergé romain et nous a raconté l'histoire de ceux de ses membres qui furent relégués à Parme et à Plaisance (2). Je suivrai donc l'importante étude du savant

(1) Je dois cette information à Mgr Tononi, le savant ecclésiastique de Plaisance qui a découvert aux archives de Parme les pièces relatives à l'exil des prêtres romains à Parme et à Plaisance. Mgr Tononi ne désespère pas que quelque prêtre instruit et de bonne volonté du diocèse d'Alexandrie se charge un jour de nous faire connaître le sort des ecclésiastiques des Etats de l'Eglise exilés par Napoléon Ier en cette ville.

(2) Voy. dans la *Strenna Piacentina*, 18e année (1892), l'article de Mgr Tononi intitulé : *les Prêtres romains relégués à Plaisance et*

curé de Saint-Antonin de Plaisance, d'autant qu'elle suffit pour nous éclairer sur le sort des ecclésiastiques frappés par la colère impériale. Avec quelques détails en plus ou en moins, le sort de leurs collègues exilés à Alexandrie ou ailleurs ne doit pas être bien différent. Or, si au point de vue de l'histoire locale ou de l'histoire documentée, la publication d'autres pièces serait loin d'être sans importance, pour le travail que je fais en ce moment les pièces trouvées par Mgr Tononi suffisent, car elles donnent une idée claire et précise des souffrances que le clergé romain eut à endurer pendant les douloureuses années de l'exil.

« Les ordres impériaux que nous avons signalés (1) —, dit Mgr Tononi —, et qui furent envoyés à partir du mois d'avril et jusqu'au mois de juin 1810, touchant le clergé des deux départements du Tibre et du Trasimène, étaient fidèlement exécutés par les représentants du gouvernement. Les archives de l'Etat à Parme et les archives communales de Plaisance nous en fournissent les preuves. Lorsque le décret impérial du 17 avril 1810 prescrit que l'on renvoie de Rome les prêtres et les religieux étrangers à la ville et que ces ecclésiastiques et ces moines soient invités à s'établir dans leurs pays d'origine, la police, les préfectures, sous-préfectures et mairies sont surchargées de soucis et d'occupations. La police générale demande à chaque préfet de dresser l'état nominatif des religieux qui viendront dans le département. Elle exige que l'on exerce sur eux *une surveillance secrète, mais exacte et suivie*. A peine un de ces *individus* arrive dans une commune, le maire doit envoyer au sous-préfet le susdit état nominatif avec l'indication de l'âge, de l'ordre auquel il appartenait et du pays d'où il vient. Il doit surveiller con-

à Parme (1810-1812), *Mémoire écrit d'après des documents inédits*, pp. 134-168.

La *Strenna Piacentina* est un recueil qui paraît une fois par an à Plaisance et qui contient d'intéressants articles sur l'histoire locale de la ville et de la province de Plaisance.

(1) Il s'agit des ordres contenus dans les lettres de Napoléon Ier à M. le comte Bigot de Préameneu que j'ai publiées dans le paragraphe précédent.

tinuellement de telles personnes et rendre un compte exact de leur conduite, de leurs principes et de leurs opinions (1). Les autorités inférieures obéissaient en tout et pour tout aux ordres de leurs supérieurs.

« De telles prescriptions étaient le résultat de la plus fine politique et servaient puissamment à bouleverser l'Eglise qui, aidée par les meilleurs éléments pris dans les différents diocèses de la catholicité et réunis autour du Saint-Siège, a son centre à Rome, et de là répand ses bienfaits et son apostolat sur les fidèles disséminés sur toute la surface de la terre. La métropole de la catholicité n'avait plus son chef. Les hommes qui l'aidaient à gouverner l'Eglise avaient été dispersés aux quatre coins de l'Empire. De cette manière, Napoléon, qui avait annexé Rome à l'Empire français, espérait « finir ces scènes « ridicules » (2) (il qualifiait de la sorte la fermeté du clergé à ne pas vouloir reconnaître les faits accomplis par la violence) en éloignant de la Ville éternelle ceux qui pouvaient les promouvoir.

« S'il était facile de renvoyer de Rome par des moyens violents les ecclésiastiques étrangers, c'était une tout autre affaire de faire prêter le serment à tous les chanoines et curés des deux départements du Tibre et du Trasimène. Ceux qui, même en présence de toutes les pressions et menaces, se refusèrent à obéir à cet ordre impérial, furent très nombreux. De là la déportation de ces réfractaires et l'arrivée d'un nombre très considérable d'entre eux à Plaisance à partir du 24 juin jusqu'au 29 novembre 1810. Un registre officiel en donne une liste de cinq cent vingt-cinq (3).

(1) *Archives communales de Plaisance.*

Mgr Tononi ajoute en note : « Ayant indiqué plus haut (voir la préface de cette étude) les sources inédites auxquelles j'ai puisé pour faire ce travail, pour abréger les notes je cite seulement les archives ou la bibliothèque où se trouvent les documents qui ont trait aux choses que je raconte. »

(2) Lettre de l'empereur Napoléon au général Clarke, duc de Feltre, ministre de la guerre, Bois-le-Duc, 7 mai 1810. — *Correspondance de Napoléon Ier*, tome XX, p. 333.

(3) *Bibliothèque Passerini Landi* à Plaisance.

Comme il n'y avait plus de place dans cette ville pour y envoyer d'autres exilés, Napoléon donna l'ordre d'en déporter quatre cents à Parme. Il réduisit peu après le nombre de ces prêtres à deux cents. Cependant il n'en arriva guère que cent soixante-quinze à Parme, où ils furent logés dans le collège ou lycée de Sainte-Catherine et dans des maisons particulières. La majorité des prêtres relégués à Parme étaient des curés, tandis qu'on avait envoyé de préférence les chanoines à Plaisance. Ils appartenaient tous à vingt huit diocèses. Spolette fut celui qui donna le plus fort contingent; Todi, Foligno, Assise et Orviette, dont les évêques avaient été exilés pour refus de serment, venaient après Spolette. Rieti, Terni, Montefiascone et Sutri avaient chacun plusieurs déportés. De Rome on exila quatre-vingt-dix prêtres à Plaisance, parmi lesquels neuf chanoines de Saint-Pierre, six chanoines de Sainte-Marie in Transtevere, cinq chanoines de Saint-Marc, quatre chanoines de Saint-Jean-de-Latran, vingt-cinq curés, vingt ecclésiastiques étrangers, Espagnols, Portugais, Français et un Brésilien. Si on ajoute aux quatre-vingt-dix prêtres de la ville de Rome relégués à Plaisance trente autres ecclésiastiques de la même ville envoyés à Parme, on a le chiffre total de cent vingt déportés, nombre bien petit en comparaison du clergé très nombreux qui habitait la métropole de la catholicité (1). »

Cette dernière observation de Mgr Tononi est juste si on la prend dans le sens qu'il y eut à Rome un certain nombre de prêtres qui ne furent pas à la hauteur de leur devoir; mais elle ne serait pas exacte si on la prenait au pied de la lettre. Il est vrai que Napoléon Ier se réjouissait vivement de ce que, dans les départements de Rome et du Trasimène, neuf cents prêtres avaient prêté serment et que le nombre de ceux qui s'y étaient refusés ne dépassait pas les cinq cents (2). Mais il faut remarquer d'abord que plu-

(1) Voy. dans la *Strenna Piacentina*, 18e année (1892), l'article de Mgr Tononi, intitulé : *les Prêtres romains relégués à Plaisance et à Parme* (1810-1812), pp. 139-141.

(2) Voy. la *Correspondance de Napoléon Ier*, tome XXI, p. 74. — On verra plus loin que ces chiffres ne sont pas exacts.

sieurs, parmi les prêtres qui prêtèrent le serment, y furent poussés par la crainte d'abandonner complètement leurs paroisses à des mains étrangères et peut-être peu dignes du ministère sacerdotal ; que, dans les diocèses où les évêques prêtèrent le serment, il était bien naturel que beaucoup de curés se laissassent guider par l'exemple de leurs supérieurs hiérarchiques ; que les agents impériaux se servirent de toutes les ruses pour arracher la signature aux prêtres, surtout dans les campagnes et les pays montueux des Apennins ; qu'enfin, à Rome même, il devait y avoir bien des places vacantes par suite des crises continuelles qu'avait traversées le Saint-Siège avant l'enlèvement du Pape. Si on tient compte de ces données, on admettra sans peine que cinq cents prêtres, se laissant déporter plutôt que de prêter un serment que leur conscience réprouve, forment une belle phalange, même si on la compare aux neuf cents qui se seraient soumis aux volontés impériales. Sans doute, à côté de l'héroïsme des uns et des circonstances atténuantes qu'on peut invoquer en faveur d'une partie des autres, il y eut des défaillances, trop nombreuses, hélas ! Mais ces actes de faiblesse qui se produisent à toutes les époques troublées de l'histoire, chaque fois qu'il faut se montrer héroïque et renoncer à tout pour faire son devoir, n'enlèvent rien au spectacle vraiment grandiose et édifiant de ces centaines de prêtres, précédés par quatorze cardinaux et par dix-neuf évêques, qui bravent la terrible colère d'un souverain tout-puissant et subissent le sort le plus dur pour se montrer solidaires du chef de l'Eglise spolié et incarcéré par un tyran sans scrupules.

« Lors de l'arrivée à Plaisance des premiers prêtres romains, — dit Mgr Tononi, — les autorités locales manquaient d'instructions. Elles ignoraient la conduite qu'elles devaient tenir à leur égard. Elles commencèrent par retirer leurs passeports et les logèrent dans les couvents supprimés et dans quelques maisons particulières. Quelque temps après, des lettres du directeur de la police du département des Alpes, à Turin, et du ministre des cultes arrivèrent à Plaisance. Le directeur de la police écrivait : « Par ordre de « Sa Majesté, les chanoines des départements romains qui « n'ont pas prêté le serment sont envoyés à Plaisance, « Asti et Alexandrie, et ils y attendront les ordres du « ministre des cultes » (1). Le ministre s'exprimait ainsi : « Sa Majesté entend que tous ces prêtres romains restent « à Plaisance. L'évêque de cette ville (Mgr Fallot de Beau- « mont), de retour dans son diocèse, correspondra avec « moi en qualité de commissaire pour ce qui regarde la « nourriture et le logement, etc., de ces ecclésiastiques, « sauf la vigilance qui appartient de droit aux autorités « civiles » (2).

« Bien que plusieurs, parmi les premiers déportés, fussent envoyés au delà de Plaisance, c'est-à-dire à Alexandrie et à Asti, et qu'on assignât à ceux-ci comme lieu de relégation la ville de Pignerol (3), il en restait néanmoins encore trop à Plaisance. C'est pourquoi l'Empereur donne l'ordre qu'on « renvoie dans leurs pays d'origine ceux-là « parmi les chanoines qui ont refusé de prêter le serment « et qui ont été conduits à Plaisance, bien qu'ils ne soient « pas nés dans les départements romains. De cette manière, « ajoute l'Empereur, le nombre de ces chanoines à Plai- « sance sera diminué » (4).

« Et le ministre des cultes ne mettait aucun retard à signifier les volontés de son maître à la préfecture de Parme, de laquelle dépendait alors la ville de Plaisance (5). Ces ordres furent immédiatement exécutés. Mais comme ceux qui, parmi ces ecclésiastiques, étaient étrangers à leurs

(1) *Archives de l'Etat* à Parme.

(2) *Idem.*

(3) *Idem.*

(4) Lettre de l'empereur Napoléon à M. le comte Bigot de Préameneu, ministre des cultes. — *Correspondance de Napoléon Ier*, tome XX, p. 437.

(5) *Archives de l'Etat* à Parme.

La ville de Plaisance, qui est aujourd'hui le siège d'une préfecture, n'était, sous le premier Empire, que le chef-lieu d'un arrondissement du département du Taro (chef-lieu Parme), qui occupait tout l'ancien territoire du duché de Parme.

diocèses se trouvaient fort peu nombreux, il en restait toujours de trop à Plaisance » (1).

Il est bon de remarquer que le sort des malheureux prêtres qu'on renvoyait dans leurs pays non seulement n'était pas meilleur que celui de leurs compagnons d'infortune qui restaient à Plaisance, mais qu'il était souvent bien plus triste. Beaucoup de ces prêtres avaient quitté le lieu de leur naissance en bas âge, d'autres en étaient partis au moment d'entrer au grand séminaire et n'y étaient plus retournés. Ils n'avaient là-bas ni parents ni amis. Les y renvoyer, c'était tout simplement les condamner à l'isolement dans de petites villes ou des villages dépourvus de toute ressource intellectuelle. A Plaisance, au contraire, si dure que fût leur situation, ils avaient au moins l'avantage de vivre côte à côte avec leurs confrères et amis, et cette circonstance leur rendait l'exil moins triste et moins intolérable, malgré les tracasseries sans nombre dont ils étaient l'objet de la part de la police impériale (2).

Mgr Tononi nous décrit, pièces en mains, les graves souffrances que le clergé romain eut à endurer pendant les tristes années de son séjour forcé à Plaisance.

« Ils faisaient pitié, dit-il, ces prêtres arrachés à leur chœur ou à leur troupeau. Beaucoup parmi eux manquaient complètement d'argent. On avait alloué à ceux qui étaient besogneux une *indemnité de voyage ;* mais les formalités bureaucratiques ou d'autres prétextes en faisaient différer le paiement, tandis que l'on n'admettait pas le moindre délai à l'ordre de départ. Trente curés de la ville et du diocèse de Todi et quelques-uns du diocèse d'Orviette déclarent, le 5 août, aux représentants du gouvernement impérial, que ledit gouvernement ne leur a prêté aucun

(1) Voy. A.-G. Tononi, *op. cit.*, *Strenna Piacentina*, *loc. cit.*, pp. 141-143.

(2) Aux *Archives de Parme* on peut lire une pièce qui prouve la vérité de ce que je viens de dire. La police avait sommé le chanoine Mariano Ranaldi, du chapitre de Pérouse, de quitter Plaisance pour aller s'établir dans la ville de Macerata (Marches) d'où il était originaire. Ce prêtre septuagénaire supplie le gouvernement de rapporter son arrêté et exprime le désir de rester à Plaisance avec ses confrères.

secours, ni en argent ni en autre manière, pour faire le voyage de leurs résidences respectives jusqu'à Plaisance (1). Les autorités impériales mettaient le plus grand soin à faire des recherches continuelles sur la conduite de ces pauvres et nombreux proscrits, soit lorsqu'ils traversaient Parme, soit lorsqu'ils arrivaient à Plaisance, où l'on dressait l'état nominatif de chacun d'entre eux pour l'envoyer aux ministres des cultes et de la police. On obligea les maires et leurs commissaires, les évêques, Mgr Fallot de Beaumont et le cardinal Caselli, les vicaires généraux de Plaisance et de Parme, MM. Scribani et Vital Loschi, à prendre part à ce travail, et tous s'y prêtèrent sans difficulté. De cette manière, les exilés étaient souvent tourmentés par toutes sortes de tracasseries. A Plaisance, ils étaient placés sous la surveillance d'un commissaire spécial, M. Pio Oldrini, qui, du reste, les traitait très convenablement (2).

« Parmi cette multitude d'ecclésiastiques spoliés de leurs bénéfices, la plupart étaient sans ressources. On fut bien obligé de venir à leur secours. Au début, l'Empereur assigna à chacun de ces prêtres quarante (!) francs par mois. Dans ce but, on envoya soixante mille francs à Mgr Fallot de Beaumont, évêque de Plaisance, qui devait les distribuer régulièrement à partir du 1er juillet (3) ; mais ce prélat n'était pas en mesure de le faire aussitôt, puisqu'il ne rentra dans son diocèse que le 9 juillet. Le cardinal Caselli fut chargé de passer la même somme chaque mois aux prêtres romains dépourvus de ressources qui se trouvaient à Parme (4).

« Mgr de Beanmont, dont la déférence pour Napoléon

(1) *Bibliothèque Passerini Landi* à Plaisance.

(2) *Archives communales de Plaisance.*

Il va sans dire que si la conduite de M. le commissaire Pio Oldrini était humaine, ce fonctionnaire ne pouvait qu'atténuer, par ses bonnes manières, la dureté des ordres qu'il devait exécuter. Aucune bonne volonté ne pouvait détruire les principaux effets des prescriptions odieuses données par Napoléon à ses fonctionnaires au sujet du clergé romain exilé.

(3) *Bibliothèque Passerini Landi* à Plaisance.

(4) *Archives de l'Etat* à Parme.

est connue, chargea M. Fiorenzo Rivetti de s'occuper de tout ce qui pouvait être nécessaire aux prêtres romains. Ceux-ci devaient, de leur côté, se présenter à M. Rivetti pour recevoir de lui les ordres de l'évêché. Quand leur concours était requis, le chancelier et le vicaire général du diocèse devaient aider dans cette besogne le représentant de l'évêque. C'est pourquoi la surveillance était complète, soit de la part de l'autorité politique, soit du côté de l'autorité épiscopale (1). Ce qui est remarquable, c'est que ni le gouvernement ni le cardinal Caselli et Mgr Fallot de Beaumont, l'un non moins obséquieux que l'autre vis-à-vis de l'Empire, n'eurent presque jamais motif de se plaindre de ces proscrits, si ce n'est de leur fermeté à refuser le serment » (2).

Cette noble conduite attirait aux prêtres romains l'admiration des catholiques et le respect même des ennemis de l'Eglise ; mais elle exaspérait Napoléon Ier, furieux de voir que de pauvres prêtres osaient braver sa colère et ne pas tenir compte de ses sévérités.

Les évêques de Parme et de Plaisance rendirent hommage, dès le début de la déportation des prêtres romains dans leurs villes épiscopales, à la dignité de la vie de ces victimes de la tyrannie impériale. Ecrivant à un de ses amis, M. Pierre Cavagnari, qui se trouvait alors à Paris et qui était l'homme lige du gouvernement impérial, le cardinal Caselli faisait le plus grand éloge des prêtres exilés à Parme :

« Les prêtres romains déportés qui sont à Parme, — disait Son Eminence, — se conduisent fort bien, et vraiment vous avez fait une bonne œuvre en rendant justice à ceux qui se trouvent à Plaisance devant ces messieurs (*les membres du gouvernement*), en leur faisant comprendre que la conduite de ces prêtres est exemplaire sous tous les rapports et digne des égards du gouvernement » (3).

(1) *Archives de l'Etat* à Parme. — *Archives communales de Plaisance.*

(2) Voy. A.-G. Tononi, *op. cit.*, *Strenna Piacentina*, *loc. cit.*, pp. 142-145.

(3) *Particolarità storiche della vita di P. Cavagnari scritte dal medesimo.* Parme 1837, p. 150.

Le langage du sous-préfet de Plaisance, dans sa correspondance avec le préfet de Parme, ne diffère pas de celui du cardinal Caselli :

« Leur conduite en général, — dit-il, — n'offre rien de blâmable. » Le fonctionnaire impérial, malgré ce témoignage impartial rendu à la conduite des prêtres romains exilés, n'oublie pas cependant qu'il est l'agent d'un gouvernement ombrageux et despotique. Aussi la seule réserve qu'il fait touchant la manière d'agir des ecclésiastiques exilés dans son arrondissement est curieuse à noter. Le sous-préfet voit avec une sainte terreur que plusieurs parmi ces anciens curés ou chanoines ont été appelés dans des familles particulières pour y instruire les enfants, et il déclare au préfet de Parme qu'on « n'est pas sûr qu'ils donnent à leurs disciples des principes entièrement *(sic)* favorables au gouvernement (!) » (1).

Malgré les bonnes informations qu'elle recevait sur l'attitude des prêtres exilés, la police générale de Paris envoya de nouvelles injonctions vexatoires à la préfecture de Parme. Elle signifie au préfet qu'il ait à exercer sur eux « une surveillance tout à la fois délicate *(sic)* et sévère », et lui ordonne « d'empêcher que, dans un pays *(à Plaisance)* où les sentiments sont plus romains que français, ils ne prennent une influence très considérable, ce qui ferait surgir des dissensions dans le clergé et provoquerait dans le public un mouvement d'opinion contraire aux intérêts et aux desseins du gouvernement » (2).

Cette dépêche prouve que, malgré la violence avec laquelle le gouvernement impérial s'efforçait d'étouffer les sentiments catholiques, en Italie comme en France, Napoléon n'était rien moins que sûr de la bienveillance de ses sujets et surtout de leur soumission aux actes d'hostilité contre le Pape, l'Eglise et le clergé, qu'il multipliait alors avec un déplorable acharnement.

Le pauvre préfet du Taro et son subordonné, le sous-

(1) *Archives de l'Etat* à Parme.
(2) *Idem.*

préfet de Plaisance, n'avaient pas la vie facile en 1810 et 1811. Ils ne devaient pas se réjouir de l'envoi de vénérables exilés dans les pays qu'ils administraient, même si l'odieuse besogne que Napoléon leur imposait ne leur répugnait pas. Ils avaient reçu de Paris les ordres les plus formels de prendre des précautions et des mesures de toute sorte afin d'empêcher que les prêtres déportés ne s'entendissent avec leurs anciens évêques, de leur interdire tout rapport avec d'autres évêques dont les opinions étaient regardées comme contraires aux « bons principes » du despotisme ecclésiastique de l'Empereur, et surtout avec le Pape.

J'ai signalé plus haut le cas de l'évêque de Fiesole, que Napoléon regardait comme « un homme dangereux » et dont il demandait à son ministre des cultes s'il « ne serait pas possible de supprimer » le diocèse (1). La courageux prélat n'était pas romain et son diocèse est aux portes de Florence. Il ne tarda pas cependant à subir les effets du courroux impérial. On le chassa de son palais épiscopal et on le relégua à Plaisance. Dès que la nouvelle de la prochaine arrivée de cet « homme dangereux » parvint au sous-préfet de cette ville, on prit des précautions grotesques pour empêcher que les gens paisibles et surtout les prêtres romains ne communiquassent avec lui. Toute la police était en mouvement pour le surveiller partout où il allait. On eût dit vraiment que l'évêque de Fiesole était un danger permanent pour la couronne de Napoléon Ier !

Une autre prescription digne d'être signalée est celle qui regarde les prêtres des départements romains qui, n'étant pas nés dans ces pays, étaient renvoyés dans leur lieu de naissance. Il se pouvait que quelques-uns fussent originaires de la Riviera de Gênes et qu'ils dussent traverser Savone pour aller chez eux. Cette hypothèse met sens dessus dessous le gouvernement impérial. On défend immédiatement à ces ecclésiastiques de traverser Savone, où aucun prêtre étranger ne devait pénétrer.

(1) Lettre de l'empereur Napoléon à M. le comte Bigot de Préameneu, ministre des cultes, 18 juin 1810. — Cette lettre n'a pas été insérée dans la *Correspondance de Napoléon Ier*.

M. Bigot de Préameneu, ministre des cultes, veut être continuellement renseigné par le préfet du Taro sur les idées que manifestent les prêtres exilés et sur les vœux qu'ils forment. Il se préoccupe surtout de l'influence que ces ecclésiastiques pourraient avoir sur l'esprit des habitants de Parme et de Plaisance, et il demande des infortions précises et détaillées à ce sujet.

En attendant, à la poste on lit les lettres que les exilés écrivent aussi bien que celles qu'ils reçoivent (1). Malgré les odieuses mesures dont ils étaient les victimes, les prêtres romains continuaient à ne pas donner le moindre motif de plainte ou de blâme aux autorités françaises du département du Taro. Ils édifiaient le peuple aussi bien que les classes aisées par leur fermeté dans le malheur et par une vie vraiment sacerdotale. Ils gagnèrent par là les sympathies générales de tous les gens honnêtes, à l'exception d'une très petite minorité, composée de sectaires et de créatures du gouvernement. Tout le monde reconnaissait qu'ils subissaient un châtiment immérité et que la persécution que leur infligeait Napoléon était indigne d'un souverain aussi puissant et qui se vantait de représenter le progrès et la justice. Or, cet état d'esprit de la population de l'ancien duché de Parme avait le pouvoir d'exaspérer l'Empereur qui voulait bien pourchasser le clergé et tyranniser l'Eglise, mais qui prétendait, en même temps, que tout le monde admît, comme une vérité évidente et au-dessus de toute discussion, que les prêtres romains étaient responsables de ce qui se passait, qu'ils l'avaient attaqué par de sourdes conspirations et qu'en les frappant, il ne faisait que se défendre, et sauvegarder en même temps les droits de l'Etat et de la société civile contre les monstrueuses prétentions du Pape et de la « prêtraille romaine ».

« Parmi ces prêtres exilés, — dit Mgr Tononi, — il y avait des personnes haut placées par leur naissance et les situations qu'elles avaient occupées, et toutes se distinguaient par leurs vertus. Et, en vérité, abandonner la vie

(1) *Archives de l'Etat* à Parme. — *Archives communales de Plaisance.*

aisée qu'on mène chez soi et se soumettre aux dures épreuves de l'exil et de la prison plutôt que de promettre obéissance et fidélité à un souverain puissant et despotique qui faisait continuellement des lois hostiles aux droits de l'Eglise, persécutait et tenait prisonnier le Pape, ce ne sont pas des résolutions propres d'âmes vulgaires. Parmi ces prêtres nous nous bornerons à nommer ceux dont les noms ou les souffrances éveillent encore quelques souvenirs. Il y avait Paul Mastaï de Sinigaglia (1), chanoine de Saint-Pierre de Rome, qui rentra dans son pays, parce qu'il n'était pas né dans les départements du Tibre et du Trasimène ; César Del Bufalo, chanoine de Saint-Marc à Rome, déclaré vénérable par la Sacrée Congrégation des Rites et dont on instruit aujourd'hui la cause de béatification ; François Albertini, chanoine de Saint-Nicolas *in Carcere Tulliano*, plus tard évêque de Terracina ; Louis De Rossi, Romain, chanoine de Sainte-Marie *in Cosmedin*, auquel on permit, pour cause de maladie, de changer le lieu de son exil, de quitter Plaisance pour se retirer à Florence ; le marquis Crispolto Crispolti, chanoine de la cathédrale de Rieti, un de ceux qui furent plus tard transférés de Plaisance en Corse ; les vieillards Mancinelli-Sforza de Spolète, Félix Ugolini de Foligno, Valentin Caracciotti de Terni, Antoine Marselli de Nocera, Félix Scarpazza de Rieti, Joseph Gregori de Valerano, chanoines, et Agapit Pressuti, curé de la Trinité à Vittorchiano, qui tous étaient âgés de plus de soixante-dix ans et dont plusieurs dépassaient les quatre-vingts. Quelques-uns moururent à Plaisance, comme, par exemple, M. Gaétan Rocchetti, curé de Saint-Michel à Petrignano, diocèse de Spolète, jeune prêtre de vingt-cinq ans consumé par la phtisie ; l'archiprêtre Livio Gambogi, curé de Saint-Michel dans le diocèse de Todi, bien connu par sa tendre dévotion pour la Sainte Vierge ; M. Charles Montini, chanoine de la cathédrale de Spolète, plein de charité envers les pauvres et homme d'oraison, et

(1) C'était l'oncle de Jean-Marie Mastaï qui devint pape en 1846, sous le nom de Pie IX.

le septuagénaire Pierre Sassi, curé de Saint-Donat à Rieti. Les vertus de ces prêtres sont signalées, au moment de leur mort, dans les registres paroissiaux de Saint-Michel et de Saint-Savin à Plaisance.

« Si quelqu'un était bien informé touchant les familles et les personnages des Etats pontificaux annexés à l'Empire français du temps de Pie VII, il pourrait faire une étude très importante sur ces prêtres romains, environ trois cents chanoines et cinq cents curés, dont les noms, au nombre de sept cents au moins, figurent dans les pièces qui se trouvent aux archives de Parme et de Plaisance et dans le registre officiel que j'ai déjà cité et que l'on peut consulter à la Bibliothèque communale de cette dernière ville. On y remarque des membres de familles qui, même de nos jours, ont eu et ont toujours des descendants jouissant d'une haute situation ». (1)

Il résulte de ces chiffres, indiqués par Mgr Tononi avec

(1) Voy. A.-G. Tononi, *op. cit.*, *Strenna Piacentina, loc. cit.*, pp. 146-148.

Mgr Tononi ajoute : « Le moyen ne manquerait point non plus de compléter la liste des noms des proscrits, de les suivre jour par jour pendant leur captivité, de noter exactement les noms de ceux qui cédèrent aux pressions du gouvernement, en compulsant d'abord les papiers des susdites archives et surtout ceux du ministère des cultes et de la police générale, à Paris. Des pièces que nous avons ici (à Plaisance), il résulte que les autorités politiques locales et les évêques de Parme et de Plaisance, le cardinal Caselli et Mgr Fallot de Beaumont, entretenaient une correspondance très suivie avec la direction des cultes et la police générale de l'Empire français et que les autorités du département du Taro envoyaient à Paris des informations et les états les plus détaillés sur le compte de ces prêtres. Il nous est facile d'indiquer ici les notes que la police prenait sur chacun des proscrits : 1° jour de l'arrivée au lieu de la relégation ; 2° nom et prénom ; 3° lieu de naissance ; 4° département, âge, chapitre ou église à laquelle il appartenait ; 5° nombre d'années depuis son entrée dans le ministère ; 6° domicile, on spécifiait s'il demeurait dans un des couvents supprimés ou bien dans une maison particulière et chez quelle personne ou famille ; 7° observations, ici on devait indiquer le jour de son départ de son diocèse, et s'il avait reçu une indemnité de voyage ou autre compensation. Dans le registre que j'ai déjà cité, outre les susdites informations, on rencontre des signes conventionnels, composés de chiffres et de petites croix dont on ne comprend point la signification. » (A.-G. Tononi, *op. cit.*, *loc. cit.*, p. 148)

son exactitude habituelle d'érudit patient et consciencieux, que les prêtres romains qui avaient refusé le serment n'étaient pas seulement cinq cents, comme Napoléon Ier le disait dans la lettre que j'ai citée plus haut (1); mais qu'ils étaient huit cents, à Parme et à Plaisance, sans compter ceux qui avaient été relégués à Alexandrie et à Asti, ou enfermés à Fenestrelle et en d'autres forteresses. Même dans le cas où on accepterait sans contrôle l'autre chiffre, cité par l'Empereur dans la susdite lettre — ce qui ne serait peut-être pas très prudent, — et d'après lequel il y aurait eu neuf cents prêtres qui, dans les départements du Tibre et du Trasimène, auraient prêté le serment, le nombre des *réfractaires*, pour me servir du langage des fonctionnaires impériaux, ne serait pas inférieur à celui des ecclésiastiques assermentés, et on pourrait même dire qu'il l'a dépassé (2).

Ici je prévois une objection qu'on peut me faire. Quelqu'un remarquera que les chanoines et les curés de Rome et des anciens Etats pontificaux devaient être considérablement plus nombreux, et que le chiffre de mille huit cents prêtres environ ne pouvait pas représenter la totalité du clergé romain, même en ne tenant pas compte des vicaires de paroisses. On peut répondre à cela que probablement l'Empereur et ses agents ont reculé devant une exécution

(1) Voy. la *Correspondance de Napoléon Ier* tome XXI, p. 74.

(2) Napoléon aimait à se vanter de victoires imaginaires remportées sur le Pape et le clergé. Son orgueil était si grand, sa persuasion de pouvoir tout oser était si enracinée dans son esprit, surtout dans les dernières années de son règne, qu'il finissait par se tromper lui-même sur les résultats de sa politique religieuse. Ainsi quand il faisait avertir Pie VII, prisonnier à Savone, que tout le clergé de France et d'Italie était contre le Saint-Père, il savait sans doute qu'il ne disait pas la vérité, mais il croyait fermement qu'un très grand nombre d'évêques et de prêtres étaient tout disposés à sacrifier Dieu à César. Napoléon ne comprenait même pas qu'un homme sérieux pût lui donner tort dans sa querelle avec le Pape.

De même, en énumérant les prêtres romains qui avaient prêté le serment, il est plus que probable qu'il en a exagéré le nombre, soit pour se vanter, soit même par cet état d'esprit qui le poussait à croire que tout le monde (et même la plupart de ceux qu'il considérait comme des ennemis) subissait ses volontés.

générale de leurs ordres. Si on pouvait aller de l'avant alors qu'il s'agissait de frapper les chapitres des basiliques romaines, des cathédrales et des collégiales, on ne pouvait évidemment chasser de leurs paroisses tous les curés, surtout dans les campagnes, où l'on risquait de priver les habitants du culte et des secours de la religion. C'est pourquoi il est probable qu'on s'est borné à exiger le serment des curés des villes, où les prêtres exilés pouvaient être remplacés et qu'on a laissé tranquilles ceux des campagnes, où le départ du curé aurait eu les plus graves conséquences non seulement au point de vue religieux, mais même au point de vue politique. Si grande que fût la colère de Napoléon contre le clergé dévoué au Pape, il ne se méprenait pas sur les conséquences que l'absence de tout service religieux pouvait entraîner, au point de vue de la tranquillité publique, dans les campagnes du Patrimoine de Saint-Pierre et de l'Ombrie. C'est pourquoi, selon toute vraisemblance, il renonça, pour le moment du moins, à pousser les choses à l'extrême, sauf à reprendre la guerre générale contre le clergé paroissial, si les circonstances eussent favorisé sa politique de persécution (1).

Mais continuons à raconter l'histoire de la captivité des prêtres romains. Le nombre des proscrits augmentait sans cesse et créait de sérieux embarras aux autorités de Plaisance. Préoccupé de cet accroissement continuel des ecclésiastiques exilés dans sa ville épiscopale, Mgr Fallot de Beaumont écrivit au gouvernement pour lui dire qu'il ne savait comment loger les derniers quarante-neuf prêtres qu'on avait envoyés à Plaisance et qu'il priait, par conséquent, les ministres de ne plus en reléguer d'autres dans cette ville. Quant au cardinal Caselli, au lieu de recevoir quatre cents de ces victimes du despotisme, comme Napo-

(1) Le temps et les moyens me manquent malheureusement pour appuyer cette hypothèse sur des pièces historiques. Il faudrait faire, à ce sujet, des recherches pénibles et d'un succès douteux dans les petits diocèses de l'Ombrie et de la campagne romaine. Mais tout porte à croire que les choses se sont passées comme je viens de le dire.

léon l'avait tout d'abord ordonné, il exprimait vivement le désir qu'on en envoyât aussi peu que possible à Parme (1). Ces vœux des évêques de Plaisance et de Parme n'étaient pas en harmonie avec les desseins de la haute police impériale. Il importait à celle-ci que les prêtres romains fussent concentrés dans des pays où les évêques étaient favorables à la politique de Napoléon. L'Empereur n'avait qu'un souci : qu'on surveillât le plus possible ses victimes. S'il n'y avait pas de place pour les loger, on devait la trouver coûte que coûte.

En même temps, on employait sur une vaste échelle les pressions et les menaces pour décourager ces nobles victimes du devoir et de la religion. Par ordre de l'Empereur, on écrit de Paris au préfet de Parme de chercher parmi les prêtres romains ceux qui avaient le plus d'autorité et qui étaient le moins disposés à se soumettre et de leur faire entendre qu'on exige d'eux une conduite correcte et qu'ils doivent bien se garder de donner une mauvaise direction à l'esprit public, car la police suit toutes leurs démarches et épie leurs conversations, afin de se rendre compte de tout ce qu'ils disent (2).

« Peu de temps après, — dit Mgr Tononi —, on signifie aux exilés que « Sa Majesté a décrété que tous les curés « des départements de Rome et du Trasimène qui, méconnaissant les lois de l'Eglise (*sic*) et les devoirs imposés « par Notre-Seigneur Jésus-Christ (*sic*), n'ont pas prêté « le serment, sont considérés comme rebelles au pouvoir « temporel et déclarés incapables d'exercer le ministère « pastoral dans le territoire de son Empire (3) ». Napoléon, qui voulait être seigneur, juge et maître, non seulement dans les choses civiles, politiques et militaires, mais aussi dans les affaires religieuses ne nous étonne point quand il prétend régenter le clergé et lui enseigner ses devoirs. On regrette plutôt de constater le servilisme ou bien la faiblesse du cardinal Caselli qui répond : « Je ferai exécuter tout

(1) *Archives de l'Etat* à Parme.
(2) *Idem.*
(3) *Idem.*

cela rigoureusement dans mon diocèse. » Et dans cette manière d'agir, le prélat français qui était à la tête du diocèse de Plaisance, ne se montrait pas moins zélé que le cardinal. On privait de la sorte les malheureux exilés de la consolation de s'occuper du service des âmes auxquelles ils étaient habitués à consacrer leur vie et qu'ils chérissaient plus que toute autre occupation (1). »

Pressé par les réclamations des évêques et des autorités civiles qui ne savaient où loger les prêtres romains, dont le nombre augmentait chaque jour à Parme et à Plaisance, le gouvernement impérial se décida enfin à prendre des mesures pour donner satisfaction aux requêtes continuelles qu'il recevait à ce sujet. On publia un décret d'après lequel les prêtres romains âgés de 65 ans et plus devaient être renvoyés dans leur pays (2). Mais, quand on exécuta ce décret, on le fit d'une manière arbitraire et incomplète, et un certain nombre de vieux ecclésiastiques restèrent à Parme et à Plaisance. D'autres, loin d'être autorisés à rentrer dans les anciens Etats romains, ne firent que changer de lieu de relégation, et leur exil continua. En même temps, on diminuait le misérable traitement que l'on servait aux proscrits. Suivant Napoléon, ces prêtres étaient trop riches. Le tyran affirmait sans broncher que la somme de 600 francs par an qu'il leur avait d'abord accordée était excessive (3).

Les habitants de Parme, et surtout ceux de Plaisance, étaient profondément scandalisés à la vue des souffrances que subissaient tant de vénérables prêtres et s'efforçaient, autant qu'ils le pouvaient, de les soulager. Mgr Tononi nous rend compte des délicates attentions de ses concitoyens à l'égard des victimes du courroux impérial :

« Si, — dit-il, — si de la part du gouvernement on s'étudiait à appliquer toutes sortes de rigueurs aux prêtres romains, la majorité des habitants de Plaisance, surtout le clergé et la noblesse, cherchaient à leur rendre plus

(1) Voy. A.-G. Tononi, *op. cit.*, *Strenna Piacentina*, *loc. cit.*, pp. 149-150.

(2) *Archives communales de Plaisance.*

(3) Voy. la *Correspondance de Napoléon Ier*, tome XXI, p. 118.

légères les peines de l'exil. Parmi les proscrits, quelques-uns demeuraient dans des maisons particulières. Leurs hôtes les conduisaient pendant l'automne dans leurs maisons de campagne, après cependant en avoir demandé et obtenu la permission de M. le commissaire Oldrini. Il y en avait à Podenzano, à Gragnano, à Castel-San-Giovanni, à Pieve di Rivergaro, à Pomaro, à Castel-Bosco, à Pianello, etc. Et le sous-préfet (de Plaisance) se plaignait, dans une lettre officielle à la municipalité, parce que quarante-huit prêtres romains se trouvaient hors de la ville et parce qu'on ne les surveillait pas assez. Le digne fonctionnaire prescrivait d'une façon particulière de ne pas perdre de vue un seul instant l'archiprêtre Mancini de San Terenziano (diocèse de Todi), accompagné par les gendarmes à Plaisance pour avoir rétracté son serment (1). Il ordonna en même temps de faire rentrer immédiatement en ville les susdits prêtres et de n'accorder à aucun d'entre eux la permission de s'en éloigner. M. le commissaire Oldrini répondit aussitôt touchant M. l'abbé Mancini, assurant au sous-préfet que sa conduite était irréprochable.

(1) Ce que Mgr Tononi nous dit touchant la rétractation de M. l'abbé Mancini prouve qu'il se passa à Rome et dans les anciens Etats de l'Eglise quelque chose d'analogue à ce qui se produisit en France après la loi sur la Constitution civile du clergé. De même qu'en France, au premier moment, il y eut parmi les prêtres assermentés des ecclésiastiques qui étaient les victimes de l'illusion ou de la faiblesse, de même, à Rome, un certain nombre de prêtres qui prêtèrent le serment imposé par Napoléon, le firent par crainte des menaces des agents impériaux ou dans le but d'éviter de plus grands maux à leurs paroisses. Le temps porta conseil à plusieurs de ces prêtres. En France, on en vit qui rétractèrent leur serment pendant que la tourmente révolutionnaire était de plus en plus violente. Ils s'exposaient aux plus graves dangers, se vouaient à une vie errante et à la plus violente persécution pour se mettre en règle avec leur conscience. A Rome, les ecclésiastiques qui rétractèrent leur serment s'exposèrent sans doute à des dangers beaucoup moins graves ; mais ils savaient d'avance qu'en obéissant à la voix de leur conscience, ils s'attireraient le courroux implacable de Napoléon avec toutes ses terribles conséquences. Ils ne reculèrent pas devant cette menaçante prévision. A l'instar des prêtres français repentis, ils se rétractèrent et subirent noblement la persécution des hommes, pour rendre à Dieu ce qu'ils lui avaient refusé dans un moment de faiblesse.

Malgré cette déclaration officielle, au bout d'un mois, le vénérable archiprêtre était conduit à Parme sur un ordre du ministre de la police. Au mois de septembre 1810, le maire de Plaisance répondit au sous-préfet au sujet des autres prêtres romains :

« Je n'ai pas manqué, — dit-il, — de faire exercer la plus « scrupuleuse surveillance... Je puis dire avec toute certi-« tude que la conduite de ces prêtres ne mérite aucun « reproche. Ils vivent comme isolés au milieu de la société, « et l'étude forme leur principale occupation. Le peuple « ne s'occupe pas d'eux. Ils sont bien vus, non par esprit « de parti, mais par principe d'urbanité. Leur demeure n'a « donc changé en rien l'esprit public, et, s'ils continuent à « vivre comme ils le font à présent, il n'y a pas motif de « craindre le moindre effet d'une nuisible influence (1). »

« Les rigueurs et les vexations continuelles de la police ne parvinrent point à abattre le courage du clergé fidèle à son devoir. On peut même dire qu'elles rehaussèrent son énergie et l'encouragèrent à la persévérance dans la défense du droit outragé et à la résistance au despotisme. Après M. l'abbé Mancini, deux chanoines de la cathédrale de Sabine (2), MM. Mazzoni et Botti, furent conduits à Plaisance pour le même motif que le premier, c'est-à-dire pour avoir rétracté leur serment. Au mois de novembre 1810, un autre ecclésiastique romain arriva à Plaisance. C'était l'abbé Thomas Marti, vieillard de soixante et onze ans, originaire de Viterbe et chanoine de Saint-Sixte. En attendant, la surveillance des proscrits devenait de plus en plus sévère. On ne voulait même pas qu'ils sortissent des portes de la ville pour se promener. » (3)

En présence de cette injonction cruelle et insensée, l'honnêteté de M. Oldrini, le commissaire chargé de la surveil-

(1) *Archives communales de Plaisance.*

(2) L'évêché de Sabine est un des six évêchés suburbicaires de Rome dont les titulaires sont les six cardinaux de l'ordre des évêques. Le premier de ces cardinaux-évêques est le doyen du Sacré Collège. Il porte le titre d'Evêque d'Ostie et Velletri.

(3) Voy. A.-G. Tononi, *op. cit.*, *Strenna Piacentina*, *loc. cit.*, pp. 150-151.

lance des prêtres déportés, se révolta. Il écrivit au maire pour lui prouver qu'on ne pouvait pas empêcher ces pauvres prêtres de sortir de la ville pour se distraire pendant quelques instants. Mais la municipalité de Plaisance, qui avait une peur affreuse du gouvernement, ne voulut rien entendre. En effet, le premier adjoint Foresti répond en ces termes à M. Oldrini : « Pour la police, il ne doit pas y avoir « d'impossibilités (*sic*). Les admettre, c'est faire offense au « pouvoir (*sic*). On ne peut rien contre l'activité et la « vigilance, pourvu qu'elles soient sérieusement exercées. » (1)

Voilà de belles théories. Elles justifient tous les excès du pouvoir et montrent jusqu'à quel point, sous le premier Empire, on poussait le despotisme et le mépris des droits les plus élémentaires des citoyens. Tout bureaucrate, si modeste que fût sa situation, se croyait en droit de pousser jusqu'aux dernières limites le système du bon plaisir et de l'arbitraire. Il voyait dans ses fonctions un reflet de la toute-puissance du maître. Mgr Tononi apprécie fort bien l'étrange réponse de M. Foresti lorsqu'il la commente par cette phrase : « Cet adjoint de Plaisance, au mois de novembre 1810, écrit et donne des ordres comme Napoléon, empereur des Français et roi d'Italie. » (2)

Napoléon craignait que si les prêtres romains vivaient disséminés dans les maisons particulières, leur surveillance ne fût pas assez suivie ni assez rigoureuse. C'est pourquoi il défendit formellement qu'on les laissât dans les logements qu'ils avaient d'abord choisis et ordonna qu'on les obligeât à vivre en communauté. Les autorités de Plaisance, où le nombre des déportés était le plus considérable, se récrièrent en disant qu'il leur était impossible de réunir tant d'ecclésiastiques, parce que la place faisait défaut dans les anciens couvents. M. Bigot de Préameneu écrivit alors qu'on ne devait laisser à Plaisance que deux cents prêtres romains

(1) Lettre de M. Foresti, adjoint de la municipalité de Plaisance, à M. le commissaire Oldrini ; *Archives communales de Plaisance.*

(2) Voy. A.-G. Tononi, *op. cit.*, *Strenna Piacentina*, *loc. cit.*, p. 152.

et envoyer les autres ailleurs (1). On n'exécuta cet ordre que plus tard. En attendant, on prenait toutes les précautions possibles pour faire surveiller continuellement les malheureux exilés et pour que la police ne les perdît jamais de vue. Une lettre d'un prélat de Plaisance qui avait donné l'hospitalité à deux prêtres romains dans sa maison de campagne à Pomaro, nous donne une idée du régime auquel les ecclésiastiques déportés étaient soumis. Cette lettre est adressée à M. le commissaire Oldrini. Elle est écrite par un des membres les plus estimés et les plus éminents du clergé de Plaisance, Mgr Ubaldo Cassina. Le savant prélat s'exprime ainsi :

« J'avais chez moi deux chanoines de Bagnaia dont l'un, l'abbé Jacques Milioni, n'est âgé que dix-neuf ans (2). C'est un jeune homme aimable et de beaucoup de talent. Mais à peine lui avais-je donné quelques leçons de logique, qu'il a été contraint par une circonstance à aller à Plaisance. Il y a bientôt reçu communication d'un ordre de la police lui enjoignant de ne plus quitter la ville. J'ai écrit à l'évêque pour lui demander si l'abbé Milioni pouvait suivre les cours du séminaire ou s'il y avait moyen de lui faire accorder la permission de passer l'hiver chez moi, afin d'y continuer ses études. On a répondu négativement aux deux requêtes. Comme il s'agit d'un enfant qui ne peut faire aucun mal par ses propos, il me semble que le gouvernement ne doit pas avoir de difficultés sérieuses à m'accorder la permission que je lui demande. C'est pourquoi l'idée m'est venue de m'adresser à vous pour l'obtenir, et pour l'obtenir sous ma plus sévère garantie. Si vous pouvez me

(1) Lettre de M. Bigot de Préameneu, ministre des cultes, au préfet du Taro. *Archives de l'Etat* à Parme.

(2) Il était d'usage en Italie, avant l'invasion française de 1796, de nommer de simples séminaristes à des canonicats, lorsque leurs familles possédaient des bénéfices ecclésiastiques, ou encore lorsqu'une famille qui pouvait en disposer désignait un de ces séminaristes pour occuper le poste disponible lorsqu'il aurait reçu les ordres majeurs.

Cet usage, rétabli en 1815, après la restauration des anciens gouvernements, offrait plus d'un inconvénient. Il a à peu près disparu aujourd'hui.

rendre ce service, je vous en serai très reconnaissant; car je regrette de voir un jeune homme qui peut faire des progrès dans les sciences, abandonné par les circonstances à l'oisiveté. » (1)

M. le commissaire Oldrini écrivit sur cette pièce une note ainsi conçue : « Répondre le 10 novembre 1810 négativement. » (2) Voilà donc un jeune abbé de dix-neuf ans transformé en dangereux ennemi du tout-puissant empereur des Français ! Et ce qu'il y a de plus curieux, c'est qu'on ne se contente même pas de la « sévère garantie » offerte par Mgr Cassina, savant prélat et homme très modéré au point de vue politique, et, par conséquent, absolument étranger, soit par ses habitudes de vie studieuse soit par les tendances de son esprit à toute idée d'opposition contre le gouvernement. Ces choses, M. Oldrini et les autorités françaises de Plaisance les comprenaient fort bien; mais les ordres de persécution qui venaient de Paris étaient si absolus et péremptoires, qu'il n'y avait aucun moyen, pour des gens qui voulaient garder la bienveillance de l'Empereur et ne se souciaient pas de perdre leurs places, de rendre moins cruelle la situation des prêtres exilés.

L'hiver 1810-1811 étant venu, on s'aperçut enfin qu'il n'y avait pas à Plaisance de logements convenables pour un si grand nombre d'étrangers. Alors M. Bigot de Préameneu, averti par les lettres pressantes des autorités locales, donna l'ordre de faire partir deux cents prêtres romains pour Bologne, où ils furent envoyés par groupes à la fin de novembre et au commencement de décembre.

Pour diminuer encore le nombre des ecclésiastiques exilés à Plaisance, le gouvernement mettait en œuvre toutes les ressources dont il disposait dans l'espoir d'arracher à ces nobles victimes de la persécution impériale le serment qu'ils avaient jusqu'alors refusé. Ils furent tous mandés chez le sous-préfet de Plaisance qui leur fit un petit discours pour les engager à signer enfin l'acte d'obéissance et

(1) *Archives communales de Plaisance.*
(2) *Idem.*

de fidélité que Napoléon leur demandait. Le fonctionnaire leur promettait, en échange de leur soumission, de les renvoyer immédiatement chez eux. Mais rien ne put vaincre la ferme résistance des prêtres romains. Les promesses du gouvernement échouèrent comme ses menaces, et le sous-préfet ne put que constater une fois de plus que les exilés étaient prêts à tout souffrir plutôt que de trahir leur devoir. Ce qui est triste, c'est de lire la lettre que l'évêque de Plaisance écrivit en cette circonstance au préfet du Taro. Au lieu d'admirer la conduite des prêtres romains, Mgr Fallot de Beaumont la déplore : « J'ai désapprouvé, dit-il, leur refus de prêter le serment. » (1)

Cependant la surveillance et les rigueurs de la police continuent. On n'est jamais las de tourmenter ces malheureux ecclésiastiques. On dirait presque que leur opposition ferme, mais modérée, aux attentats de l'Empereur contre le pouvoir spirituel est plus redoutée que ne le seraient les machinations d'une secte ténébreuse et violente. Après le départ des deux cents prêtres romains pour Bologne, il en reste encore au moins deux cent soixante-quinze à Plaisance. La police impériale se livre alors sur leur compte à une minutieuse enquête. On veut savoir où ils sont logés, si dans les maisons qu'ils habitent il y a d'autres locataires, si, dans les familles qui leur donnent l'hospitalité, ils confessent leurs hôtes ou quelques personnes de leurs familles, s'ils sont acceptés comme instituteurs des enfants ou s'ils sont chargés de quelque autre besogne que ce soit. A la suite de cette enquête, le gouvernement sembla craindre que les prêtres romains ne prissent de l'ascendant sur les principales familles de Plaisance et ne leur inspirassent envers le Pape des sentiments de dévouement que Napoléon jugeait incompatibles avec ses desseins et surtout avec la soumission absolue et aveugle qu'il exigeait de ses sujets en toute matière, particulièrement pour ce qui avait trait à

(1) Mgr Fallot de Beaumont, évêque de Plaisance, au préfet du Taro, décembre 1810. — *Archives de l'Etat* à Parme. — *Archives communales de Plaisance.*

sa politique ecclésiastique et à sa manière étrange d'entendre la religion. Aussi, on ne tarda point à enjoindre aux prêtres romains restés à Plaisance d'avoir à quitter sur-le-champ les maisons particulières où ils demeuraient et de se réunir dans les trois couvents supprimés de Saint-Vincent, de la *Pace* et de Saint-Jérôme. La police assignait à chacun d'entre eux une cellule dans une de ces anciennes maisons religieuses. Loin de protester contre cette nouvelle vexation de leurs persécuteurs, les prêtres romains s'empressèrent de déclarer qu'ils étaient prêts à se conformer entièrement aux ordres qu'ils venaient de recevoir (1).

Le 17 janvier 1811, M. Caravel, sous-préfet de Plaisance, écrit une lettre confidentielle au maire de cette ville, le priant de l'informer touchant la conduite des prêtres romains exilés à Plaisance. Le fonctionnaire impérial ne se contente point d'une déclaration générale. Il exige les détails les plus circonstanciés et les plus précis. Il veut savoir quelles sont leurs opinions, de quelle manière ils parlent du gouvernement. Il exige que le maire lui dénonce ceux qui se conduisent mal et qui sont animés d'un mauvais esprit politique. Il prétend même que l'autorité municipale surveille les mœurs de ces prêtres et lui indique s'il y en a parmi eux quelques-uns qui manquent à leurs devoirs à ce sujet. M. Caravel promet de garder absolument le secret touchant les informations que le maire lui communiquera. Mais, comme Mgr Tononi le fait remarquer, il paraît que le maire de Plaisance ne se souciait guère du secret voulu par M. Caravel, puisqu'il fit transcrire intégralement sa réponse dans un des volumes de lettres dont on conservait la copie aux archives de la municipalité (2). M. le comte Calciati, membre d'une des familles les plus anciennes et les plus distinguées de Plaisance, était maire de sa ville natale en 1811. Dès qu'il reçut la lettre du sous-préfet, il répondit aussitôt et de la manière la plus précise à

(1) *Archives communales de Plaisance.*

(2) Voy. A.-G. Tononi, *op. cit.*, *Strenna Piacentina*, *loc. cit.*, p. 154.

M. Caravel. Il s'exprime ainsi au sujet des prêtres romains demeurant à Plaisance :

« Si on les juge d'après les faits, leurs opinions ne peuvent être favorables au gouvernement. Ils l'ont prouvé clairement par leur constant refus de prêter le serment prescrit par le gouvernement après que la formule en fut changée et qu'elle fut réduite à un simple acte de fidélité et d'obéissance. Malgré cela, leur conduite extérieure, leurs discours en public n'ont jamais donné le moindre sujet de plainte. Ils sont assez prudents et avisés pour ne pas manifester leurs sentiments intimes. Il y en avait quelques-uns dont les mœurs libres et mondaines étaient en opposition avec leur caractère sacré, mais ils ne parvinrent pas à se soustraire à l'œil vigilant de notre pasteur (Mgr Fallot de Beaumont), et il les a mis dans le nombre de ceux qui sont destinés à partir les premiers » (1).

Sur cette dernière phrase de la lettre de M. le comte Calciati à M. Caravel, Mgr Tononi fait cette observation qui est le résultat des plus consciencieuses et minutieuses recherches de l'éminent érudit :

« Si nous nous en tenons aux rapports détaillés du commissaire de police et de la curie épiscopale, les prêtres romains dont la conduite n'était pas conforme à l'état ecclésiastique devaient être bien peu nombreux. Tel était l'état des choses non seulement à Plaisance, mais aussi à Parme » (2).

Plus que jamais furieux en présence de la résistance persévérante des prêtres romains, Napoléon prit de nouvelles mesures de rigueur, espérant sans doute qu'en punissant sévèrement quelques-uns de ces ecclésiastiques il lui serait plus facile d'arracher aux autres l'acte de soumission qu'il exigeait. Le 3 février 1811, l'Empereur écrit au ministre des cultes :

(1) M. le comte Calciati, maire de Plaisance, à M. Caravel, sous-préfet de Plaisance, 17 janvier 1811. — *Archives communales de Plaisance.*

(2) Voy. A.-G. Tononi, *op. cit.*, *Strenna Piacentina*, *loc. cit.*, p. 155.

« Monsieur le comte, donnez ordre au préfet du département du Taro de choisir les cinquante prêtres les plus mauvais (1) qui sont à Parme, et cinquante des plus mauvais de Plaisance... Ces prêtres doivent être embarqués pour la Corse » (2).

Le 17 février 1811, nouvelle lettre de Napoléon à M. le comte Bigot de Préameneu. Cette fois il s'agit de trois prêtres romains qui ne sont pas relégués à Parme et à Plaisance, mais dont la conduite irrite profondément le despote :

« ... Quant aux sieurs Boni, Ascensi et Toni, qui n'ont pas prêté serment, — dit l'Empereur, — dirigez-les sur Toulon, et là seulement *(sic)* vous leur ferez signifier qu'ils vont en Corse. Vous donnerez des ordres pour leur embarquement » (3).

Touchant la première de ces lettres de Napoléon Ier, celle qui regardait les ecclésiastiques exilés à Parme et à Plaisance, Mgr Tononi dit :

« M. le comte Bigot de Préameneu s'empresse de faire connaître les volontés impériales aux autorités de ces pays (Parme et Plaisance), et aussitôt le préfet, les sous-préfets, les maires, les commissaires de police et les évêques

(1) Les « mauvais prêtres », suivant les idées de Napoléon, n'étaient pas ceux qui se conduisaient mal, mais ceux dont l'attitude était la plus ferme et qu'il soupçonnait d'avoir de l'influence sur leurs collègues et de leur donner l'exemple de la persévérance dans le devoir, au milieu des souffrances cruelles auxquelles ils étaient soumis par le despotisme impérial.

(2) Lettre de l'empereur Napoléon à M. le comte Bigot de Préameneu, ministre des cultes, 3 février 1811. — Cette lettre n'est pas insérée dans la *Correspondance de Napoléon Ier*.

M. Taine, en appréciant cette pièce, s'est mépris. L'ayant considérée isolément, sans la rattacher à l'histoire de la crise religieuse à Rome, l'illustre académicien a cru que les cent prêtres relégués en Corse appartenaient aux diocèses de Parme et de Plaisance, tandis qu'ils n'étaient qu'exilés dans ces deux villes. Voy. Taine, les *Origines de la France contemporaine. La reconstruction de la France en 1800*. Cf. *Revue des Deux-Mondes*, vol. CV, livraison du 1er mai 1891, p. 39.

(3) Lettre de l'empereur Napoléon à M. le comte Bigot de Préameneu, ministre des cultes, 17 février 1811. — Cette lettre n'est pas insérée dans la *Correspondance de Napoléon Ier*.

prennent des dispositions pour que les cent prêtres romains, accompagnés par des gendarmes comme de vulgaires malfaiteurs, partent avant le mois de mars pour Gênes et la Spezia. Les cinquante de Plaisance devaient suivre la route de la Bocchetta, et les cinquante de Parme celle de Fornovo, deux routes également mauvaises à cette époque, surtout pendant l'hiver. On choisit pour ce second lieu d'exil (la Corse) les chanoines des plus célèbres chapitres, les prêtres les plus jeunes et ceux qui étaient les plus mal notés par la police. Parmi ces cent ecclésiastiques il y a des chanoines des basiliques de Rome, MM. Adinolli, Capelletti, Ancarini, Tiberi, Lombardi, Petrignani, deux abbés Falsacappa et Cavalletti, qui étaient relégués à Plaisance. Avant leur départ, on fit toutes les tentatives possibles pour leur faire prêter le serment; mais, parmi les cinquante ecclésiastiques qui devaient partir de Plaisance, il n'y en eut que cinq qui se soumirent aux ordres impériaux et qui furent mis en liberté. Les autres persévérèrent en disant qu'ils ne pouvaient prêter ce serment, parce que, en agissant de la sorte, ils accepteraient des lois contenant des dispositions contraires à la religion, et parce que la formule du serment qu'on leur demandait n'était pas celle que le Pape avait déclarée acceptable (1)... Quelques-uns prêtèrent serment selon la formule indiquée par Pie VII ; mais

(1) J'ai dit, au paragraphe précédent, que Pie VII avait indiqué une formule de serment que les évêques et prêtres romains étaient autorisés à signer. Elle se bornait à une promesse de ne pas conspirer contre le gouvernement établi et à une soumission n'impliquant point la reconnaissance, et bien moins encore l'approbation des faits accomplis. Cette formule était plus que suffisante pour garantir la sûreté de l'Etat et l'obéissance des évêques et de leurs prêtres aux lois non attentatoires aux droits les plus sacrés du pouvoir spirituel. Mais Napoléon Ier la repoussa, parce qu'il exigeait non seulement la reconnaissance du fait accompli, mais la soumission du clergé à toutes les mesures qu'il avait prises et qu'il pourrait prendre dans la suite contre la liberté de conscience et l'indépendance du Pape et de l'Eglise. La formule indiquée par Pie VII était celle-ci : « Je promets et je prête serment de ne prendre part à aucune espèce de conjuration, de complot ou de sédition contre le gouvernement actuel ; comme aussi de lui être soumis et obéissant en tout ce qui ne sera pas contraire aux lois de Dieu et de l'Eglise ».

le gouvernement n'en tint pas compte. On soumit ces pauvres prêtres qui devaient partir pour la Corse à d'autres violences. Le maire de Parme leur envoya un avertissement écrit leur enjoignant de se tenir prêts au départ et de n'en parler à qui que ce fût; en cas de désobéissance à ces prescriptions, ils étaient informés qu'on les traiterait avec la plus grande rigueur (1).

« On n'avait pas encore pu réunir dans les trois couvents de Plaisance destinés au logement des ecclésiastiques exilés les prêtres romains restés à Plaisance et qui étaient plus de deux cents. La cause de ce retard était le manque des choses les plus essentielles pour rendre ces immeubles habitables. Mais, vers le milieu du mois de mars 1811, quatre-vingt-dix-sept ecclésiastiques furent envoyés à Saint-Jérôme, soixante à la Pace, quarante-cinq à Saint-Vincent, et neuf restèrent en ville parce qu'ils étaient malades.

« Il est facile de se rendre compte du bien-être dont ils durent jouir dans ces demeures, si on réfléchit qu'une grande partie des lits mis à leur disposition furent livrés par les dépôts militaires. Parmi les ecclésiastiques romains qui se trouvaient à Parme, plus de cent vingt furent logés dans le collège Sainte-Catherine, et là aussi ils ne se trouvaient guère mieux que dans les couvents de Plaisance. L'économe du collège demandait continuellement à la municipalité tel ou tel objet et déclarait formellement que les choses les plus nécessaires pour loger tous ces ecclésiastiques faisaient défaut (2). Il importait au gouvernement de les tenir sous les yeux de ses agents et dans un immeuble de l'Etat. Il n'accordait à personne la permission de demeurer dans une maison particulière, même si sa santé était chancelante. Si le malheureux ecclésiastique réclamait, le gouvernement répondait invariablement : « S'il veut se loger ailleurs, qu'il prête le serment. » La situation devenait donc plus mauvaise, soit pour ceux qui

(1) *Archives de l'Etat* à Parme. — *Archives communales de Plaisance et de Parme.*

(2) *Archives communales de Plaisance et de Parme.*

étaient déportés ailleurs, soit pour ceux qui restaient dans les villes où ils avaient été relégués au début de la crise religieuse ou peu de temps après » (1).

Le 2 mars, l'Empereur ordonne à M. Bigot de Préameneu un nouvel envoi de prêtres romains en Corse :

« Je désire, écrit-il, que cent autres prêtres des plus mauvais (*sic*) soient dirigés de Parme et de Plaisance sur la Spezia et de là embarqués pour la Corse. Faites part de ces mesures au ministre de la police et envoyez en Corse les fonds nécessaires. Ecrivez au général Morand pour que tous ces prêtres soient débarqués à Bastia et réunis sur un seul point » (2).

Pour ce nouvel envoi d'ecclésiastiques romains en Corse, on en choisit soixante-dix à Plaisance et les autres à Parme. On eut soin de les engager d'abord à prêter le serment, en se servant tour à tour des promesses les plus larges et des plus cruelles menaces. On alla jusqu'à leur déclarer que s'ils se montraient fidèles et obéissants, l'Empereur les comblerait de faveurs. Mais ce furent de vains efforts. Informé de cette invincible résistance par le préfet de Parme, M. le comte Bigot de Préameneu répondait aussitôt à ce fonctionnaire :

« Vos observations sur la conduite des prêtres romains à Plaisance nous imposent de hâter leur départ. J'écris à l'évêque de Plaisance que si l'un et l'autre vous continuez à regarder comme dangereuse la demeure à Plaisance des susdits prêtres, je proposerai à Sa Majesté de les transporter tous en Corse, qui me semble le lieu le mieux indiqué pour les réunir tous avec le moins d'inconvénients » (3).

(1) Voy. A.-G. Tononi, *op. cit.*, *Strenna Piacentina*, *loc. cit.*, pp. 155-157.

(2) Lettre de l'empereur Napoléon à M. le comte Bigot de Préameneu, ministre des cultes, 2 mars 1811. — Cette lettre n'a pas été insérée dans la *Correspondance de Napoléon Ier*.

(3) M. le comte Bigot de Préameneu, ministre des cultes, au préfet du Taro, mars 1811. — *Archives de l'Etat* à Parme; *Archives communales de Plaisance*. Cette pièce est citée par Mgr Tononi, *op. cit.*, *Strenna Piacentina*, *loc. cit.*, p. 158.

« A la fin d'avril 1811, — dit Mgr Tononi, — on fit partir les cent prêtres par groupes pour la Spezia, par la route de Fornovo. Ils furent à leur tour relégués en Corse. Quant à ceux qui étaient restés à Plaisance et à Parme — ils étaient encore deux cents environ —, bien qu'on les obligeât à rester dans les couvents que le gouvernement leur avait assignés, on les traitait avec plus d'égards. En effet, plusieurs parmi eux obtinrent la permission d'aller pendant l'automne en villégiature et d'y rester durant quelques mois pour des motifs de santé. D'autres purent aussi aller ailleurs pour un temps, afin de régler leurs affaires privées. Mais on répondit toujours négativement à quiconque cherchait à rentrer dans son pays d'origine sans avoir au préalable prêté le serment. Au reste, la conduite de ces ecclésiastiques continuait d'être irréprochable, si l'on en excepte un ou deux, ce qui n'est pas étonnant parmi tant de prêtres. Et l'on ne sait vraiment comprendre pourquoi, parmi ces proscrits, Napoléon cherchait par centaines les mauvais prêtres, ni pourquoi il pouvait se plaindre si fortement d'eux dans sa correspondance avec M. le comte Bigot de Préameneu, son ministre des cultes, à moins qu'on n'admette que la méchanceté et le motif de ces plaintes ne consistaient au fond que dans leur persévérance, chaque jour plus manifeste, à ne jamais céder aux injonctions du gouvernement touchant le serment.

« Après avoir été laissés tranquilles pendant quelques mois, les prêtres romains furent l'objet d'un redoublement de vexations et de rigueurs au commencement de l'année 1812. Au mois de janvier, un nouveau commissaire, M. Fontanabona, était chargé de les surveiller à Plaisance. Ce fonctionnaire devait rédiger tous les quinze jours un rapport sur la conduite des proscrits, et il était aidé dans ce travail par M. Oldrini. L'envoi des rapports se faisait très régulièrement (1). A Parme, les choses ne se passaient pas autrement. C'était la résidence du préfet qui donnait de tels ordres au sous-préfet de Plaisance.

(1) *Archives communales de Plaisance.*

« Le fait bien constaté qu'une partie aussi nombreuse du clergé romain ne changeait jamais d'attitude rendait Napoléon furieux. C'était justement l'époque où on eût dit que sa volonté ne pouvait rencontrer le moindre obstacle (1). »

Le courroux de l'Empereur se manifesta clairement, au mois de février 1812, lorsque toutes ses tentatives pour créer un schisme, en opposant les évêques au Pape, en convoquant le Concile national de 1811, en envoyant des députations de prélats à Savone pour arracher à Pie VII des concessions funestes, eurent échoué. Alors il donna libre cours à son ressentiment dans une longue lettre qu'il dicta à son complaisant ministre des cultes et que M. Bigot de Préameneu était censé écrire aux évêques députés par l'Empereur auprès du Pape prisonnier à Savone. Pie VII avait remis aux prélats une lettre pour Napoléon Ier, dans laquelle le malheureux Pontife demandait qu'on ne le privât pas plus longtemps de ses conseillers naturels, les cardinaux ; qu'on lui envoyât au moins un « nombre convenable » de ces conseillers ; qu'on ne se refusât pas à satisfaire son ardent désir d'avoir la libre communication avec les fidèles. Le Pape ajoutait qu'il ne pouvait traiter les affaires de l'Eglise qu'à ces conditions.

« ... La cause en est, — ajoutait Pie VII, — dans notre très vif amour de traiter pour le bien de l'Eglise avec toute la maturité et toute la prudence qui peuvent seules mettre en repos notre conscience et prévenir le scandale qui ne saurait manquer d'en résulter, si nous avions opéré autrement. Nous avons fait les plus sérieuses réflexions, et Dieu sait combien de méditations et de sollicitude nous coûte cette affaire. Aussi, nous trouvant dans les plus terribles angoisses d'esprit, nous ne pouvons que représenter derechef à Votre Majesté le besoin que nous avons d'un plus nombreux conseil, et spécialement d'être en libre communication avec les fidèles. Quand nous serons placé dans cette situation, nous assurons Votre Majesté qu'avec l'aide du

(1) Voy. A.-G. Tononi, *op. cit.*, *Strenna Piacentina; loc. cit.*, pp. 158-159.

ciel nous ferons pour lui complaire tout ce qui pourra se combiner avec les devoirs de notre ministère apostolique... Nous vivons avec la confiance dans le dispensateur suprême des biens de ce monde que nous pourrions alors concilier toutes choses avec une satisfaction réciproque. Ce qui tendra à procurer les avantages spirituels de l'Eglise rendra en même temps le calme à notre esprit, calme qui nous est d'autant plus nécessaire que notre grand âge nous rappelle chaque jour d'une façon plus frappante le compte rigoureux que nous sommes sur le point de rendre à Dieu de nos effrayants devoirs. Avec toute l'effusion de notre cœur, nous prions le Seigneur de répandre sur Votre Majesté l'abondance de ses bénédictions » (1).

Si l'on songe que c'est Pie VII qui a écrit cette lettre et qu'il l'a adressée à Napoléon Ier au moment même où l'Empereur, non content de le tenir prisonnier à Savone, lui infligeait les plus cruels tourments (2), on ne peut s'empêcher d'admirer la fermeté et la douceur de l'auguste captif de Savone. Loin de subordonner les intérêts temporels du Saint-Siège aux intérêts spirituels, le Pape se montre très conciliant et ne demande que ce qui lui est absolument nécessaire pour agir librement et traiter les affaires spirituelles de l'Eglise sérieusement et après les avoir mûrement étudiées avec ses conseillers naturels, les cardinaux. Celui qui, au contraire, subordonnait les intérêts spirituels aux temporels et voulait à tout prix soumettre les choses de Dieu aux caprices de son despotisme, c'était bien Napoléon. Il en donna une nouvelle preuve dans la pièce qu'il

(1) Lettre autographe de Sa Sainteté le Pape Pie VII à l'empereur Napoléon Ier, Savone, 24 janvier 1812.

(2) Napoléon Ier ne cessait d'importuner et de menacer Pie VII. Il avait éloigné de Savone ses plus fidèles serviteurs. Il payait un médecin et des domestiques infidèles pour le trahir. Il ne se contentait pas de priver le Pape de toute communication avec les fidèles et de faire toutes sortes de pressions sur son esprit pour lui arracher des concessions contraires à ses devoirs et aux intérêts de l'Eglise; il avait ordonné qu'on lui enlevât les livres et même le papier, les plumes et l'encrier pour lui rendre la vie insupportable. Pie VII faillit en devenir fou; mais il ne céda point aux prétentions impériales, et Dieu, qui protège visiblement son Eglise, l'aida à surmonter cette terrible crise.

dicta, le 9 février 1812, à M. Bigot de Préameneu, par laquelle il faisait savoir aux évêques députés à Savone les motifs qui le poussaient à ne pas répondre à la lettre si bonne, si conciliante et si paternelle du Pape, que je viens de citer (1).

Dans ce document, il est question de deux choses : de la manière dont Napoléon entendait désormais traiter les affaires de l'Eglise, et de son ressentiment contre Pie VII et le clergé romain exilé.

Napoléon commence par dire les motifs pour lesquels il ne répond pas à la lettre de Pie VII, et il met dans la bouche de son fidèle ministre les phrases suivantes :

« Sa Majesté n'a pas jugé convenable de répondre à la lettre du Pape, dont je vous envoie copie. Je vous avouerai même confidentiellement qu'elle a beaucoup de regret d'avoir, dans les temps antérieurs, suivi une marche différente et de s'être laissé induire à une correspondance directe avec le Pape.

« En effet, toutes les correspondances que Sa Majesté est dans le cas d'avoir avec les têtes couronnées ne sont que de courtoisie et d'aménité. Des lettres de discussions, de reproches ne sont point dignes du haut rang où elle est placée. L'Empereur écrira au Pape quand il aura des compliments à lui faire, des choses douces à lui dire; mais, pour des choses pénibles à entendre, il préfère que ce soit par la voie ministérielle. Il est à regretter que le Pape n'ait

(1) Veut-on une nouvelle preuve des envahissements de l'Empereur dans le domaine purement ecclésiastique? Elle nous est fournie par cette curieuse lettre de Napoléon Ier à M. Bigot de Préameneu, ministre des cultes, lettre datée d'Amsterdam, 22 octobre 1811 :

« Monsieur le comte de Préameneu,

« Je vois que les demandes en autorisation de chapelles domestiques se multiplient. Désormais, ces permissions d'établir des oratoires deviennent un objet digne d'attention. Je veux bien (*sic*) en accorder pour les maisons de campagne, mais il faut y mettre la condition qu'on sera obligé d'aller dans telle circonstance à la paroisse. Il y a trop de ces chapelles à Paris. Je désire que vous me fassiez un rapport sur ce sujet ».

Il va sans dire que cette lettre n'a pas été insérée dans la *Correspondance de Napoléon Ier*.

pas suivi la même méthode, au lieu d'adresser directement à Sa Majesté une lettre qu'il savait ne pouvoir être aucunement satisfaisante. Une contestation directe est toujours plus fâcheuse que quand elle passe par des intermédiaires. Il est convenable que vous manifestiez ces principes, dont vous comprenez facilement toute la justesse. »

Après s'être ainsi dérobé au devoir de répondre directement au chef de l'Eglise, dont le calme et la modération, au milieu des souffrances qu'il endurait, irritaient profondément l'Empereur, Napoléon commence une série de longues récriminations contre la conduite du malheureux Pie VII :

« Une correspondance directe entre l'Empereur et le Pape doit être tout amicale, toute de procédé et de conciliation ; cependant que pourrait lui répondre l'Empereur ?... Dire au Pape que les conseils des cent (?) évêques dont les diocèses embrassent des nations formant les trois quarts de la chrétienté et y tenant le premier rang ne sont d'aucun poids pour lui ; qu'il leur préfère le sentiment des Di Pietro, des Pacca, que l'Empereur a été obligé (?) de dégrader (*sic*) pour s'être déclarés les ennemis de l'Etat, ce serait lui dire qu'il manifeste une incapacité absolue. En effet, s'il eût marché sur les traces de Jésus-Christ, il eût été loin de faire dépendre le sort de l'Eglise de tel ou tel cardinal ; mais il se serait cru assuré de trouver, dans un aussi nombreux concours d'évêques, successeurs des Apôtres, les lumières qui doivent le diriger. Quand il éloigne leurs conseils pour ne s'en rapporter qu'à ceux qui déjà ont rendu son pontificat si funeste (*sic*), il n'y a plus rien à espérer.

« Sa Majesté ne pourrait se dispenser de dire au Pape qu'il manque à son devoir envers le souverain, comme envers les évêques qui forment son conseil naturel, en ne voulant agir que par le conseil des rebelles, constitués, d'après la loi criminelle, en état d'accusation et de forfaiture. Sa Majesté lui dirait encore... qu'elle entendait nommer à tous les évêchés de son empire et de son royaume, le seul évêché de Rome excepté ; et en se résignant à cette concession (*sic*), Sa Majesté faisait beaucoup pour la conciliation (?), car le clergé de Rome a, pendant un grand nombre de siècles, nommé au siège pontifical, et sa nomination était ensuite confirmée par l'Empereur. Lors donc que Sa Majesté s'est désistée de cette prérogative de sa couronne impériale (?), elle a fait un grand sacrifice (*sic*) aux préjugés, aux prétentions et à l'amour-propre » (1).

Après l'affirmation de ces prétentions exorbitantes et insensées, Napoléon Ier essaie de justifier son refus de permettre la libre communication du Pape avec les fidèles :

« Le Pape, s'écrie-t-il, le Pape demande la communication avec les fidèles ; mais cette communication, comment l'a-t-il perdue ? Il l'a perdue par la violation de tous les devoirs (*sic*) de son ministère de paix et de charité. Il a maudit l'Empereur et l'autorité civile par une bulle d'excommunication dont l'original a été saisi à Rome. Est-ce pour maudire les souverains que Jésus-Christ s'est mis en croix ? Est-ce là le principe du souverain Rédempteur ? Cependant la condescendance (*sic*) de l'Empereur a été au point de se borner au dédain (?) d'une excommunication ridicule par son impuissance, quoique criminelle par son intention. Il a laissé le Pape, à Savone, maître absolu de communiquer avec les fidèles (2).

(1) Dans sa passion violente contre le malheureux Pie VII, Napoléon s'oublie jusqu'au point de laisser percer ses secrets desseins sur l'avenir de l'Eglise, et il fait comprendre au Pape — car la note insolente qu'il dictait à M. Bigot de Préameneu, et qui était apparemment adressée aux évêques députés à Savone, était bel et bien destinée à être mise sous les yeux de Pie VII — que s'il parvient à lui arracher les concessions qu'il demande d'une manière si impérieuse, il finira par s'arroger le droit de donner l'investiture au successeur du Saint-Père à l'instar des anciens empereurs d'Allemagne. L'idée de reprendre, pour son propre compte et à son profit, l'œuvre néfaste des Othon, des Henri IV, des Frédéric II, a séduit, plus que certains historiens ne le pensent, l'ambition démesurée de Napoléon et l'a entraîné aux plus coupables violences et aux erreurs les plus funestes dans ses rapports avec la Papauté.

(2) On sait quelle était la liberté des communications du Pape prisonnier avec les fidèles. On violait même sa correspondance et on ne donnait cours qu'aux lettres qui ne déplaisaient pas à Napoléon. (Voyez à ce sujet les lettres impériales du 31 décembre 1810 et du 20 janvier 1811 que j'ai publiées à la fin du paragraphe précédent.)

« Quel usage a-t-il fait de son ministère ? Il a envoyé des brefs pour soulever les chapitres, brefs aussi remarquables par l'ignorance des canons (1) et des principes que par le caractère de malveillance. Il a donné des pouvoirs à Di Pietro, cardinal qu'il savait être en exil et sous la main de la justice pour avoir tramé contre l'Etat. Il a bien fallu s'opposer à ce qu'un tel esprit se propageât ; il a fallu prendre le seul moyen de se mettre à l'abri d'une pareille malveillance. »

Napoléon entame ensuite la question de ses démêlés avec les prêtres romains, et il dit :

« Le Pape demande la libre communication avec les fidèles ; mais dans quel esprit fait-il cette demande ? Il voit de sang froid et avec indifférence l'esprit de soulèvement qu'il a provoqué dans les Etats romains. Il sait qu'il s'est élevé dans le clergé de Rome deux clergés, l'un n'obéissant point au Pape qui défend le serment ; l'autre qui, victime de son ignorance, est éloigné du pays comme ennemi de la tranquillité publique. Il sait qu'un millier de prêtres, gens d'ailleurs simples et bons, sont ainsi fanatisés par l'idée d'obéissance qu'ils croient lui devoir ; a-t-il fait quelque démarche, a-t-il témoigné quelque intention de cesser de s'opposer à ce qu'ils rendent à leur souverain ce qu'ils lui doivent ? A-t-il, par amour de la vérité, par amour de la religion, par amour de l'humanité, cherché à les arracher à une position aussi pénible ? Non ; rien n'a été fait ni pro-

(1) Mes lecteurs auront remarqué que Napoléon Ier aimait à insister sur l'ignorance de Pie VII qu'il définissait comme « un prêtre ignorant et fanatique ». Le cardinal Pacca, qui connaissait à fond le vénérable Pontife, s'élève contre cette injure faite par le tout-puissant empereur au prisonnier de Savone :

« A ses (*de Napoléon*) yeux, — dit le cardinal — Grégoire-Barnabé Chiaramonti était un homme sans talents, peu versé dans les sciences, d'un caractère faible et timide ; et les actions où il avait montré quelque courage ne devaient être attribuées, selon lui, qu'à ses ministres et à ses conseillers. Or, reprend le cardinal, ses talents étaient loin d'être médiocres, son caractère n'était ni faible ni pusillanime ; il se faisait au contraire remarquer par la résolution et la vivacité de son esprit. » Voyez les *Mémoires du cardinal* PACCA, tome 1er, p. 52.

posé de sa part qui tendît à ce but. Il n'y a donc aucune garantie qu'il ne continuerait pas de faire de son ministère un aussi mauvais usage *(sic)*. A quoi servirait d'ajouter scandale à scandale, et comment l'Empereur serait-il assez peu sensé pour laisser libre la communication avec celui qui persiste ainsi à défendre de rendre à César ce qui appartient à César ? »

Il y a une contradiction manifeste entre les termes dont Napoléon Ier se sert dans cette pièce pour qualifier les prêtres romains et ceux dont il a fait usage dans les pièces antérieures. On n'a pas oublié que l'Empereur appelait tout simplement « mauvais prêtres » ceux qui avaient refusé le serment. Dans la note qu'il dicte à M. Bigot de Préameneu, dans le seul but d'intimider le Pape, de rendre Pie VII responsable de tous les malheurs qui accablent l'Eglise, de donner libre cours à sa colère contre le faible et vénérable vieillard qui, gardien suprême des lois de Dieu sur la terre, ose lui résister au nom des principes qu'il représente et qu'il doit à tout prix sauvegarder : dans cette note, où il ne ménage ni une injure ni un reproche au vicaire de Jésus-Christ, Napoléon avoue que les prêtres romains, les « mauvais prêtres », sont « des gens d'ailleurs simples et bons ». Ils n'ont qu'un tort aux yeux du despote, et c'est d'obéir au Pape. Cette obéissance, qui est un devoir imprescriptible quand il s'agit du pouvoir civil, devient, suivant l'Empereur, un fanatisme, une preuve d'ignorance, une menace permanente contre la tranquillité publique, lorsqu'elle est pratiquée par des prêtres vis-à-vis du premier pasteur de l'Eglise. Voilà dans quelles contradictions, dans quels excès était tombé cet homme de génie à force de tout subordonner à son orgueil, à son égoïsme, à son insatiable ambition !

Après ce passage sur la résistance du clergé romain, Napoléon reprend ses âpres récriminations contre Pie VII, puis il parle de nouveau des lettres que le Saint-Père lui a écrites :

« ... Le Pape, — dit-il, — le Pape a, il est vrai, écrit deux lettres à l'Empereur, et on peut en induire qu'il a renoncé (?) à une excommunication démentie, sur la forme comme sur le fond, par l'opinion générale (?) du clergé lui-même ; mais en même temps il récuse tous les évêques de l'Empire et du royaume d'Italie : les seuls conseils qu'il veuille sont les cardinaux noirs qu'il n'aura jamais (*sic*). Si le Pape croit ne pouvoir rien décider sans eux, c'est sa faute; s'il perd, en conséquence, pour jamais le droit d'instituer les évêques, c'est encore sa faute. La religion marchera sans son secours, et l'on s'aperçoit chaque jour davantage que son intervention n'est pas nécessaire (*sic*), puisqu'au défaut des évêques, les vicaires capitulaires gouvernent les Eglises.

« On espère des troubles; on a mal calculé l'esprit public, désormais trop éclairé. C'est de cette coupable espérance déçue par les hommes, désavouée par la religion et par son divin auteur, dont le Pape sera comptable un jour. Il parle toujours de sa conscience, mais l'Empereur n'a-t-il pas la sienne? La conscience est la propriété de chacun, sans qu'une autre puisse la dominer (1); mais

(1) Voilà une étrange théorie, bien conforme cependant aux idées de Napoléon Ier qui n'admettait d'autre autorité, même spirituelle, que la sienne. Il devait, par conséquent, repousser tout ce qui pouvait le gêner dans son for intérieur et contrecarrer ses desseins. De là cette prétention d'affranchir sa conscience de toute loi n'émanant point de son bon plaisir et de toute autorité ayant reçu de Dieu le droit et le devoir d'imposer à la conscience humaine des obligations conformes aux commandements de Dieu et de son Eglise.

Si on voulait, au contraire, soutenir que l'Empereur n'entend réclamer ici que la liberté de conscience, comme on l'entend dans le langage ordinaire, bien que cette interprétation de ce passage de la lettre impériale ne me semble guère admissible, on pourrait, en l'acceptant, demander à Napoléon Ier quel cas il a fait de la liberté de conscience de Pie VII. Il n'est pas difficile, il est même extrêmement facile de prouver, pièces en main, que, tandis que l'Empereur prétendait affranchir sa conscience de toute contrainte qui contrecarrât ses passions et ses desseins hostiles à l'Eglise, il refusait à la conscience du Pape même le droit de repousser, par une résistance passive, les attentats qu'il commettait contre l'organisation même de l'Eglise et son indépendance. Peu lui importait que le Pape fût responsable devant Dieu de ses actes comme chef de l'Eglise. Pour Napoléon, toute conscience, même celle du Saint-Père, devait avant tout servir ses intérêts, ses caprices, ses desseins.

chacun aussi doit éclairer la sienne, et comment le Pape, ne se confiant pas dans ses lumières, rejette-t-il celles de cent (?) évêques qui ont aussi chacun leur conscience?

« Vous comprenez, Messieurs les Députés, combien il serait au-dessous de la dignité de l'Empereur d'exprimer ces sévères discours au Pape. Sa Majesté plaint son ignorance *(sic)*, et elle a pitié de voir un Pontife, qui pouvait remplir un si grand et si beau rôle, devenir la calamité de l'Eglise *(sic)*. Il a pu conserver tous les avantages dont la Papauté avait la possession ; il a fini par rompre pour les préjugés et malgré ce qui lui était prescrit par les doctrines de l'Eglise. »

Voilà donc le Pape responsable d'une rupture qu'il a cherché constamment à éviter par les efforts les plus persévérants et les plus durs sacrifices. C'est bien toujours l'histoire du loup et de l'agneau qui revient à la surface dans les récriminations de Napoléon Ier contre Pie VII. L'Empereur, après avoir signifié aux évêques députés à Savone de sommer le Saint-Père d'accepter, dans les trois jours après l'arrivée du courrier qui leur apportera cette note, toutes les prétentions de Sa Majesté, leur enjoint de quitter Savone immédiatement si Pie VII ne capitule pas. Napoléon leur ordonne de dire au Pape qu'il n'admet aucune modification à ses proposition et que, si Pie VII les repousse en tout ou en partie, « l'Empereur regarde les Concordats comme abrogés, et ne souffrira plus que le Pape intervienne dans l'institution canonique des évêques » (1).

Napoléon n'admet point de délais et donne, en terminant sa note, une nouvelle leçon à Pie VII :

« L'espérance de prolonger, de délaier *(sic)*, de finasser, que pourrait avoir le Pape, — s'écrie l'Empereur, — ne

(1) Veut-on savoir ce que Napoléon pense de l'institution canonique des évêques ? Voici ce qu'il en dit dans ce curieux document :

« L'institution canonique n'est au vrai qu'une usurpation de la Cour de Rome. Ce sera un service rendu de mettre un terme à ces vaines subtilités, aux ennuyeuses discussions des prétentions de cette Cour, qui ont presque toujours tourmenté et fatigué les souverains. »

Voilà une théorie commode pour un pouvoir hostile à l'Eglise ; mais d'une orthodoxie qui n'a pas besoin de commentaires.

mène à rien et ne pourrait que l'égarer. De la simplicité, de l'abandon, une véritable espérance dans la loyauté (?) de Sa Majesté, sont le seul parti qui lui reste à prendre. Sa Majesté connaît toutes ces matières (*les matières ecclésiastiques*) mieux que le Pape (*sic*), et trop bien pour qu'elle puisse jamais s'écarter de la route qu'elle s'est tracée. Le Pape devrait, comme elle, très facilement prévoir que les conciles provinciaux finiront par instituer les évêques; que les évêques reprendront la plénitude des pouvoirs inhérents à leur caractère; que la religion sera maintenue, qu'elle prospérera (?); que le Pape perdra seul toutes ses prérogatives, résultat d'habileté, de persévérance, de ruse et d'adresse pendant un aussi grand nombre de siècles. Les Papes ont emprunté le secours du bras séculier des princes pour accroître l'autorité pontificale au préjudice de celle des évêques (?). Le bras du souverain et l'incapacité du Pape actuel (*sic*) rétabliront les évêques dans tous leurs droits. Le résultat sera plus ou moins médiat ou immédiat, mais il sera infaillible autant qu'il est à désirer.

« En effet, dans la fausse direction où Sa Majesté voit le Pape, elle préfère autant qu'il n'adopte pas le décret (*touchant l'institution des évêques au gré de Napoléon Ier*), afin que, s'il refuse, il demeure couvert de la honte de son ignorance (*sic*). Et s'il ne se croit pas suffisamment autorisé, suffisamment éclairé par le Saint-Esprit et par les cent évêques, pourquoi ne se démet-il pas en se reconnaissant incapable de distinguer ce qui est du dogme et de l'essence de la religion de ce qui n'est que temporel et variable? Cette distinction, si simple qu'elle serait entendue par le premier séminariste, si le Pape ne la comprend pas, pourquoi ne descend il pas de sa propre volonté de la chaire pontificale pour la laisser occuper par un homme plus fort de tête et de principes (*sic*), qui répare enfin tous les maux que le Pape a faits en Allemagne et dans tous les pays de la chrétienté? (1) »

(1) *Lettre à MM. les évêques députés à Savone*, dictée par S. M. l'empereur Napoléon à M. le comte Bigot de Préameneu,

Bien que cette pièce porte la signature de M. Bigot de Préameneu, il est clair qu'elle a été dictée d'un bout à l'autre par Napoléon Ier à son trop fidèle ministre des cultes. On y reconnaît si aisément le style de l'Empereur que je croirais méconnaître la clairvoyance de mes lecteurs si je m'attardais à démontrer qu'elle est bien l'œuvre de Napoléon. Cette lettre prouve jusqu'à quel point le puissant souverain était irrité contre le Pape, et elle nous montre clairement les desseins qu'il poursuivait. Malgré la fausse assurance qu'il étale au milieu des injures grossières qu'il adresse au chef de l'Eglise, Napoléon est de plus en plus inquiet pour l'avenir de sa politique religieuse. Il a voulu écraser le Pape, et Pie VII est resté debout malgré les odieuses persécutions dont il a été l'objet, refusant plus fermement que jamais de signer l'arrêt de mort de la Papauté. Car c'était la mort de cette grande et sainte institution qu'eût entraînée toute transaction avec les prétentions de Napoléon, dont le but était d'asservir à tout jamais le Saint-Siège à son pouvoir despotique. Non content de persécuter le Pape, l'Empereur avait durement frappé le clergé romain, dans le fol espoir de lui arracher un acte d'obéissance qui eût été un désaveu de la conduite du Saint-Père. Ce plan avait échoué, et malgré la faiblesse de quelques évêques et prêtres des anciens Etats de l'Eglise, la majorité du clergé romain avait tout enduré, l'exil en France, à Parme et à Plaisance, la déportation en Corse, plutôt que de se prêter aux caprices de l'Empereur et de l'aider à isoler le Pape. Vaincu de ce côté, Napoléon avait essayé de se rattraper en convoquant le Concile national de 1811 à Paris. Il voulait à tout prix opposer les évêques au Pape, et mettre Pie VII dans la triste alternative de capituler ou d'assister impuissant à la révolte de l'épiscopat et à un nouveau schisme dont les conséquences eussent été incalculables. Le Concile national, sans se montrer aussi ferme vis-à-vis de l'Empereur que les catholiques et le

ministre des cultes, 9 février 1812. — Cette lettre n'a pas été insérée dans la *Correspondance de Napoléon Ier*.

Pape avaient le droit de l'espérer, se refusa cependant à suivre Napoléon dans la voie sans issue où il s'était engagé.

Que restait-il à faire alors pour sortir d'une situation aussi grave, et pour arrêter une crise religieuse qui prenait une tournure de plus en plus menaçante? Dans son orgueil incommensurable, Napoléon ne voulait pas prendre la seule mesure qui pouvait le tirer d'embarras avec honneur, et qui était digne d'un homme de génie et d'un souverain tout-puissant comme lui. Il n'entendait ni rendre justice au Pape ni, encore moins, reconnaître ses torts vis-à-vis de Pie VII. Furieux de ses échecs, incapable de comprendre ce qu'il y avait de vraiment grand dans la fermeté avec laquelle le Saint-Père défendait les droits imprescriptibles de son pouvoir spirituel, Napoléon voulut acculer le Pape au dilemme formulé en 1877, par M. Gambetta, contre le le maréchal de Mac-Mahon. Il le somma *de se soumettre ou de se démettre*. Tel est le but évident de sa note du 9 février 1812. Il espère donner le change à Pie VII en lui déclarant que cent évêques partagent ses vues anticanoniques, et que le schisme est prêt à éclater. Mais le ton irrité de son style, le désir qu'il n'exprime que trop clairement de voir le Pape renoncer à la tiare, afin d'ouvrir la voie à l'élection d'un Pontife décidé à soumettre l'Eglise aux caprices, aux envahissements et aux violences du pouvoir séculier, ne prouvent que trop les graves embarras au milieu desquels se débattait son génie fourvoyé. La nouvelle défaite qu'il allait subir et qu'il ne prévoyait que trop exaspérait Napoléon. Elle provoquera de sa part de nouvelles persécutions contre Pie VII et, par ricochet, contre les prêtres romains fidèles au Pape.

VI

Ce fut M. de Chabrol, préfet de Savone, qui communiqua à Pie VII la lettre dictée par Napoléon Ier à son ministre des cultes. Le fonctionnaire impérial rend compte de son entrevue avec le Pape dans la dépêche qu'il adresse, le 19 février 1812, à M. le comte Bigot de Préameneu :

« Après avoir pris une sincère connaissance de toutes les pièces que vous m'avez transmises, je me suis rendu ce matin chez le Pape, écrit M. de Chabrol. J'ai commencé par l'amener brusquement sur le sujet, de manière à y fixer toute son attention... La manière dont je lui ai parlé l'ayant frappé, il m'a dit qu'il était prêt à m'entendre.

« J'ai pris alors la dépêche et lui ai demandé s'il voulait que je la lusse lentement en français, ou que je la traduisisse en italien en la lisant. Il a préféré que je la lusse posément en français, ce que j'ai fait, en observant de relire deux fois les passages les plus forts et ceux où je croyais m'apercevoir qu'il n'avait pas tout saisi. »

Dans sa longue dépêche, le préfet de Montenotte relate la suite des impressions diverses éprouvées par le souverain Pontife au fur et à mesure que lecture lui est donnée de ce violent réquisitoire. Je ne puis reproduire ici en entier cette longue pièce. Pour éclairer mes lecteurs sur la conduite de Pie VII pendant cette nouvelle et douloureuse crise, il suffit que je reproduise les passages les plus saillants du rapport de M. de Chabrol. Je dois faire remarquer cependant que le préfet de Savone me semble parfois interpréter à sa manière, soit les paroles, soit même le le silence du Pape. Ainsi, par exemple, quand le fonctionnaire impérial insinue que Pie VII a reconnu, en quelque sorte, l'inconvenance d'une correspondance directe avec l'Empereur, et lorsqu'il ajoute que le Pape « a approuvé en quelque sorte, *par un moment de silence*, la justesse des observations qu'il venait de lui lire », il n'est guère possible de supposer qu'il ait fidèlement traduit les sentiments du Saint-Père, d'autant qu'on n'a pas oublié la forme insolente de « ces observations » dont le Pape aurait, en quelque sorte, approuvé « la justesse ».

De même, M. de Chabrol me semble singulièrement préoccupé de flatter les passions de Napoléon, lorsqu'il dit :

« Il (*le Pape*) a écouté attentivement l'article sur l'excommunication, *a gardé le silence sur ce point*, paraissant en cela reconnaître la faute qu'une aveugle passion (*sic*) lui avait fait commettre. »

Plus loin, M. de Chabrol aborde le sujet des troubles provoqués dans les Etats romains par l'exil de tant de prêtres. Le préfet de Montenotte traduit ainsi les impressions de Pie VII à la lecture des violentes objurgations de l'Empereur à ce sujet :

« Le passage relatif à l'indifférence qu'il témoigne sur la position malheureuse des sujets de Sa Majesté Impériale dans les Etats romains a paru non seulement le frapper, mais élever des reproches (?) dans son cœur; car il s'est écrié de suite : « Mais aussi, pourquoi ne me donne-t-on « pas la liberté et des moyens pour que je puisse y mettre « ordre ? » Je lui ai dit aussitôt qu'il avait eu toute liberté (?) et tous les moyens de le faire ; que je savais même qu'on l'avait pressé à cet égard, qu'on lui avait suggéré les voies les plus simples, les raisons les plus fondées en droit (?), sans qu'il eût voulu accéder à rien. J'ai ajouté que je tenais de plusieurs voyageurs venus de Rome que son indifférence à cet égard avait élevé contre lui une voix unanime, et notamment celle de tous ceux qui lui avaient obéi (?).

« Il a répondu à la déclaration qu'il n'aura jamais les cardinaux noirs, qu'il ne demandait pas ceux-là, mais qu'on le laissât libre, tout à fait libre, et qu'il saurait alors choisir les conseils qui lui conviendraient. Je me suis plaint alors du peu de confiance qu'il avait montré dans ceux qui lui étaient envoyés, en lui disant qu'il avait clairement démontré qu'il ne voulait d'autres conseillers que ceux qui pensaient comme lui et ceux qui avaient tout perdu.

« Il s'est récrié de suite sur le mot : *on espère des troubles ;* il a protesté que non. J'ai repris : « Mais auriez-vous oublié que vous n'avez cessé, pendant longtemps, de me parler de schisme, de dire que vous le voyiez arriver, que l'ordre naîtrait du désordre et de la persécution ; que cette persécution produirait un bien dans le relâchement présent ? » Il s'est obstiné (*sic*) à dire qu'il ne comptait pas sur des troubles et qu'au contraire, il ne voulait que la paix.

« Au moment où je lui ai parlé de conscience, de celle de cent évêques qui réclamaient une conciliation comme indispensable, il a dit qu'il aurait voulu y plier la sienne, mais qu'il n'avait jamais pu la tranquilliser. Je lui ai dit alors qu'au moins ne devait-il pas l'avouer. Quel effet produirait un pareil discours sur la chrétienté ! Tandis qu'il est, par sa place, chargé de diriger la conscience de tous les fidèles, ne point distinguer, dans un cas aussi simple, le bien du mal serait se démettre soi-même. »

On remarquera que, même dans le rapport officiel de M. de Chabrol, c'est presque toujours le représentant de Napoléon qui parle, et que Pie VII garde le silence ou se contente de répondre par quelques mots qui ont tout l'air de dire : Mais je vous ai dit cent fois que, si l'Empereur veut arranger les affaires religieuses de Rome et de ses Etats, les moyens propres à y réussir sont entre ses mains, et je les lui ai mille fois indiqués. — Pie VII garda la même attitude lorsque M. de Chabrol lui lut les passages de la note impériale, où il était question de l'institution des évêques et du Concile national. Il se montra très calme, malgré les menaces et les injures dont abonde singulièrement la triste pièce signée par M. Bigot de Préameneu ; mais le vénérable Pontife ne put maîtriser son émotion lorsque le préfet de Montenotte lui lut les derniers paragraphes du réquisitoire impérial.

« Mais, dit M. de Chabrol, mais l'article qui l'a ému le plus est celui où il est question de la demande de sa démission. Il l'a écouté avec une attention profonde ; je l'ai vu abattu et tellement agité que sa main tremblait singulièrement. Il a gardé sur ce point le silence le plus absolu. Dans cet état, j'ai pensé qu'il était inutile de lui parler et qu'il valait mieux l'abandonner de suite à ses réflexions, afin de profiter avec avantage de ce sujet à la première conférence. Je l'ai, en conséquence, quitté après un entretien qui a duré plus d'une heure et demie.

« L'effet général de la communication que je viens de

faire a été de détromper le Pape sur un reste d'espoir que je crois qu'il conservait encore, en se fondant sur ce que sa lettre n'avait pas encore reçu de réponse, et en comptant sur l'intervention des cardinaux à Paris. Il a été très ému, mais je ne crois pas qu'il ait été ébranlé, tant est grande son obstination. Au reste, je pourrai le reconnaître demain d'une manière plus positive » (1).

Malgré ses pressions, ses objurgations et ses menaces, M. de Chabrol n'avait rien pu obtenir de Pie VII. Il revint à la charge les jours suivants ; mais il dut encore constater que si le vénérable Pontife était très ému, il demeurait inébranlable dans la défense de ses droits et dans l'accomplissement de ses devoirs.

Le 20 février, le préfet de Montenotte insiste de nouveau auprès du Pape pour l'engager à se soumettre à la volonté de Napoléon. Pie VII est plus calme que la veille; mais il n'est pas moins décidé à la résistance. Il répondit à M. de Chabrol « que son parti avait déjà été pris, qu'il ne changerait pas, qu'il avait fait un premier bref, qu'il n'en ferait pas un second. » (2)

(1) Lettre de M. le comte de Chabrol, préfet de Montenotte, à M. le comte Bigot de Préameneu, ministre des cultes. Savone, 19 février 1812.

(2) Lettre de M. le comte de Chabrol, préfet de Montenotte, à M. le comte Bigot de Préameneu, ministre des cultes, Savone, 21 février 1812.

Le bref dont il est question ici est celui du 20 septembre 1811. — Lorsque Napoléon s'aperçut que, malgré l'esprit craintif d'un certain nombre d'évêques, le Concile national n'était point disposé à se faire le complice d'un schisme et à accepter la responsabilité de ses actes hostiles à l'autorité du Pape, il fit d'abord arrêter Mgr de Broglie, évêque de Gand, Mgr de Boulogne, évêque de Troyes, et Mgr Hirn, évêque de Tournay, qu'il accusait d'être les meneurs d'une cabale dirigée contre lui, tandis que ces prélats n'avaient fait que leur devoir en avertissant leurs collègues des dangers auxquels le Concile eût exposé l'Eglise en acceptant les idées et les prétentions de l'Empereur. Comprenant que, malgré cet acte de violence indigne, il n'atteindrait pas son but, Napoléon rudoya les évêques qu'il avait fait venir à Saint-Cloud et finit par signer un décret de dissolution du Concile national. Voulant alors obtenir directement du Pape ce que le Concile n'avait pas osé lui concéder, l'Empereur envoya à Savone les cardinaux Dugnani, Roverella, Ruffo et de Bayane, pour

En bon fonctionnaire impérial, le préfet de Savone déplore ce qu'il appelle dans ses dépêches l'*obstination* de Pie VII, mais il avoue que, soit dans la conférence du 21, soit dans celle du 22 février 1812, il n'a rien pu obtenir du Saint-Père. Et pourtant il affirme qu'il a « employé tous les

exposer au Saint-Père la gravité de la situation au point de vue des affaires ecclésiastiqnes et l'engager à faire des concessions.

Pie VII ignorait complètement, dans l'état de séquestration où le tenait Napoléon, tout ce qui s'était passé au Concile. Il accueillit avec bienveillance les cardinaux, et se montra même porté, dans une certaine mesure, à faire toutes les concessions demandées par l'Empereur. Il n'avait d'hésitation que pour ce qui avait trait à la nomination aux évêchés des Etats romains. Cette attitude du Pape s'explique par le manque de nouvelles touchant les affaires ecclésiastiques de France et d'Italie et surtout touchant les véritables dispositions de l'Empereur à l'égard de l'Eglise. Le Pape finit par céder, même pour les évêchés de ses anciens Etats, ne mettant d'autre condition que de ne pas être obligé à stipuler expressément cette dernière clause.

Le 2 septembre 1811, une députation d'évêques, ayant à sa tête Mgr de Barral, archevêque de Tours, arriva à Savone pour terminer la négociation entamée par les cardinaux. Ce fut cette députation qui arracha au Pape les concessions dont je viens de parler, car les cardinaux n'avaient fait, au fond, qu'un simple échange d'idées avec Pie VII. C'est parce qu'ils avaient constaté les idées conciliantes du Pape, que Napoléon, averti par M. de Chabrol, avait envoyé à Savone la députation des évêques avec mission de conclure un arrangement définitif. Pour donner cependant une idée exacte de l'état d'esprit de l'Empereur en présence de l'extrême condescendance du Pape, prisonnier et martyr de ses redoutables devoirs, il est bon de remarquer ici que les cardinaux Dugnani et Ruffo s'étant timidement hasardés à entretenir le soir du 1er septembre le préfet de Montenotte du désir qu'ils avaient de voir le Pape libre, ne fût-ce que pour donner plus d'autorité au traité qu'il s'agissait de conclure avec lui, M. de Chabrol n'épargna aucun effort pour les convaincre qu'ils faisaient tout à fait fausse route. Lorsque Pie VII, dans ses conversations avec les cardinaux, disait qu'il ne pouvait rien décider parce qu'il n'était pas libre, M. de Chabrol, en rapportant ces paroles à M. Bigot de Préameneu, se montrait prodigieusement étonné de ce que des princes de l'Eglise aussi éclairés que les cardinaux Ruffo et Dugnani parussent admettre un instant dans leur esprit cette difficulté « qui n'est — disait-il — *qu'un incident !* »

Quoi qu'il en soit, Pie VII signa, le 20 septembre 1811, le bref dont j'ai parlé plus haut, et écrivit, le 23 septembre, une lettre très affectueuse à Napoléon. Le Pape faisait, dans son bref, des concessions que l'on pourrait dire *excessives*, à l'Empereur, touchant la nomination et l'institution des évêques. Ces concessions, il les aurait probablement regrettées plus tard, lorsque, délivré des tourments, de

moyens qui (nous) restaient pour ébranler le Pape. » (1) En effet, non seulement il insista avec une rare inconvenance, sur le prétendu devoir que le Saint-Père avait de se démettre s'il ne voulait pas se soumettre aux impérieuses et injustes exigences de Napoléon ; mais il s'employa à stimuler le zèle du docteur Porta, médecin de Pie VII, et d'autres familiers de Sa Sainteté, qui étaient aux gages de l'Empereur et trahissaient le Pape, afin qu'ils ne cessassent d'importuner le Saint-Père et de le pousser à bout dans l'espoir que, de guerre lasse, il finirait par capituler.

En annonçant à M. Bigot de Préameneu qu'il va mettre en œuvre les intrigues et les pressions de ces serviteurs infidèles, M. de Chabrol ne lui cache pas qu'il ne croit point au succès de ce honteux expédient : « Je n'espère rien, — dit-il, — de ce dernier effort, car le Pape, en me quittant, m'a renouvelé l'assurance qu'il était affligé du résultat, mais qu'il ne changerait pas. » (2)

Pie VII avait en effet déclaré au préfet de Savone qu'il ne donnerait jamais sa démission ; qu'il ne se préoccupait pas de la dénonciation du Concordat, vu que pour le maintenir on exigeait de lui des choses contraires à ses devoirs et aux intérêts de l'Eglise ; qu'il ne voulait pas provoquer des troubles ou des rébellions, mais qu'il comptait uniquement sur le secours de Dieu qui saurait tirer son Eglise de la triste situation où elle se trouvait ; qu'après tout, l'Eglise avait surmonté des crises plus redou-

l'isolement et de l'oppression qui avaient affaibli sa volonté, il se serait aperçu des conséquences funestes de son bref. Heureusement, Napoléon, aveuglé par l'orgueil, repoussa le bref du 20 septembre, parce qu'il ne disait rien des évêchés des Etats romains. Il chargea alors les évêques députés à Savone de demander un second bref complétant le premier. C'est de ce bref que parle M. de Chabrol dans ses lettres. Pie VII demeura inébranlable dans son refus de l'accorder.

(1) Lettre de M. le comte de Chabrol, préfet de Montenotte, à M. le comte Bigot de Préameneu, ministre des cultes, Savone, 23 février 1812.

(2) Lettre de M. le comte de Chabrol, préfet de Montenotte, à M. le comte Bigot de Préameneu, ministre des cultes, Savone, 23 février 1812.

tables sans que le secours de son divin fondateur lui eût jamais fait défaut.

Cette confiance du Pape dans la protection céleste étonnait prodigieusement M. de Chabrol, mais il avouait qu'elle donnait à Pie VII une force invincible pour résister aux demandes de Napoléon et qu'il était désormais impossible de l'amener à céder aux prétentions impériales.

Le 23 février 1812, dans l'après-midi, le préfet de Savone se présenta de nouveau à Pie VII et l'engagea à se soumettre. Sur le refus du Pape, il lui notifia, en vertu des pouvoirs et des ordres que le gouvernement impérial lui avait transmis, « que le bref du 20 septembre n'ayant pas été ratifié, l'Empereur regardait les Concordats comme abrogés et ne souffrirait pas que le Pape intervînt en rien dans l'institution canonique des évêques. » (1)

Ainsi se termina, à l'honneur du Pape et à la honte de Napoléon, cette négociation de Savone, où Pie VII montra, à vrai dire, une condescendance portée jusqu'aux dernières limites, tandis que son geôlier ne cessa de manifester des exigences intolérables exprimées dans les termes les plus durs et les plus arrogants.

Napoléon apprit avec la plus vive colère le complet insuccès de la tentative suprême qu'il venait de faire pour vaincre complètement la résistance de Pie VII. Il se hâta dès lors de donner des ordres pour que le Pape fût traité avec la dernière rigueur et pour que les prêtres romains exilés subissent à leur tour les violences de ses agents.

Pendant que les dernières négociations se poursuivaient à Savone, Napoléon avait prescrit au comte de Chabrol de se montrer plus bienveillant envers le Pape. Durant tout le temps que les cardinaux et les évêques de la députation étaient demeurés à Savone, Pie VII avait joui d'une sorte de liberté relative, en ce sens que les communications avec lui étaient devenues journalières et faciles, et

(1) Lettre de M. le comte de Chabrol, préfet de Montenotte, à M. le comte Bigot de Préameneu, ministre des cultes, Savone, 23 février 1812.

qu'on lui avait permis de consulter des livres, de tenir une plume, de prendre et de dicter des notes sur les matières théologiques qui l'intéressaient si fort. Ces complaisances ne devaient pas être continuées plus longtemps. M. Bigot de Préameneu avait, sur les injonctions de l'Empereur, pris ses précautions pour que ce *désordre* cessât. (1) Dès le 23 février, en annonçant au ministre des cultes l'échec de ses démarches pour amener le Pape à capituler, M. de Chabrol l'avertit en même temps « que, suivant ses ordres, tout est rentré à Savone dans le même état qu'avant l'arrivée de la députation. » (2)

Quelques mois plus tard, au moment où Napoléon Ier, avant de s'engager dans la funeste campagne de Russie, s'apprêtait à ordonner la translation de Pie VII de Savone à Fontainebleau, les prêtres romains recevaient communication d'un décret impérial, donné à Saint-Cloud, le 4 mai 1812. Napoléon y déclarait que les prêtres romains des départements de Rome et du Trasimène qui s'étaient refusés à prêter le serment étaient coupables de félonie et les mettait hors la loi. Il les assujettissait à une commission militaire et les condamnait à la privation des droits civils et politiques, à la déportation et à la confiscation de leurs biens. Le décret ajoutait que l'Empereur, voulant continuer à se montrer indulgent *(sic !)* avec des personnes trompées par l'abus des choses saintes (*sic*), accordait à tous les prêtres, qui, dans les départements de Rome et du Trasimène, avaient refusé le serment qui leur avait été prescrit, le délai d'un mois pour prêter ledit serment et l'envoyer par écrit au lieutenant du gouverneur général qui était chargé de le faire insérer dans les registres de la préfecture. (3)

« Par suite de ce décret, — dit Mgr Tononi, — des prêtres

(1) Voy. D'HAUSSONVILLE, *l'Eglise Romaine et le Premier Empire*, tome V, chap. LII, p. 137, de la troisième édition (1870).

(2) Lettre de M. de Chabrol, préfet de Montenotte, à M. le comte Bigot de Préameneu, ministre des cultes, Savone, le 23 février 1812.

(3) Voy. le *Bulletin des lois de l'Empire français*, quatrième série, tome XVI, année 1812.

romains relégués dans nos deux villes (Parme et Plaisance) furent enfermés dans le donjon de Fenestrelle. Ce furent MM. Joseph Nuciarelli, Alexandre Barbetti, curé de Saint-Laurent à Orviette, Joseph Cruciani, curé de Terrafina, dont le cardinal Pacca parle dans ses *Mémoires historiques*, et MM. Antoine Aboÿ et Ferdinand Hermaïso, d'origine espagnole. Le susdit cardinal explique en partie la cause de cette peine infligée à ces ecclésiastiques, traités bien plus durement que leurs compagnons d'infortune, en disant qu'on l'appliqua à l'abbé Nuciarelli pour avoir envoyé à Civitella une lettre imprudente, bien qu'elle ne contînt que la pure vérité. Quant à MM. Barbetti et Cruciani, le cardinal attribue leur nouveau malheur à quelque propos qui leur aurait échappé contre le gouvernement. (1) On peut estimer qu'il a dû en être de même pour les deux prêtres espagnols.

« Les autorités politiques insistaient pour que le décret impérial du 4 mai 1812 fût exactement appliqué. Le 19 juin, le préfet du Taro, M. de Laporte, ordonnait aux prêtres romains résidant dans son département « de prêter par écrit le serment, avant le 15 juillet », et il leur prescrivait cette formule : « Je jure obéissance aux constitutions de l'Empire et fidélité à l'Empereur. » Le préfet exigeait que les ecclésiastiques exilés envoyassent l'acte dûment signé au représentant de l'autorité politique, et il ajoutait : « Ceux qui n'auront pas prêté serment avant le 15 juillet, seront arrêtés et détenus à Parme et à Plaisance, pour être punis de leur résistance... et pour être traduits devant la commission militaire qui les jugera. » (2) Le préfet voulait que toutes ces choses fussent notifiées aux prêtres romains si précipitamment que les commissaires du gouvernement, chargés de cette besogne, répondirent qu'ils ne pouvaient remplir une telle mission faute de temps. Mais dès le 22 juin tous les prêtres romains avaient reçu l'arrêté du préfet de Parme. » (3)

(1) Voy. le cardinal PACCA, *Memorie storiche*, édition de Pesaro, 1830, tome Ier, p. 197.
(2) *Archives communales de Parme*, GRIDARIO, année 1812.
(3) Voy. A. G. TONONI, *op. cit.*, *Strenna Piacentina*, *loc. cit.*, p. 161.

M. Bigot de Préameneu, ministre des cultes, écrivait, le 26 juin, au préfet du Taro, pour lui envoyer des ordres qu'il devait communiquer à Mgr Fallot de Beaumont :

« Ecrivez, disait-il, écrivez à l'évêque de Plaisance pour le serment des prêtres romains, et faites entendre à ces malheureux qu'en se refusant à le prêter, ils manquent à leur devoir. » (1)

M. de Laporte ne pouvait ignorer ce que Mgr Fallot de Beaumont pensait des prêtres romains. L'évêque de Plaisance avait manifesté très clairement son opinion à ce sujet, alors qu'il avait déclaré au préfet de Parme que les habitants de Plaisance faisaient les plus grands éloges de la fermeté de ces ecclésiastiques et les regardaient comme des saints (2).

Malgré ces déclarations de Mgr Fallot de Beaumont, M. le préfet de Laporte s'empressait d'écrire à ce prélat dans le sens que M. Bigot de Préameneu lui avait indiqué :

« Monsieur le ministre désire, disait-il, que nous nous mettions d'accord pour trouver un moyen de conciliation. Je ne doute pas que ces ecclésiastiques, s'ils étaient raisonnables, devraient accepter les sages conseils que vous pourriez leur donner. » Le préfet engage ensuite l'évêque de Plaisance à ouvrir des négociations avec les prêtres romains pour les amener à l'obéissance, car, s'ils s'avisaient de persévérer dans leur résistance, ils seraient mis en prison, comme le prescrivent les ordres du ministre de la police (3).

Toutes ces mesures ne découlaient pas seulement du décret du 4 mai, mais, on peut bien le dire, elles étaient la conséquence logique des instructions envoyées directement par Napoléon à ses agents, non seulement à Parme et à Plaisance, mais à Rome aussi. Dès le 3 juin 1811, l'Empe-

(1) Lettre de M. le comte Bigot de Préameneu, ministre des cultes, à M. de Laporte, préfet du Taro, 26 juin 1812.

(2) Voy. A. G. Tononi, *op. cit.*, *Strenna Piacentina*, *loc. cit.*, p. 162.

(3) Lettre de M. de Laporte, préfet du Taro, à Mgr Fallot de Beaumont, évêque de Plaisance. — *Archives de l'évêché de Plaisance.*

reur écrivait à son ministre de la police, le trop fameux Savary, duc de Rovigo :

« Le général Miollis devrait vous écrire exactement pour vous faire connaître de quelle manière les affaires marchent à Rome. Mon intention est de finir ce qui se passe dans cette ville. Vous devez ordonner que tous ceux qui refuseraient le serment, sous quelque prétexte que ce soit, soient arrêtés, à commencer par les *curiali*, et qu'on prenne des mesures rigoureuses pour sortir de cette ridicule situation. Il me paraît nécessaire d'avoir un rapport général sur la situation de Rome, afin qu'on puisse y adopter des mesures proportionnées aux circonstances où ce pays se trouve » (1).

Après le décret du 4 mai 1812, tout absorbé qu'il soit par les préparatifs de la campagne de Russie, Napoléon ne perd pas de vue les prêtres romains. Il entend que l'on prenne à leur égard des mesures draconiennes; il veut être informé du résultat de ses dernières menaces, et, irrité par les nouvelles que lui communique M. Bigot de Préameneu, il répond de Kœnigsberg à son ministre des cultes :

« Je reçois votre rapport du 5 juin. Les prêtres, étant sujets comme les autres, sont soumis au même serment. Mais il faut distinguer : il y a le serment ecclésiastique, qui a été prescrit par le Concordat; la seule peine que j'impose au prêtre qui ne veut pas le prêter, c'est la perte du bénéfice ecclésiastique dont il jouit. Mais le serment d'obéissance aux constitutions de l'Empire et de fidélité à l'Empereur est dû par tous les citoyens; ceux qui refusent de le prêter encourent la peine portée par mon décret. Ecrivez donc à l'évêque (2), et faites comprendre à ces malheureux (3) combien ce refus serait contraire à leurs devoirs. Quand ils auront prêté ce dernier serment, ils

(1) Lettre de l'empereur Napoléon à M. le général Savary, duc de Rovigo, ministre de la police générale à Paris. — *Correspondance de Napoléon Ier*, tome XXII, p. 199.

(2) L'évêque dont il est question ici est certainement Mgr Fallot de Beaumont, évêque de Plaisance.

(3) Les prêtres romains relégués à Plaisance et à Parme.

sortiront seulement de leur exil. Pour qu'ils puissent rentrer dans leurs bénéfices, il faut qu'ils prêtent le serment du Concordat » (1).

Napoléon ne se contentait même pas d'un premier serment dont il prétendait imposer la formule, malgré la défense formelle de Pie VII au clergé romain d'accepter toute formule de serment non conforme à celle qu'il avait indiquée comme *tolérable*. Le despote exigeait bel et bien deux serments : le premier, sous peine d'être mis hors la loi ; le second, sous peine d'être privé de tout bénéfice ecclésiastique, même après que le prêtre aurait prêté le serment de fidélité.

Napoléon suit dans la politique ecclésiastique un chemin parallèle à celui qu'il parcourt dans la politique étrangère. Loin de modérer son orgueil, les obstacles qu'il rencontre sur son chemin le stimulent. Plus ces obstacles sont grands, plus les difficultés à surmonter semblent graves, et plus il devient exigeant. On dirait qu'il est pris du vertige et que son puissant esprit, si pondéré et si pratique autrefois, a perdu même la notion de ce qui est possible et impossible.

Au début de sa querelle avec les prêtres romains, il se contentait du serment de fidélité. Lorsque la résistance vraiment admirable de ces ecclésiastiques lui a à peu près démontré qu'il ne parviendra jamais à obtenir d'eux un acte réprouvé par le Pape, non seulement il ne s'efforce pas de chercher un biais qui lui permette de sortir honorablement d'une situation inextricable, mais il met en avant de nouvelles prétentions, non moins intolérables que les premières. En effet, si le Pape avait défendu au clergé des Etats de l'Eglise de prêter le serment de fidélité inconditionné, tel que Napoléon Ier l'exigeait, à plus forte raison devait-il leur interdire de prêter le serment du Concordat. Il ne faut pas oublier, en effet, que le Concordat ne s'éten-

(1) Lettre de l'empereur Napoléon à M. le comte Bigot de Préameneu, ministre des cultes, Kœnigsberg, 16 juin 1812. — *Correspondance de Napoléon 1er*, tome XXIII, p. 509.

dait pas aux Etats romains et que si Napoléon prétendait l'appliquer à ces provinces, comme aux autres départements de son vaste empire, il faisait tout simplement fi des droits du Pape comme chef spirituel de l'Eglise catholique.

La lettre du 16 juin 1812 nous démontre au surplus que lorsque les agents de l'Empereur employaient toutes sortes de pressions et de menaces à l'égard des victimes du despotisme napoléonien, ils ne faisaient qu'exécuter fidèlement les ordres de Napoléon. Mais les efforts des subalternes, comme les violences de l'Empereur, se brisèrent devant la fermeté des prêtres romains. Mgr Tononi nous le fait remarquer en s'appuyant sur des preuves très sérieuses :

« Après un si grand luxe d'ordres impérieux et après tant de menaces, dit-il, le commissaire Fontanabona se voyait continuellement contraint à répondre au sous-préfet qu'aucun des prêtres romains, relégués à Plaisance, n'avait prêté le serment. A Parme, les choses ne marchèrent pas de la même manière et quelques-uns de ces ecclésiastiques prêtèrent le serment. Nous en sommes informés par une lettre que le préfet écrivit, le 15 juillet 1812, à Mgr Fallot de Beaumont, dans laquelle il est question aussi de Plaisance :

« J'ai reçu le serment de neuf prêtres (disait le préfet).
« Peut-être l'arrestation fera-t-elle de l'effet sur l'esprit des
« autres. Dès que j'aurai les états nominatifs de Plaisance,
« je les enverrai à Paris, afin de nous délivrer d'un contraste
« qui est malheureusement favorisé dans votre ville
« de Plaisance. En attendant, je pense que l'intention
« du gouvernement, avant de leur infliger un châtiment,
« est de voir si l'arrestation pendant un mois ou deux peut
« avoir le pouvoir de les faire réfléchir. J'ai donné des
« instructions au sous-préfet de Plaisance, pour que ces
« prêtres, bien que traités avec tous les égards (*sic!!*),
« soient assujettis aux mêmes règlements des prisons que
« les autres détenus. « Et dans le *post-scriptum*, le préfet ajoute : « J'ai eu une conférence avec les prêtres (*romains*)

« Ils m'ont demandé de les laisser réfléchir. Je pense sur « le soir recevoir des serments » (1).

« Le résultat de ces pressions fut qu'à Parme vingt-deux prêtres prêtèrent le serment (un chroniqueur de l'époque dit trente et un) et que cinquante-neuf s'y refusèrent. A Plaisance, sur cent vingt-sept prêtres romains exilés, cinq seulement capitulèrent et cent vingt-deux demeurèrent fermes dans leur refus. Dans les deux villes, les commissaires de police, accompagnés par des gendarmes, dans la nuit entre le 15 et le 16 juillet 1812, arrêtèrent les prêtres non assermentés et les conduisirent en prison. Ceux de Plaisance furent mis au Saint-Sépulcre, couvent supprimé et transformé en prison pour y recevoir les ecclésiastiques réfractaires. Ceux de Parme furent écroués à la prison centrale de Saint-François. Le commissaire Pascal informe M. Ortalli, adjoint de la municipalité de Parme, que les prêtres se prêtèrent à tout ce qui leur était imposé «*directement et comme volontaires à leur destination.* » (2)

« Nous n'avons aucun motif de douter qu'il n'en fût de même à Plaisance, où les représentants du pouvoir avaient toujours trouvé de la part des prêtres romains la plus grande docilité et condescendance en tout, excepté dans le cas particulier de la prestation d'un serment qui répugnait à leur conscience.

« Il nous est resté une liste complète des prêtres romains détenus au monastère du Saint-Sépulcre. Nous la devons à un d'entre eux, M. l'abbé François Ragozzi, curé de la paroisse des Saints-Apôtres-Philippe-et-Jacques dans la ville de Narni (Ombrie). L'auteur inscrit en tête de son travail les vers suivants :

Tutte l'onde son funeste
A chi manca ardire e speme,

(1) Lettre de M. de Laporte, préfet du Taro, à Mgr Fallot de Beaumont, évêque de Plaisance, Parme, 15 juillet 1812. — *Archives de l'évêché de Plaisance.*

(2) *Archives de l'Etat* à Parme; *Archives communales de Parme et de Plaisance.*

E si vincon le tempeste
A saperle tollerar.
Bella prova è d'alma forte
L'esser placida e serena
Nel soffrir l'ingiusta pena
D'una colpa che non ha. (1)

« M. Ragozzi note le nom, le prénom, l'âge, les titres, le diocèse de chacun de ses compagnons d'infortune. Il indique aussi l'endroit de la prison où il était détenu. La prison était divisée en quatre sections que M. Ragozzi distingue par les noms qu'il leur donne. Il les appelle : le Paradis, le Purgatoire, l'Enfer et le Jardin. Il entend peut-être désigner de la sorte les sections où les détenus étaient mal logés et celles où leur situation était meilleure. Quant à lui, on l'a placé à l'Enfer et, par surcroît, on l'a mis au secret. M. Ragozzi termine sa liste des cent vingt-deux prêtres romains prisonniers au Saint-Sépulcre par sa signature, suivie de ces deux autres strophes :

Allor che il ciel s'imbruna,
Non manchi la speranza
Fra l'ira del destin.
Si stanca la fortuna,
Resiste la costanza
E si trionfa alfin. (2)

(1) Je donnerai ici la traduction de ces vers de M. l'abbé Ragozzi, cités par Mgr Tononi. Ces vers ne sont certes pas un chef-d'œuvre; mais ils ont une importance historique évidente, parce qu'ils nous fournissent la preuve des sentiments intimes des nobles victimes de la tyrannie impériale.

Voici cette traduction :

« Toutes les ondes sont funestes à celui qui manque de hardiesse et d'espoir, et l'on remporte la victoire sur les tempêtes en les sachant tolérer.

« On prouve bien qu'on possède une âme forte lorsqu'on se montre tranquille et souriant en souffrant l'injuste peine d'une faute que l'on n'a pas commise. »

(2) Voici la traduction de ces vers :

« Lorsque le ciel devient menaçant, ne manquez pas d'espérance au milieu de la colère de la destinée.

« Il reste bien peu à dire touchant les prêtres romains après leur incarcération. Ceux qui étaient écroués au Saint-Sépulcre adressèrent plus d'une fois de vives prières aux autorités pour obtenir la permission de dire la sainte messe. Mais ni le ministre des cultes, ni M. de Laporte, préfet du Taro, ne répondirent à leurs requêtes. On chargea l'évêque de régler cette affaire, mais il paraît bien qu'il n'accorda pas cette permission, peut-être parce que dans cet ancien monastère ce qui était nécessaire à la célébration du saint sacrifice faisait défaut (1).

« Dans sa lettre du 5 août 1812, le préfet répond à Mgr Fallot de Beaumont, évêque de Plaisance :

« Après les observations que vous m'avez faites touchant « les prêtres romains qui désirent dire la messe dans le « lieu de leur détention, j'accorde que deux prêtres de la « ville (de Plaisance) destinés par vous se rendent à la pri-

« La fortune se lasse, la constance résiste et l'on triomphe enfin. »

La liste des prisonniers, par M. l'abbé Ragozzi, se trouve aujourd'hui à la *bibliothèque Passerini Landi*, à Plaisance.

(1) Il me semble difficile d'accepter sans réserve cette hypothèse de Mgr Tononi. Je comprends que l'éminent érudit de Plaisance veuille se montrer généreux vis-à-vis d'un ancien évêque de son diocèse et d'un évêque français, et par conséquent étranger. Mais il me semble que si les choses nécessaires à la célébration des saints mystères faisaient défaut au Saint-Sépulcre, Mgr Fallot de Beaumont pouvait bien se charger de les fournir aux innocentes victimes de la tyrannie impériale. Mgr de Beaumont était assez puissant pour pouvoir se permettre cet acte de charité. Mais il aspirait à une promotion, et il est probable que, craignant de froisser l'Empereur par un acte de justice, il chercha des prétextes pour ne pas accorder aux prêtres romains la permission qu'ils sollicitaient. Quelques mois plus tard, Mgr Fallot de Beaumont fut transféré à l'archevêché de Bourges dont il voulait s'emparer sans la permission du Pape. Les chanoines de Bourges résistèrent si bien à sa tentative schismatique qu'il fut contraint de battre en retraite. Mais, comme je l'ai dit au § 11, cette triste entreprise le priva plus tard du siège de Plaisance.

Lorsque, avant de juger les actes de Mgr Fallot de Beaumout pendant la période qui précède sa nomination à l'archevêché de Bourges, on tient compte des faits que je viens de signaler, il me semble qu'on peut se montrer, à l'égard de l'évêque de Plaisance, plus sévère que Mgr Tononi. Ceci n'enlève rien ni à la valeur des études historiques du savant curé de Saint-Antonin de Plaisance, ni à l'impartialité et à l'équité de ses appréciations.

« son pour y célébrer la messe pour les prêtres ro-
« mains ». (1)

« Je ne sais si la prison en ce pays était regardée comme trop commode pour ces réfractaires aux ordres de l'Empereur. Le fait est qu'après avoir été détenus ici pendant deux mois, on leur signifia l'ordre arrivé de Paris de transférer tous les prêtres romains à Alexandrie, en commençant par ceux de Plaisance. Le premier groupe partit de Plaisance le 14 septembre 1812 et le dernier le 29 octobre. Ils furent toujours escortés par les gendarmes. L'abbé Liberato Cola, curé des Tre Monti de Bagnorea, et l'abbé Rinaldo Galantini, de Nocera, restés à Plaisance pour cause de maladie, allèrent rejoindre leurs confrères dès qu'ils furent guéris (2). Quant à l'abbé Louis Panichi, curé de Saint-Antonin de Pérouse, et au père André Ferdinandes, un moine espagnol, ils moururent à l'hôpital et leurs cendres reposent à Plaisance (3). Au mois de décembre, les prêtres romains, restés à Parme après l'envoi d'une partie de leurs confrères en Corse, furent également

(1) Lettre de M. de Laporte, préfet du Taro, à Mgr Fallot de Beaumont, évêque de Plaisance, Parme, le 5 août 1812. — *Archives de l'évêché de Plaisance.*

Ici je ferai remarquer que la lettre du préfet de Parme démentit l'hypothèse de Mgr Tononi, dont j'ai parlé dans la note qui précède. Si, en effet, des prêtres de Plaisance pouvaient dire la sainte messe dans la prison des prêtres romains, il s'ensuit que les choses nécessaires à la célébration des saints mystères n'y faisaient point défaut. Mgr Fallot de Beaumont ne pouvait donc pas invoquer ce futile prétexte pour ne pas offrir aux victimes de Napoléon cette consolation dans leur malheur, à laquelle ils attachaient tant de prix. L'excuse du manque des choses nécessaires eût été bien pauvre par elle-même, vu que personne n'interdisait à Mgr de Beaumont de les envoyer au Saint-Sépulcre. Elle est détruite par le fait que la messe y était célébrée par des prêtres de Plaisance. Il s'ensuit que Mgr de Beaumont, craignant, par pusillanimité, de plaider, en cette affaire, la cause des prêtres romains, aura cherché un biais, en faisant remarquer à M. le préfet de Laporte qu'on ne pouvait laisser ces ecclésiastiques sans messe, surtout le dimanche, et que le fonctionnaire impérial, heureux de se débarrasser des requêtes des malheureux prisonniers, aura fait cette concession qui était parfaitement insuffisante.

(2) *Archives communales de Plaisance.*

(3) Registres des morts aux *archives communales de Plaisance.*

dirigés sur Alexandrie. Touchant leur translation de Plaisance à Alexandrie, le maire de Plaisance demandait au sous-préfet, si, en considération de leur grand nombre, il ne convenait pas de les faire voyager à pied et de ne conduire en voiture que ceux qui étaient incapables de marcher, comme c'était l'usage vis-à-vis des prisonniers ordinaires (1). Il m'a été impossible de trouver la réponse du sous-préfet; mais il suffit de signaler simplement la question posée par le maire pour faire comprendre le cas que les autorités faisaient de ces malheureux ecclésiastiques.

« Ici se termine mon récit. Les pièces qui regardent les prêtres romains, dans les archives où j'ai été admis à les consulter, ne vont pas au delà de l'époque où ils quittèrent Parme et Plaisance. Beaucoup d'autres documents, de la nature de ceux que j'ai indiqués, doivent être conservés dans d'autres archives. Celui qui serait en mesure de les compulser pourrait compléter mon travail. Mais, par l'examen que je viens de faire, après avoir consulté une innombrable quantité de papiers que personne n'avait étudiés jusqu'à présent, et m'être aussi servi des ouvrages déjà publiés sur les rapports entre le premier Empire et le Saint-Siège qui pouvaient m'aider dans ma tâche, on se rend parfaitement compte de la politique de Napoléon Ier à l'endroit des prêtres romains. On voit clairement par quels moyens l'Empereur voulait asservir le clergé; la finesse,

(1) Le maire de Plaisance à M. Caravel, sous-préfet de Plaisance, décembre 1812. — *Archives communales de Plaisance.*

Pour apprécier comme elle le mérite cette idée du maire de Plaisance, il faut tenir compte d'une chose que Mgr Tononi n'avait pas besoin de dire, puisqu'il écrivait dans un recueil qui se publiait à Plaisance, où personne n'ignorait la distance qui sépare cette ville d'Alexandrie. Il suffit de consulter un indicateur des chemins de fer italiens pour constater que la longueur de la ligne Plaisance-Alexandrie est de 97 kilomètres. La route ordinaire, faisant des détours pour traverser les villes et les villages, est encore plus longue. C'est donc une marche de plus de cent kilomètres, et en plein hiver, que le maire de Plaisance voulait faire faire à de malheureux prêtres, injustement persécutés par Napoléon. Et pour économiser l'argent nécessaire au louage des voitures, le maire trouvait tout simple qu'on traitât les prêtres romains comme les criminels de droit commun ! !

l'hypocrisie, la persévérance qu'il mit en œuvre pour arriver à ses fins; le nombre très considérable d'ecclésiastiques qui résistèrent à ses violences; l'énergie de cette résistance. L'historien de l'Empire affirme que ces temps-là ne furent pas pour l'Eglise les temps de l'héroïsme et du martyre; mais que le seul chef de l'Eglise, Pie VII, appartenait aux plus glorieux siècles du pontificat romain (1). Nous avons vu que ce ne fut pas seulement Pie VII qui affronta courageusement l'orage, mais que, par centaines, les prêtres donnèrent l'exemple d'une admirable intrépidité.

« La présente étude prouve, mieux encore que ne l'a fait M. d'Haussonville (2), la contradiction dans laquelle tomba Napoléon et qui résulte de la confrontation de ses lettres, écrites alors qu'il était sur le trône, et des dictées qu'il fit à ses fidèles serviteurs lorsqu'il était en exil (3). Elle démontre combien l'Empereur avait tort de se plaindre, à Sainte-Hélène, de ce que l'abbé de Pradt avait écrit sur son compte. M. de Pradt l'accusait d'avoir frappé rigoureusement un nombre considérable d'ecclésiastiques, d'en avoir incarcéré cinq cents. Il ajoutait que c'était une chose déplorable et que c'eût été excessif même s'il se fût agi d'un seul (4). Ils ne furent pas seulement cinquante les prêtres romains détenus par suite de la lutte entre l'Empire et Rome, comme le prétend l'Empereur déchu. Les listes qui sont conservées dans nos archives en indiquent bien sept cents relégués dans ces pays (Parme et Plaisance). Deux cents de ces prêtres furent envoyés en Corse; ceux qui furent conduits dans la forteresse d'Alexandrie sont à peu près aussi nombreux que leurs confrères exilés en Corse; plus de deux cents furent dirigés sur Bologne.

(1) A. Thiers, *Histoire du Consulat et de l'Empire*, t. XI, livre XLI, p. 40 (de l'édition de Bruxelles, 1856).

(2) Voy. d'Haussonville, *l'Eglise Romaine et le Premier Empire*, t. III, ch. XL, pp. 367-371 (de la troisième édition, 1870).

(3) Voy. la *Correspondance de Napoléon Ier*, t. XXX, *Œuvres*, pp. 560-561.

(4) Voy. de Pradt, *les Quatre Concordats* (Paris, 1818), t. II, p. 259.

Presque tous furent écroués tantôt dans une prison, tantôt dans l'autre, à cause de leur constance à refuser le serment (1), et toutes ces choses furent faites sur les ordres formels de Napoléon.

« Cinquante prêtres, environ, ayant cédé devant les menaces et les pressions continuelles du gouvernement et de ses agents et ayant enfin prêté le serment, furent mis en liberté. Cinquante autres ecclésiastiques ne passèrent pas de la relégation au cachot, soit parce qu'ils avaient atteint les dernières limites de l'âge, soit parce qu'ils étaient gravement malades, soit enfin à cause de leur origine étrangère.

« Je voudrais qu'il me fût permis d'inscrire ici les noms de tous les prêtres romains qui résistèrent jusqu'à la dernière heure. Mais cela m'obligerait à trop allonger ce travail. Je pourrai peut-être le faire dans un ouvrage plus considérable que j'espère écrire sur le même sujet (2). En attendant, les choses que j'ai racontées montrent d'une manière péremptoire la violence bien peu connue, — selon l'expression fort juste de M. d'Haussonville, — mise en œuvre par Napoléon Ier au sud des Alpes contre le clergé italien. Un nombre très considérable de membres de ce clergé surent résister et vaincre. Le despote ne tarda pas à

(1) E. Gentilucci, *Compendio della vita del venerabile Gaspare del Bufalo* (Rome, 1852), p. 38.

(2) Il faut espérer que Mgr Tononi tiendra la promesse qu'il nous a faite et publiera un ouvrage complet sur la persécution des prêtres romains. Cet ouvrage sera d'autant plus important que Mgr Tononi pourra y ajouter une foule de documents qu'il a résumés et le plus souvent simplement indiqués dans l'étude qu'il a publiée dans la *Strenna Piacentina*, année 1892. Il devrait aussi y ajouter la narration de ce qui s'est passé à Alexandrie, à Bologne et en Corse, pendant la relégation ou l'incarcération de ces malheureux ecclésiastiques dans ces pays. Personne ne pourrait mieux s'acquitter de cette tâche que le savant prélat de Plaisance. D'abord, il connaît à fond tous les documents qui se trouvent aux archives et aux bibliothèques de Parme et de Plaisance ; en second lieu, c'est un érudit d'une incontestable valeur, aussi patient qu'éclairé dans ses recherches et dans la critique et l'usage des pièces qui lui tombent sous la main. Qu'il se mette donc à l'œuvre et qu'il nous donne un ouvrage complet. Il rendra par là un service inappréciable à l'histoire générale, mais surtout à l'histoire ecclésiastique.

tomber, et ces vaillants retournèrent à leurs paroisses et à leurs chapitres, et ils virent celui qui les avait persécutés avec tant de persévérance terminer tristement sa carrière sur un rocher. » (1)

Je pourrais terminer ici mon travail. La narration des souffrances endurées par le clergé romain sous le premier Empire est achevée et on ne pourra la compléter que par de nouvelles recherches dans les archives. Ces recherches pourraient nous fournir quelques nouveaux détails qui sans doute ont leur prix pour l'historien, mais elles ne sauraient changer, même d'une manière à peine sensible, le caractère général de cette persécution. D'ailleurs l'odyssée des victimes de la tyrannie napoléonnienne ne devait pas se prolonger longtemps après leur départ de Parme et de Plaisance, à la fin de l'année 1812. Au moment où les agents de l'Empereur exécutaient les derniers ordres, si violents et si cruels, de Napoléon Ier, la grande armée quittait Moscou et subissait un désastre sans exemple dans sa terrible retraite, à travers les campagnes glacées de la Russie. Cette catastrophe obligeait Napoléon à songer à autre chose qu'au serment des ecclésiastiques des Etats pontificaux. Le Concordat de Fontainebleau, bien que désavoué par Pie VII dès qu'on lui eut rendu la libre communication avec le Sacré-Collège, amena un commencement de détente dans la politique impériale vis-à-vis du Saint-Siège. Cet état de choses n'eût été que provisoire, si la campagne d'Allemagne en 1813 eût tourné à l'avantage de Napoléon. Le désastre de Leipsick et l'invasion de la France par les alliés obligèrent le despote à rendre à Pie VII cette liberté qu'il lui avait si longtemps et si aveuglément refusée aux jours de sa prospérité. La chute de l'Empire devait mettre bientôt un terme aux souffrances des prêtres romains.

Pour ces motifs, je crois que l'on peut admettre que, sauf les souffrances inséparables de la prison, les prêtres romains ne durent pas en endurer d'autres pendant l'année

(1) Voy. A.-G. TONONI, *i Preti romani rilegati in Piacenza e in Parma* (1810-1812), dans la *Strenna Piacentina* (année 1892), pp. 163-168.

qui s'écoula entre leur départ de Parme et de Plaisance et leur délivrance. J'aurais donc achevé mon travail si je ne voulais pas le compléter par quelques nouveaux renseignements et par les réflexions que me suggèrent la conduite de Napoléon Ier vis-à-vis de Pie VII pendant les Cent-Jours et les démarches du vénérable Pontife en faveur de son geôlier pendant l'exil de Napoléon à Sainte-Hélène.

Avant d'aborder ces derniers sujets, qu'il me soit permis de dire encore un mot touchant la conduite des évêques de Parme et de Plaisance à l'égard des prêtres romains exilés dans leurs diocèses.

Quant au cardinal Caselli, évêque de Parme, on s'accorde généralement à admettre que, s'il se montra servile vis-à-vis de Napoléon, s'il ne recula pas devant quelques actes blâmables en vue de pousser ces ecclésiastiques à capituler, il se montra généralement bienveillant envers les victimes de la tyrannie impériale. Le cardinal de Parme ne fut pas à la hauteur de ses devoirs, mais il s'efforça d'atténuer, autant qu'il le put, les ordres violents de Napoléon.

La conduite de Mgr Fallot de Beaumont, évêque de Plaisance, a été plus discutée. Outre les reproches de faiblesse et de servilisme qu'on lui a adressés, comme au cardinal Caselli, on a prétendu qu'il était allé beaucoup plus loin que l'évêque de Parme. Un historien a accusé les membres de la curie épiscopale de Plaisance de pressions indignes vis-à-vis du clergé romain. Ils auraient abusé de leur situation pour accabler de sollicitations et de conseils ces malheureux prêtres, afin de leur arracher le serment requis par l'Empereur (1). Le cardinal Pacca, dans ses *Mémoires*, accuse Mgr Fallot de Beaumont d'avoir fait un usage indiscret de son autorité pour imposer le dit serment aux prêtres exilés dans son diocèse (2). En 1835, aussitôt après la mort de l'ancien évêque de Plaisance, un journal

(1) Avocat Antoine Rossi, *Ristretto di storia patria ad uso dei Piacentini*, t. V, p. 387.

(2) Voy. le cardinal Pacca, *Memorie storiche*, t. II, cinquième partie, ch. VIII, p. 183.

catholique se fit l'écho de ces accusations (1). Mais les deux écrivains et l'*Ami de la religion* n'étaient pas bien informés, et ce journal, après avoir reçu de plus amples et exactes informations de Plaisance, se rétracta.

Le chroniqueur Salvi, de Plaisance, déclare que Mgr Fallot de Beaumont appela les prêtres proscrits à l'évêché de Plaisance le 12 juillet 1810, et qu'il leur accorda une petite pension, ainsi que je l'ai raconté plus haut; mais il ne parle pas de pressions violentes de l'évêque pour obliger ces ecclésiastiques à prêter le serment.

La rétractation de l'*Ami de la religion* a encore plus de valeur, car elle défend énergiquement Mgr Fallot de Beaumont. J'en reproduirai ici la partie la plus importante :

« Quant à sa (de Mgr de Beaumont) conduite envers le clergé des provinces romaines déporté à Plaisance, je sais d'un personnage fort grave (2) qui jouissait de la confiance de ce prélat que celui-ci, qui se trouvait alors à Paris, fut appelé chez le ministre des cultes, M. Bigot de Préameneu, et reçut l'ordre de retourner à Plaisance pour surveiller la conduite de ces ecclésiastiques. Sa réponse fut qu'il se disposait à retourner au plus tôt dans son diocèse, mais qu'il ne pouvait se charger envers les déportés que d'une mission de charité. Il leur rendit en effet de bons offices en obtenant pour eux du gouvernement des pensions de vingt, de trente ou de cinquante francs par mois.

« J'en viens à l'énergie qu'on accuse le prélat d'avoir déployée pour que le clergé romain prêtât le serment prescrit par l'Empereur et défendu par le Pape. Quand il reçut la dépêche ministérielle, il manda deux ecclésiastiques, les plus distingués parmi les déportés, et leur en fit lecture en ajoutant que cette formule de serment était la même que souscrivaient les curés et évêques de France. Ils répondirent que le clergé romain avait une formule tracée par

(1) Voy. le journal *l'Ami de la religion*, numéro 2570, du samedi 31 octobre 1835, p. 213.

(2) C'était Mgr Lodovico Loschi. Je dois cette information à Mgr Tononi, bien placé pour connaître le personnage dont il est question ici.

le Saint-Père, et qu'ils ne se croyaient autorisés à jurer que suivant cette formule. S'ils pensent, reprit le prélat, que le dogme ou la morale soient intéressés ici, de sorte que les maux auxquels les exposerait le refus du serment pourraient mériter les honneurs du martyre, je pense comme eux et je m'abstiens de rien dire de plus. Mais si par hasard c'était ici une affaire de pure discipline, je les prie de considérer s'ils ne seraient pas responsables des malheurs auxquels leurs paroisses seraient exposées en restant si longtemps privées de secours spirituels. Qu'ils réfléchissent, qu'ils se concertent avec leurs collègues, et qu'ils prennent ensuite leur parti.

« Ainsi se termina cet entretien après lequel je ne sais ce qui arriva ; ce que je sais pourtant, c'est que deux de ces prêtres ayant eu la faiblesse de prêter le serment, et le curé de l'église (Saint-Paul) où ils avaient coutume de dire la messe, n'ayant plus voulu les recevoir, ils s'adressèrent à l'évêque qui refusa de faire, à ce sujet, aucun reproche au curé, et ne lui en parla jamais. » (1)

Ce témoignage, s'il ne détruit pas complètement les accusations qui pesaient sur la mémoire de Mgr Fallot de Beaumont, les atténue du moins dans une notable mesure. Voilà pourquoi j'ai dit que le cardinal Pacca, l'avocat Rossi et tous ceux qui, à leur suite, ont accusé l'évêque de Plaisance des plus indignes pressions vis-à-vis des prêtres romains, étaient mal informés. Est-ce à dire qu'on doive tout simplement acquitter Mgr de Beaumont ? Je ne le pense pas.

Si l'évêque de Plaisance n'a point commis les actions indignes que lui attribuent ses accusateurs, il n'a pas non plus montré le courage qu'on avait le droit d'attendre de lui. Il n'a été que trop souvent faible et servile. Il a déclaré lui-même, dans une pièce officielle, qu'il avait réprouvé le

(1) Voy. *l'Ami de la religion*, numéro 2740, du jeudi 8 décembre 1836, p. 471.

Mgr Fallot de Beaumont fut également défendu dans un journal catholique de Suisse, par M. l'abbé Joseph Baroffi, un prêtre auquel il avait fait du bien alors qu'il était évêque de Plaisance.

refus des prêtres romains de prêter le serment qu'on voulait leur imposer (1); c'est à ceux-là parmi les ecclésiastiques qui étaient écroués au Saint-Sépulcre, en 1812, qu'il a refusé la permission de dire la messe. Il faut bien avouer que tout cela ne serait guère digne de louanges, même pour quiconque ne demanderait pas de l'héroïsme aux évêques du premier Empire. Au fond, la conduite de Mgr de Beaumont ne fut ni aussi criminelle ni aussi pure que ses détracteurs ou ses apologistes le prétendent. Il alla plus loin que le cardinal Caselli dans la voie du servilisme. Il ne persécuta point les prêtres romains, il ne chercha pas à leur arracher le serment par des pressions indignes; mais il se montra parfois peu enclin à les favoriser, et ne préféra que trop souvent la faveur impériale à la reconnaissance des victimes du despotisme. Non seulement il n'encouragea pas les prêtres romains à persévérer dans le devoir, si douloureuses que fussent les conséquences de leur conduite, mais, tout en respectant leur conscience, il ne se fit pas faute de les avertir qu'il trouvait leur résistance inopportune. Telle est l'opinion que je me suis faite touchant la conduite de Mgr de Beaumont. Ma conclusion ne saurait être favorable à l'évêque de Plaisance, pas plus qu'au cardinal de Parme. Car aucun catholique digne de ce nom ne saurait souhaiter que leurs exemples trouvassent des imitateurs dans le présent ou dans l'avenir.

Revenons maintenant à Napoléon et à Pie VII. J'ai dit plus haut ce qu'il fallait penser du Concordat de Fontainebleau, arraché par l'Empereur au Pontife malade et à bout de forces le 25 janvier 1813. Je n'insisterai pas sur ce sujet. D'ailleurs Napoléon, de plus en plus préoccupé par la tournure menaçante que prenaient les événements militaires, n'accorda plus qu'une attention distraite aux affaires ecclésiastiques. Mais ce qui prouve qu'il n'avait qu'ajourné l'exécution de ses projets et que, loin de renoncer à oppri-

(1) Lettre de Mgr Fallot de Beaumont, évêque de Plaisance, à M. de Laporte, préfet du Taro, décembre 1810. — *Archives de l'Etat, à Parme.* — *Archives communales de Plaisance.*

mer l'Eglise, il maintenait toutes ses prétentions, c'est sa conduite en 1814 et en 1815.

M. d'Haussonville nous raconte ce qui se passa au mois de janvier 1814 :

« M. de Beaumont, dit-il, après s'être ainsi acquitté de sa commission (1), quitta Fontainebleau le 22 janvier 1814 au matin. Tandis qu'il traversait la ville pour s'en retourner à Paris, il aperçut trois voitures qui se dirigeaient vers le château, et bientôt il apprit qu'elles étaient destinées à emmener le Saint-Père. Voici ce qui s'était passé. Les armées ennemies avaient occupé Dijon. Leurs coureurs d'avant-garde et quelques bandes de cosaques avaient apparu aux environs de Montereau. Napoléon, qui allait partir dans quarante-huit heures pour Châlons (il quitta Paris le 24 janvier 1814 au soir), afin de commencer sur les flancs des armées alliées, entre la Seine et la Marne, ces admirables manœuvres qui ne l'ont point sauvé, ni la France avec lui, mais qui ont arraché les éloges de tous les militaires, Napoléon ne se souciait pas de laisser le Saint-Père à portée d'un coup de main de ses adversaires. Il y aurait eu cependant une mesure facile à prendre pour éviter ce péril, mesure simple autant que généreuse et qui peut-être aurait porté bonheur à ses armes, c'était de rendre effectivement au Saint-Père cette liberté qu'on venait de lui offrir (*par l'entremise de Mgr Fallot de Beaumont*), et de lui laisser, comme il le demandait avec tant d'insistance, reprendre seul le chemin de ses Etats. Napoléon n'y songea pas un instant. Il était de l'avis de son commandant de gendarmerie, M. Lagorse; il jugeait qu'il y aurait une dangereuse magnanimité à s'en remettre à la bonne foi de Pie VII, et quelque manque de dignité de sa part à entrer en explication avec son prisonnier sur ses véritables des-

(1) J'ai dit, à la fin du paragraphe II, que Mgr de Beaumont, évêque de Plaisance, était allé à Fontainebleau, au mois de janvier 1814, pour offrir à Pie VII, au nom de Napoléon, la restitution de ses Etats, *qui n'étaient plus au pouvoir de l'Empereur*, puisque le roi de Naples, Joachim Murat, devenu l'allié des ennemis de Napoléon, s'en était emparé.

seins. Ses desseins eux-mêmes, quels étaient-ils? Ne pouvaient-ils pas être à tout moment modifiés? Pourquoi se hâter? Pie VII avait refusé ses offres; était-il bien sûr de n'avoir pas à s'en repentir? Si la fortune venait à favoriser les manœuvres qu'il roulait dans sa tête, si elles lui rendaient la victoire, si les ennemis étaient définitivement repoussés hors de France, tout ne serait-il pas mis en question? Et quel avantage d'avoir le Pape sous la main! Tels étaient les plans que, dans son incorrigible orgueil, Napoléon agitait encore le 24 janvier 1814, et c'était dans ce sens qu'étaient rédigées les instructions remises à M. Lagorse. M. Lagorse devait se présenter au Saint-Père comme chargé de le ramener à Rome. En réalité, il avait ordre de le promener à petites étapes à travers toute la France, et de le conduire lentement, par les chemins les plus détournés, vers la ville de Savone, où d'avance un crédit avait été ouvert au receveur général du département de Montenotte, afin de pourvoir à l'entretien du souverain Pontife, sur le pied de 12.000 francs par mois. Quant aux cardinaux, M. Lagorse devait leur enjoindre d'avoir à quitter Fontainebleau dans quatre jours. Ils partiraient par groupes, à des heures différentes, sous la conduite d'un officier de gendarmerie, pour des destinations qui leur seraient plus tard indiquées; ils payeraient eux-mêmes (*sic*) leurs frais de route et d'escorte, car le gouvernement impérial, qui prenait à la veille de sa chute de si rigoureuses mesures, n'avait même plus à ce moment l'argent nécessaire pour faire les frais de sa police (1).

(1) Voici le texte de la lettre adressée aux cardinaux :

« Monsieur le cardinal, j'ai l'honneur de vous prévenir que Son Excellence le ministre de la police générale est chargé de vous notifier des ordres dont l'exécution ne peut être différée. Je ne pourrais donc recevoir aucune réclamation, et dès lors il est inutile de demander un délai pour réclamer auprès de moi. Vous donnerez par votre soumission une nouvelle preuve de votre respect pour les ordres de votre souverain.

« Agréez, etc.

« 30 janvier 1814. « *Le ministre des cultes,*

« BIGOT DE PRÉAMENEU. »

On comprend sans peine qu'au cours d'une crise terrible comme

« Il était difficile de mettre plus de mauvaise humeur évidente dans l'accomplissement d'un acte qu'aux yeux du public, et surtout du clergé français, on aurait aimé à donner pour l'équivalent de la mise en liberté du Pape (1). A Fontainebleau, Pie VII et les membres du Sacré-Collège ne s'y trompèrent pas un instant. Ils comprirent qu'il s'agissait uniquement de les transporter dans quelque résidence éloignée du théâtre de la guerre, afin de les y garder avec une plus complète sûreté. Lorsque le commandant Lagorse vint s'acquitter de sa commission, Pie VII demanda vainement d'emmener avec lui deux ou trois membres du Sacré-Collège. M. Lagorse répondit que ses instructions s'y opposaient expressément. « Le Pape aurait dans sa voi- « ture M. Bertalozzi (2), et lui-même le suivrait avec les

celle de 1814, crise qui avait été précédée par les énormes dépenses causées par les campagnes de Russie et d'Allemagne, le trésor impérial devait être à peu près vide, et que M. d'Haussonville ne se trompe pas lorsqu'il affirme que Napoléon n'était plus en mesure même de payer les frais de sa police. Mais, dans le cas qui nous occupe, ce n'était pas une raison pour obliger les cardinaux à payer leurs geôliers. Les cardinaux n'étaient pas des malfaiteurs. Si l'Empereur voulait les éloigner de Fontainebleau, il n'avait qu'à les laisser partir et, s'il voulait commettre la violence de les faire escorter par ses policiers ou ses gendarmes, il devait se procurer l'argent nécessaire pour couvrir les frais de l'escorte. Même en janvier 1814, si grande que fût alors la pénurie du trésor, faire payer les gendarmes par les cardinaux, c'était une chose indigne, une véritable énormité.

(1) Je n'ai pas besoin d'insister sur ce qu'il y a de juste dans cette appréciation de M. le comte d'Haussonville.

(2) Mgr Bertalozzi, archevêque *in partibus* d'Edesse, dont parle ici M. d'Haussonville, était un ancien aumônier de Pie VII, qui s'était retiré à Lugo, petite ville des Romagnes, lors de l'enlèvement du Pape, en 1809. Mgr Bertalozzi faisait si peu de bruit qu'on n'avait même pas songé à l'arrêter et à l'emmener en France, alors que le moindre chanoine ou curé de Rome éveillait à un si haut degré les soupçons de Napoléon et de ses agents. L'archevêque d'Edesse était en outre si oublié, en 1811, qu'on ne s'occupa pas de le faire venir à Paris, pour prendre part aux travaux du Concile national, alors qu'on avait obligé tous les évêques valides de France et d'Italie à faire le voyage de Paris pour assister au Concile.

Tout à coup, Napoléon apprend qu'il y a, à Lugo, un ancien aumônier de Pie VII ; que cet aumônier est un archevêque *in partibus* et qu'il s'appelle Mgr Bertalozzi ; que Pie VII l'aimait beaucoup et lui avait de tout temps témoigné beaucoup de confiance, particulière-

« deux valets de chambre de Sa Sainteté ». Le Pape n'insista point. Le lendemain matin, après avoir entendu la messe, il fit appeler près de lui tous les cardinaux présents

ment en ce qui regardait la direction de sa conscience et les résolutions à prendre dans les matières ecclésiastiques. Instruit de ces circonstances particulières, l'Empereur fit savoir à Mgr Bertalozzi, par l'intermédiaire du prince Eugène, qu'il eût à se rendre immédiatement à Paris, où sa présence était nécessaire ; mais, chose singulière, soit qu'il eût oublié de révoquer des ordres antérieurs, soit qu'il entrât dans les desseins de Napoléon, comme l'a supposé Mgr Carletti, évêque de Montepulciano (Voy. la *Vie de Mgr Carletti*, dans les *Mémoires* de M. l'abbé BARALDI, tome XII, édition de Modène), de jeter une salutaire épouvante dans l'esprit du prélat qu'il se proposait d'employer comme l'agent le plus utile auprès du Pape, Mgr Bertalozzi n'entra en France que pour être aussitôt arrêté par la gendarmerie et conduit, de brigade en brigade, dans les prisons de Paris. Quand, après quelques excuses sur une regrettable méprise dont il eut toute sa vie grand'peine à se remettre, on offrit tout à coup à l'archevêque d'Edesse d'aller, en qualité de conseil, retrouver le Pape à Savone, personne n'était plus que cet ancien confident de Pie VII intimement persuadé que le chef de la catholicité n'avait dorénavant rien de mieux à faire que de mettre fin, le plus tôt possible, à des différends qui pouvaient produire d'aussi fâcheuses conséquences. Mgr Bertalozzi accompagna à Savone la députation des cardinaux, qui y arriva vers la fin du mois d'août 1811, pour traiter en vue d'un arrangement entre l'Empereur et le Pape. L'archevêque d'Edesse ne devait plus désormais quitter le Saint-Père. Pie VII, qui lui avait tout d'abord fait un excellent accueil, avait fini par être importuné par ses pressions. Mgr Bertalozzi, à Savone et à Fontainebleau, avait oublié son caractère épiscopal au point de se transformer en agent de l'Empereur. Sans doute, il agissait par faiblesse et non par méchanceté. Il ne trahissait point le Pape pour de l'argent, à l'instar du médecin du Pie VII, le malheureux docteur Porta, mais, peut-être sans s'en rendre compte, il trahissait tout de même le Saint-Père, puisqu'il servait, avec une persévérance digne d'une meilleure cause, les desseins des ennemis du Pape. On peut donc invoquer, si l'on veut, des circonstances atténuantes en faveur de Mgr Bertalozzi ; mais on ne pourrait l'acquitter sans injustice. La miséricorde peut avoir ses droits ; mais la justice a aussi les siens. Or la peur, la pusillanimité ne seront jamais des excuses suffisantes pour délivrer un homme politique, et surtout un dignitaire de l'Eglise, des responsabilités qu'il a encourues.

C'est parce que Napoléon était sûr de ne pas rencontrer chez Mgr Bertalozzi la moindre velléité de résistance à son bon plaisir qu'il prescrivit à M. Lagorse de le faire entrer, à l'exclusion de tout autre, dans la voiture du Pape lors du départ de Pie VII de Fontainebleau. Je n'ai pas besoin, par conséquent, d'insister sur ce que cet ordre avait de particulièrement désagréable pour le Saint-Père. Il ne

à Fontainebleau. Sa physionomie était sereine, le sourire était sur ses lèvres. Cependant de graves pensées l'occupaient visiblement. Craignant de ne plus retrouver l'occasion de faire entendre sa voix à tous les membres du Sacré-Collège, il leur adressa ces paroles :

« Sur le point d'être séparé de vous, sans connaître le « lieu de notre destination, sans savoir même si nous « aurons la consolation de vous voir une seconde fois réu- « nis autour de nous, nous avons voulu vous rassembler « ici pour vous manifester nos sentiments et nos inten- « tions. Nous avons la ferme persuasion, — et pourrions- « nous penser autrement ? — que votre conduite, soit que « vous restiez réunis, soit que vous soyez de nouveau frap- « pés de dispersion (1), sera conforme à votre dignité et « à votre caractère. Toutefois nous vous recommandons, « quelque part que vous soyez transférés, de faire en sorte « que votre attitude, que toutes vos actions, expriment la « juste douleur que vous causent les maux de l'Eglise et la « captivité de son chef. Nous laissons au cardinal-doyen « du Sacré-Collège, pour vous être communiquées, des « instructions écrites de notre main qui vous serviront de « règle dans les circonstances où vous vous trouverez. « Nous ne doutons pas que vous ne demeuriez fidèles au « serment que vous avez prêté au moment de votre exalta- « tion au cardinalat, et que vous ne montriez le plus grand « zèle à défendre les droits sacrés de l'Eglise. Nous vous « commandons expressément de fermer l'oreille à toute pro- « position relative à un traité sur les affaires spirituelles ou « temporelles, car telle est notre absolue et ferme volonté » (2).

prouve que trop l'intention de l'Empereur de profiter du premier succès de son armée pour remettre Pie VII sous les verrous.

Touchant Mgr Bertalozzi et sa conduite à Savone et à Fontainebleau, voy. d'Haussonville, *l'Eglise Romaine et le Premier Empire*, tome V, chapitres LI et suivants, *passim*. Il est question un peu partout de Mgr Bertalozzi dans ce dernier volume du magistral ouvrage de M. d'Haussonville.

(1) Comme avant le Concordat de Fontainebleau, qui mit fin à la dispersion du Sacré-Collège.

(2) *Allocution de Sa Sainteté le Pape Pie VII aux cardinaux réunis*

« Les membres du Sacré-Collège étaient vivement émus; plusieurs versèrent des larmes, et tous lui promirent fidélité et obéissance. Quelques instants après, s'étant rendu à la tribune de la chapelle, Pie VII y fit une courte prière, puis descendit dans la cour par le grand escalier du château. Le commandant Lagorse l'attendait respectueusement au dernier degré. Aidé de son bras, le Pape monta dans la voiture qui allait l'emporter vers une destination inconnue, avec cette même attitude tranquille et résignée qu'il avait déjà si bien su garder lorsque, dans des conditions toutes semblables, il lui avait fallu jadis partir de Rome pour Savone et de Savone pour Fontainebleau. Les cardinaux désolés entouraient la voiture; quelques rares spectateurs qui avaient pénétré à travers les grilles du château s'étaient joints à eux, retenant avec peine l'expression de leur stupeur et de leur indignation. Alors, étendant son bras hors de la portière, Pie VII donna sa bénédiction à ce petit nombre de fidèles qui se demandaient avec anxiété à quel sort il était encore réservé (1).

« Le sort du Pape, comme celui de tant d'autres souverains, comme celui de toutes les nations de l'Europe, et de la France elle-même, allait se décider maintenant dans les plaines de la Champagne. Trois jours après son départ la guerre était en effet reprise.... » (2)

Ce même château de Fontainebleau, témoin de l'oppression du Pape par Napoléon tout-puissant, puis des dernières violences de l'Empereur vaincu contre son auguste victime, était menacé par les armées étrangères quelques jours à peine après le départ de Pie VII. Il avait fallu, par précaution, enlever en toute hâte les meubles les plus précieux pour les soustraire à l'ennemi. Le 6 février 1814, Napoléon écrivait à son frère Joseph, l'ex-roi d'Espagne : « Faites ôter de Fontainebleau tout ce qui est meuble pré-

au palais de Fontainebleau, 25 janvier 1814. — Cette allocution est citée par le cardinal Pacca, *Œuvres complètes*, tome Ier, p. 363.

(1) *Œuvres complètes* du cardinal Pacca, tome Ier, p. 364.

(2) Voy. d'Haussonville, *l'Eglise Romaine et le Premier Empire*, tome V, ch. LVII, pp. 316-322, de la troisième édition (1870).

cieux et surtout ce qui pourrait servir de trophée » (1). Le château ne fut pas occupé par les alliés, mais, deux mois plus tard, Napoléon, trahi par la fortune et abandonné par les hommes, y abdiquait (4 avril 1814) et y faisait ses adieux à la vieille garde dans cette même cour d'honneur d'où il avait fait partir le Pape escorté par des gendarmes (20 avril 1814).

Cependant, à la fin du mois de février et au commencement du mois de mars, Napoléon était loin de désespérer du succès final de ses soldats. Les brillantes, mais éphémères victoires qu'il avait remportées, avaient enflé son orgueil. Loin de se montrer accommodant avec ses ennemis et de profiter de ces victoires pour signer une paix honorable et renoncer à la prétention de dominer l'Europe, il s'en prévalut pour donner des instructions insensées au duc de Vicence, son représentant aux conférences de Châtillon. Caulaincourt devait se montrer de plus en plus exigeant et, en même temps, le commandant Lagorse recevait l'ordre d'éloigner encore un peu plus Pie VII des chemins qui le rapprochaient de l'Italie, ce qui prouve que l'Empereur comptait bien garder le Pape prisonnier s'il parvenait à imposer sa volonté à l'Europe.

Dans sa conduite vis-à-vis du Saint-Père, Napoléon prenait un chemin diamétralement opposé à celui que suivaient les puissances alliées contre lui. Le congrès avorté de Châtillon avait pris en main les affaires du Saint-Père. Une note signée par le comte de Stadion, plénipotentiaire de l'Autriche; le comte de Razumowski, plénipotentiaire de la Russie; M. de Humboldt, plénipotentiaire de la Prusse; MM. Cathcart, Charles Stewart et lord Aberdeen, plénipotentiaires de l'Angleterre, réclamait énergiquement la liberté du Pape, et, chose singulière et digne de la plus haute considération, c'étaient des diplomates protestants ou schismatiques en grande majorité, c'étaient deux puissances protestantes et une puissance schismatique qui

(1) Lettre de l'empereur Napoléon au roi Joseph, Troyes, 6 février 1814. — *Correspondance de Napoléon Ier*, tome XXVII, p. 117.

s'unissaient à une seule puissance catholique, l'Autriche, pour protester, au nom de la justice, contre la conduite de Napoléon vis-à-vis du chef de l'Eglise catholique.

La note fut remise, le 19 mars 1814, au duc de Vicence. Elle est ainsi conçue :

« En insistant sur l'indépendance de l'Italie, les cours alliées avaient l'intention de replacer le Saint-Père dans son ancienne capitale. Le gouvernement français a montré les mêmes dispositions dans le contre-projet présenté par M. le plénipotentiaire de France : il serait malheureux qu'un dessein aussi naturel, sur lequel se réunissaient les deux parties, restât sans effet par des raisons qui n'appartiennent nullement aux fonctions que le chef de l'Eglise catholique s'est religieusement astreint d'observer. La religion que professe une grande partie des nations en guerre actuellement, la justice et l'équité générale, l'humanité enfin, s'intéressent également à ce que Sa Sainteté soit mise en liberté, et les soussignés sont persuadés qu'ils n'ont qu'à témoigner ce vœu, et qu'à demander au nom de leurs cours cet acte de justice au gouvernement français, pour l'engager à mettre le Saint-Père à même de pourvoir, en jouissant d'une entière liberté, aux besoins de l'Eglise catholique. » (1)

Napoléon connaissait trop les intentions des puissances à l'endroit du Pape pour être surpris par cette note. D'ailleurs, les affaires militaires ayant pris une tournure de plus en plus mauvaise, il ne se faisait plus guère d'illusion sur la possibilité de battre sérieusement ses ennemis. Connais-

(1) *Manuscrit de 1814*, par M. le baron Fain, p. 411.

Sans doute, les puissances non catholiques s'inspiraient de pensées plus politiques que religieuses. Elles voulaient ménager leurs sujets catholiques et faire bonne figure devant le monde catholique tout entier pour en gagner de plus en plus les sympathies. Mais leur démarche n'en perd pas pour cela son importance, qui est réellement très considérable. Le lecteur aura remarqué que les plénipotentiaires de Napoléon avaient accepté en principe le projet des alliés touchant la liberté du Pape, mais que les plénipotentiaires des puissances alliées ne s'étaient pas mépris sur les véritables intentions de l'Empereur. Celui-ci, dans cette affaire comme dans les autres que l'on discutait à Châtillon, ne cherchait au fond qu'à gagner du temps.

sant par les dépêches du duc de Vicence les dispositions des alliés favorables au Pape, il prévint leur sommation. Maintenant qu'il était à peu près perdu, comme M. d'Haussonville le fait remarquer (1), devenant tout à coup sage et généreux, quand il n'y avait plus de mérite à l'être, Napoléon s'efforça de devancer les événements en publiant le 10 mars un décret par lequel il annonçait rétablir le Pape dans la possession de ses Etats, qui, il faut aussi le noter, étaient, comme je l'ai dit plus haut, entre les mains de ses ennemis. Le même jour il mandait au duc de Rovigo :

« Ecrivez à l'officier de gendarmerie qui est auprès du Pape de le conduire par la route d'Asti, de Tortone et de Plaisance à Parme, d'où il le remettra aux avant-postes napolitains. L'officier de gendarmerie dira au Saint-Père que, sur la demande qu'il a faite de retourner à son siège, j'y ai consenti, et que j'ai donné ordre qu'on le transportât aux avant-postes napolitains. » (2)

« Le temps avait marché, dit M. d'Haussonville, et le cortège du Pape, si lente qu'eût été sa façon de voyager, avait fini par se rapprocher un peu de l'Italie. L'ordre envoyé par l'Empereur trouva donc Pie VII rendu à Savone, où il était arrivé vers la fin de février, le commandant Lagorse ayant eu soin, au lieu de prendre la route directe, de le faire passer par Limoges, Brive, Montauban, Carcassonne, Castelnaudary et Montpellier (3). Ses instructions lui avaient expressément recommandé d'éviter autant que possible le séjour des grandes villes, sous prétexte d'épargner au Saint-Père la fatigue des visites à recevoir ; en réalité, pour empêcher qu'il ne devînt l'objet d'un accueil

(1) Voy. d'Haussonville, *l'Eglise Romaine et le Premier Empire*, tome V, ch. LVII, p. 325 de la troisième édition (1870).

(2) Lettre de l'empereur Napoléon au général Savary, duc de Rovigo, Chavignon, 10 mars 1814. — *Correspondance de Napoléon Ier*, tome XXVII, p. 300.

(3) Il est clair que Lagorse, en conduisant le Pape du côté de l'Espagne, alors qu'on faisait croire au public qu'on le ramenait à Rome, ne faisait que suivre exactement les instructions de son maître. Mais, grâce à Dieu, le dicton populaire : « Tous les chemins mènent à Rome, » reçut, malgré Napoléon, une confirmation solennelle en cette circonstance.

trop empressé de la part des populations. M. Lagorse, qui ne paraît pas d'ailleurs avoir jamais manqué d'égards pour le Pape pendant ce long trajet, commença par le faire arrêter dans une petite propriété qui lui appartenait dans le Limousin, et lui présenta à bénir tous les membres de sa famille. Peu à peu, à mesure que les nouvelles du théâtre de la guerre étaient devenues plus fâcheuses pour Napoléon, le commandant Lagorse s'était relâché, chaque jour davantage, de la sévérité de ses premières instructions. Les ovations s'étaient en même temps multipliées sur le passage du Saint-Père. Les villes du Midi surtout se signalèrent, comme elles l'avaient déjà fait trois années auparavant, par l'ardeur de leurs acclamations. Dans quelques endroits, ces acclamations prodiguées à Pie VII avaient été mêlées d'imprécations contre l'Empereur; mais le prudent M. Lagorse fit, avec raison, semblant de ne point les entendre. A Savone, le Pape avait été reçu par le nouveau préfet de Montenotte, le marquis de Brignole, moins en prisonnier qu'en souverain. M. de Brignole, Gênois de naissance, n'en était pas... à donner ses premières preuves de sympathie à la cause pontificale, et Pie VII, qui se souvenait de M. de Chabrol, l'appelait en plaisantant : *Il mio buon « carceriere* (1). — Ce fut M. de Brignole qui apporta au Pape, le 17 mars, la nouvelle du décret rendu à Paris par l'empereur, et qui eut le plaisir de lui dire le premier : « Votre Sainteté est libre, et peut partir dès demain. — « Demain, je ne partirai point, répondit Pie VII; c'est la « fête de Notre-Dame de la Délivrance, patronne de cette « ville, et je veux dire la messe dans votre église métropo- « litaine (2). — Le 19 mars, Pie VII quitta Savone. Le 23, c'est-à-dire le jour même où les chefs des armées coalisées prenaient, au château de Dampierre en Champagne, la résolution de marcher sur Paris, il atteignit, près de Plai-

(1) Mon bon geôlier.

(2) M. d'Haussonville se trompe en rapportant les paroles de Pie VII. C'est *église cathédrale* que le Pape a dit certainement, car il ne pouvait pas ignorer que Savone était le siège d'un évêché et non d'un archevêché. Gênes est la métropole de Savone.

sance, la petite ville de Firenzuola (1), qu'occupaient les troupes réunies du roi Murat et de l'empereur d'Autriche. De ce jour-là seulement, le Pape fut tout à fait libre. Après avoir attendu dans le Nord de l'Italie les cardinaux qui, toujours retenus par l'Empereur, ne furent délivrés qu'au lendemain de sa chute, après s'être donné le plaisir de séjourner quelque temps dans sa ville natale de Césène et dans son ancien évêché d'Imola, Pie VII s'achemina enfin à petites journées vers Rome .» (2)

La captivité du Pape avait duré cinq ans environ. Rome, bien que sagement gouvernée, au point de vue matériel, par Napoléon Ier, avait beaucoup souffert de l'absence du Saint-Père. Les sentiments catholiques du peuple avaient été cruellement froissés par l'implacable persécution de l'Empereur contre le clergé fidèle à son chef. Les excès de la conscription, les impôts avaient violemment irrité les Romains. Tout contribua donc à faire du retour du Pape une fête vraiment solennelle et populaire.

« On sait, dit M. d'Haussonville, quelle est, en temps de révolution, la vivacité de l'explosion des sentiments populaires, et l'on devine ce que durent éprouver, en cette occasion, les inflammables habitants de la Ville éternelle.

(1) C'est Fiorenzuola et non *Firenzuola*, comme le dit M. d'Haussonville, dont il est question ici. Fiorenzuola d'Arda (province de Plaisance) est une petite ville bâtie près du torrent Arda, affluent du Pô, et dont on attribue la fondation à San Fiorenzo, d'où le nom de *Fiorenzuola*. Firenzuola, au contraire, est une petite ville de Toscane, mais sur le versant de l'Adriatique, dans la haute vallée du Santerno, le torrent qui traverse l'arrondissement d'Imola (province de Bologne). Firenzuola, ou petite Florence, doit son nom à son origine. Elle fut fondée, en effet, par les Florentins pour la défense de leur territoire, sur le versant nord-est des Apennins. Firenzuola est entourée de remparts, comme tous les *castelli* fortifiés que l'on rencontre un peu partout en Italie. Elle a conservé encore de nos jours le caractère purement florentin. On y parle la belle langue de la Toscane, tandis qu'aux environs, c'est le patois romagnol qui domine.

Fiorenzuola est à 22 kilomètres de Plaisance, mais sur la route de Bologne. Pie VII n'atteignit donc les avant-postes austro-napolitains qu'après avoir traversé la ville de Plaisance.

(2) Voy. D'HAUSSONVILLE, *l'Eglise Romaine et le Premier Empire* tome V, ch. LVII, pp. 326-328 de la troisième édition (1870).

Est-il besoin de dire qu'ils firent à Pie VII une réception enthousiaste ? Au pont Milvio, la foule détela les chevaux de la voiture où le Pape, par une attention délicate, avait fait monter le doyen du Sacré-Collège, le cardinal Mattei, et l'ancien prisonnier de Fenestrelle, le cardinal Pacca. Trente jeunes gens des familles les plus distinguées de Rome traînèrent le carrosse pontifical jusqu'à Saint-Pierre. Pie VII versait d'abondantes larmes de joie, dit le membre du Sacré-Collège auquel nous empruntons ces détails. L'émotion fut extrême sur tout le parcours du cortège. Elle parvint à son comble lorsque le vénérable Pontife, descendu de voiture, se mit à gravir lentement, d'un air radieux, les degrés de la magnifique basilique de Saint-Pierre. La foule entière des fidèles qui, avec un furie toute méridionale, poussait vers le ciel mille acclamations frénétiques, éclatait en même temps en sanglots. Cette scène touchante, qui avait pour théâtre la place du Vatican, se passait le 24 mai 1814 (1). »

Ce triomphe, d'autant plus solennel qu'il était parfaitement spontané, et que personne ne l'avait préparé à l'avance par les moyens dont les hommes puissants et leurs amis ne se servent que trop souvent pour créer de faux courants d'opinion et un enthousiasme factice, ce triomphe fut la digne récompense que Jésus-Christ accorda à son Vicaire après tant d'angoisses et de souffrances. Pie VII avait tout supporté avec une résignation et une douceur qui lui avaient attiré l'admiration même de ses ennemis, à de rares exceptions près. Son humilité et sa fermeté avaient tenu en échec un tyran tout-puissant et cruel, aussi opiniâtre dans ses prétentions insensées touchant les rapports de l'Eglise et de l'Etat que plein de ressources dans l'emploi des

(1) Voy. d'Haussonville, *l'Eglise Romaine et le Premier Empire*, tome V, ch. LVII, pp. 329-330 de la troisième édition (1870).

Cette description de M. le comte d'Haussonville n'est nullement exagérée. J'ai entendu moi-même des personnes dont les parents avaient assisté à cette scène inoubliable de la rentrée de Pie VII à Saint-Pierre de Rome, me dire que les témoins de ce grand événement ne pouvaient en parler sans émotion, et qu'ils en gardaient un souvenir profond et ineffaçable.

moyens qu'il estimait propres à l'accomplissement de ses desseins. Pendant que le despote de génie payait par une chute profonde et par l'exil les iniquités dont il s'était rendu coupable à l'égard de l'Eglise et de son chef, l'Eglise et son premier pasteur reprenaient possession de cette liberté que Napoléon Ier avait en vain prétendu leur ravir. Les souffrances de Pie VII et de ses fidèles cardinaux, évêques et prêtres, compagnons courageux des luttes et des malheurs du Vicaire de Jésus-Christ, donnaient le plus grand relief à la victoire que le catholicisme venait de remporter et aux acclamations du peuple romain en l'honneur de l'auguste Pontife rentrant à Rome après cinq ans de captivité.

Mais que faùt-il penser de la conduite de Napoléon Ier à l'égard de Pie VII dans les dernières semaines de cette captivité ? Les faits parlent d'eux-mêmes et me dispensent de longs commentaires. Après ce que je viens de rapporter d'après les témoignages les plus autorisés, il est impossible d'admettre, même dans une certaine mesure, que Napoléon ait jamais eu la moindre intention de faire œuvre de justice à l'endroit du Pape. Au contraire, s'il l'éloigne de Fontainebleau, c'est uniquement pour empêcher que les alliés ne le délivrent ; s'il lui rend ses Etats, c'est pour se venger de la trahison de Murat, qui s'est emparé de la moitié de l'Italie, et pour créer des embarras à ce nouvel ami de l'Autriche. Mais comme, dans l'histoire, il faut surtout tenir compte des faits, il est clair que l'Empereur ne se décida à rendre la liberté à Pie VII que le jour où il perdit tout espoir de sauver l'Empire agonisant. Jusqu'au dernier moment, il le fit voyager à travers la France, bien décidé à lui faire rebrousser chemin s'il parvenait à repousser les alliés au delà du Rhin.

Mais ce qui est plus étrange encore que cette conduite de Napoléon vis-à-vis du Saint-Père, aux derniers jours de l'Empire, en 1814, c'est la persistance avec laquelle il caressa ses idées d'oppression de l'Eglise, même après son exil à l'île d'Elbe. Il suffit à Napoléon de reprendre possession de son trône pour quelques semaines pour qu'il revînt à ses vieux rêves. M. Henri Welschinger, dans son récent et remarquable ouvrage sur *le Roi de Rome* (1), nous révèle les projets de l'Empereur touchant ses rapports avec le Saint-Siège, à la veille de la bataille de Waterloo et de sa chute définitive. Voici, d'après le récit de M. Welschinger (récit parfaitement documenté), quelle fut l'attitude de Napoléon vis-à-vis du Pape, dix-huit jours à peine après sa rentrée aux Tuileries :

« De son côté, et sans se lasser, Caulaincourt (2) continuait ses communications. Le 8 avril, il informait le cardinal Fesch que l'Empereur le nommait ambassadeur près le Saint-Siège. Il lui résumait ainsi la nouvelle politique de son maître : « Assagi par les événements, mais se croyant « toutefois encore en mesure de parler haut à l'Eglise, « l'Empereur n'a plus aucune vue sur le temporel de Rome. « Dès lors, il n'y a plus aucun sujet de discussion entre « Sa Majesté et cette cour. Quant au spirituel, Sa Majesté « s'en tient à la bulle de Savone... Pour le moment, l'Em- « pereur veut s'abstenir de s'occuper d'affaires ecclésias- « tiques. Il a cependant à cœur que le Saint-Père donne « l'institution canonique aux évêques qu'il avait nommés « avant son départ. Votre Eminence doit en avoir la liste... « Sa Majesté a vu avec plaisir, par les correspondances « qu'a laissées le comte de Lille (3) et par celles qui ont « été interceptées, que le Saint-Père n'a point cédé sur les « principes du Concordat, et qu'il s'est refusé à reconnaître « les évêques émigrés. Cette conduite n'a pu que lui être « très agréable. Cependant, d'un autre côté, on a trouvé, « dans les mêmes pièces, la preuve que la cour de Rome « avait mis en usage contre le roi de France les pratiques « obscures et illégales dont l'Empereur avait eu aussi pré-

(1) Henri WELSCHINGER, *le Roi de Rome* (1811-1832), Paris, librairie Plon, 1897.

(2) Ministre des affaires étrangères pendant les Cent-Jours.

(3) C'est ainsi que Napoléon Ier appelait Louis XVIII, même après le règne de ce monarque en 1814 et 1815.

« cédemment à se plaindre... Lors de la vacance des sièges, « Sa Majesté ne peut reconnaître que des vicaires capitu- « laires » (1).

Napoléon avait bien raison de faire déclarer au Pape, par son fidèle ministre des affaires étrangères, qu'il était « assagi par les événements ». Car, à lire cette pièce, qui pourrait s'en douter? S'il renonce aux vues sur « le temporel de Rome », c'est uniquement parce qu'il a déclaré à l'Europe qu'il ne veut plus faire de conquêtes, dans le vain espoir que l'Europe le croirait sur parole. Mais il est clair que s'il fût redevenu puissant, ses « vues sur le temporel de Rome » n'eussent pas tardé à se manifester comme aux jours de Wagram. Quant au spirituel, ne voit-on pas revenir dans cette note, sous une forme très peu dissimulée, toutes les prétentions insensées qui rendirent si terrible le conflit entre l'Empire et le Saint-Siège, depuis l'occupation de Rome jusqu'au mois de février 1814? Napoléon, si « assagi » qu'il soit, se croit toujours en mesure « de parler haut à l'Eglise ». On sait ce qu'une telle expression signifie sur les lèvres de l'Empereur. D'ailleurs, il ne se donne même pas la peine de dissimuler sa pensée, et sa prétendue sagesse de 1815 ne l'empêche pas de déclarer qu'il entend remettre en vigueur ce qu'il appelle « la bulle de Savone », c'est-à-dire un état de choses intolérable que Pie VII n'avait accepté, en 1811, que sous le coup des plus cruelles pressions, comme je l'ai indiqué plus haut, et par crainte de causer de plus grands maux à l'Eglise persécutée et opprimée. Le passage qui se rapporte aux Vicaires capitulaires, bien qu'il soit peu clair, est aussi à remarquer, de même que la prétention d'arracher au Pape l'institution canonique des évêques nommés par l'Empereur au moment le plus grave de son conflit avec le Saint-Père. On sait ce qu'il faut penser de ces nominations, dont une partie au moins n'avaient pour but que de détruire toute velléité de résistance dans l'épiscopat par l'introduction dans son sein

(1) Archives des affaires étrangères, *France*, vol, 1801.
Voy. H. WELSCHINGER, *le Roi de Rome*, ch. VII, pp. 124-125.

d'éléments pusillanimes ou serviles. Quant aux vicaires capitulaires, il est clair que Napoléon prétendait, en 1815 comme avant sa première abdication, que le Saint-Siège acceptât ses théories anticanoniques. L'Empereur ne voulait pas désavouer cette politique néfaste qui l'avait poussé à des actes si injustes et si violents contre l'abbé d'Astros, les chapitres d'Asti et de Florence.

La lettre du ministre des affaires étrangères des Cent-Jours au cardinal Fesch a donc une réelle importance historique, parce qu'elle nous prouve que, même après son exil à l'île d'Elbe, Napoléon n'avait pas abandonné son programme de politique ecclésiastique et que si, par malheur pour l'Eglise, la fortune lui eût souri sur les champs de bataille, il était prêt à asservir de nouveau le pouvoir spirituel.

Mais il y a plus. A Sainte-Hélène, alors qu'il ne pouvait plus compter sur un retour de fortune, Napoléon s'est montré également injuste à l'égard de Pie VII et a affiché encore une fois ses vieilles erreurs sur les rapports de l'Eglise et de l'Etat. Dictant, en 1819, des notes en réponse à l'ouvrage de M. de Pradt sur *les Quatre Concordats*, l'ex-Empereur n'a pas craint de travestir certains faits historiques, en assurant, par exemple, « n'avoir fait arrêter l'abbé (*sic*) de Boulogne, l'abbé (*sic*) de Broglie et l'évêque de Tournay que parce qu'ils étaient entrés dans des intrigues avec les agents du cardinal Di Pietro » (1).

Quant à Pie VII, Napoléon ne lui épargne ni les accusations ni les reproches. On remarquera aussi le ton agressif de sa prose et l'injustice de ses imputations contre l'auguste victime de sa tyrannie. Parlant de lui-même à la troisième personne, comme César dans ses *Commentaires*, Napoléon s'écrie :

« Les discussions qu'il a eues depuis avec Rome proviennent de l'abus que faisait cette cour du mélange du spirituel et du temporel. Cela peut lui avoir causé quelques moments d'impatience (*sic*) ; c'était le lion qui se sentait

(1) *Mémoires de Napoléon*, édition de 1830, p. 229.

piqué par des mouches (1)... Les lettres du Pape étaient écrites avec la plume de Grégoire VII; elles contrastaient avec la douceur et l'aménité de son caractère, il n'en était que le signataire (2)... La cour de Rome était en délire (*sic*). Ainsi bravé et poussé à bout, il décréta, en 1808, la réunion des Marches au royaume d'Italie (3)... Mais le système était, à Rome, de porter tout à l'extrême (*sic*) et d'opposer les armes spirituelles aux temporelles (4)... Le Saint-Père, enfermé au fond de son palais en 1810, avait fait élever des barricades (*sic*) (5)... Les troupes françaises se crurent bravées (*sic*) (6)... L'Empereur se proposait de réunir un nouveau Concile en 1813... Les choses eussent été menées de manière que le Pape eût demandé lui-même à se mettre à sa tête, et comme il était déjà à Fontainebleau, on lui aurait ainsi fait prendre possession de son palais archiépiscopal (*sic*) de Paris. Tout avait été préparé pour que le palais fût meublé avec plus de magnificence que les Tuileries même. Tout y devait être or, argent ou tapisserie des Gobelins retraçant des événements tirés de l'histoire sainte (7)... Le Pape (cet aveu de Napoléon est à retenir) comprit parfaitement le piège (*sic*). Cela n'avait pour but que de faire descendre le Saint-Siège en le faisant correspondre avec un ministre comme les autres évêques. Il se refusa d'adopter cet expédient qui empirait sa position ; il fit fort bien (*sic*). Dans l'état de splendeur où était le trône impérial, le Pape ne pouvait rien faire rejaillir sur lui, tandis que l'étiquette du palais impérial, les communications directes avec le souverain distinguaient l'évêque de Rome et maintenaient sa splendeur et son rang (8)... »

Tandis que Napoléon, déchu et exilé, se livrait à ces récriminations et laissait échapper ces aveux, bien diffé-

(1) *Mémoires de Napoléon*, édition de 1830, note 2, p. 192.
(2) *Ibid.*, note 3, p. 202.
(3) *Ibid.*, note 3, p. 205.
(4) *Ibid.*, p. 275.
(5) *Ibid.*, note 2, p. 207.
(6) *Ibid.*, p. 207.
(7) *Ibid.*, note 4, p. 227.
(8) *Ibid.*, note 5, p. 240.

rente était la conduite de Pie VII, rétabli sur son trône. Le vénérable Pontife, oubliant les injures et les persécutions que lui avait fait endurer l'Empereur aux jours de sa puissance, ne se souvenait que du bien qu'il avait fait à l'Eglise en rétablissant le culte catholique en France. Il gardait sa vieille affection pour l'auteur du Concordat et croyait toujours très sincèrement aux sentiments chrétiens de Napoléon. Informé des souffrances que son ancien geôlier endurait à Sainte-Hélène, le captif de Savone et de Fontainebleau n'hésita pas à inviter son secrétaire d'Etat, le cardinal Consalvi, à faire des démarches officielles en vue d'améliorer le sort de l'ex-Empereur.

« ...La famille de Napoléon — disait Pie VII — nous a fait connaître, par le cardinal Fesch, que le rocher de Sainte-Hélène est mortel, et que le pauvre exilé se voit dépérir à chaque minute. Nous avons appris cette nouvelle avec une peine infinie, et vous la partagerez sans aucun doute, car nous devons nous souvenir tous les deux qu'après Dieu, c'est à lui principalement qu'est dû le rétablissement de la religion dans ce grand royaume de France. La pieuse et courageuse initiative de 1801 nous a fait oublier et pardonner depuis longtemps les torts subséquents. Savone et Fontainebleau ne sont que des erreurs de l'esprit ou des égarements de l'ambition humaine. Le Concordat fut un acte chrétien et héroïquement sauveur. La mère et la famille de Napoléon font appel à notre miséricorde et générosité ; nous pensons qu'il est juste d'y répondre. Nous sommes certain d'entrer dans vos intentions en vous chargeant d'écrire de notre part aux souverains alliés et notamment au prince-régent (1). C'est *votre cher* et *bon ami* et nous entendons que vous lui demandiez d'adoucir les souffrances d'un pareil exil. Ce serait pour notre cœur une joie sans pareille que d'avoir contribué à diminuer les tortures de Napoléon. Il ne peut plus être un danger pour quelqu'un, nous désirerions qu'il ne fût un remords pour personne. » (2)

(1) Le prince-régent d'Angleterre.

(2) Lettre de Sa Sainteté le pape Pie VII au cardinal Hercule Consalvi, secrétaire d'Etat, Castel-Gandolfo, 6 octobre 1817.

Ce serait faire injure à l'intelligence de mes lecteurs que d'appeler leur attention sur ce qu'il y a de grand et de noble dans cette lettre de Pie VII. J'aime à terminer mon travail par la reproduction de cette pièce qui n'est pas assez connue et qui honore au plus haut degré son auguste auteur. L'histoire que j'ai racontée ici déplaira probablement aux fanatiques de la légende napoléonienne ; mais elle n'en est ni moins vraie ni moins documentée pour cela. Si elle n'enlève rien à la renommée de Napoléon comme grand capitaine et homme de génie, elle ternit certainement son souvenir et jette une ombre bien fâcheuse sur sa gloire elle-même. Car, il faut bien le reconnaître, il n'y a de vraie gloire que celle qui est fondée sur les bases indestructibles de la vérité et de la justice.

Lyon. — Imprimerie Emmanuel Vitte, rue de la Quarantaine, 18.

L'UNIVERSITÉ CATHOLIQUE

Revue publiée sous la direction

D'un Comité de Professeurs des Facultés Catholiques de Lyon

Avec le concours

DE NOMBREUX SAVANTS & ÉCRIVAINS

REVUE PARAISSANT LE 15 DE CHAQUE MOIS

On s'abonne au Secrétariat général des Facultés catholiques, rue du Plat, 25; chez M. Emmanuel VITTE, *libraire-éditeur, place Bellecour, 3, et dans tous les bureaux de poste.*

Le meilleur mode d'abonnement est l'envoi d'un mandat-poste de 20 francs à l'adresse du gérant (M. l'abbé CHATARD, *Facultés catholiques, rue du Plat, 25, Lyon*), *ou à celle du libraire de la Revue* (M. Emmanuel VITTE, *place Bellecour, 3*).

Lyon. — Imp. Vitte, rue de la Quarantaine, 18.

www.ingramcontent.com/pod-product-compliance
Ingram Content Group UK Ltd.
Pitfield, Milton Keynes, MK11 3LW, UK
UKHW020952230726
13923UKWH00007B/283